HEYNE
BÜCHER

W0178750

RATGEBER ESOTERIK

Dr. Joseph Murphy

DAS SUPER-BEWUSSTSEIN

Die Kunst, das Unmögliche möglich zu machen

WILHELM HEYNE VERLAG
MÜNCHEN

HEYNE RATGEBER ESOTERIK
08/9543

Aus dem Amerikanischen übertragen und bearbeitet von Manfred G. Schmidt

Titel der Originalausgabe:
WITHIN YOU IS THE POWER
erschienen bei DeVorss and Company, Inc., Marina del Rey, California

ISBN 3-453-03766-9

Inhalt

17   Was Sie wissen sollten   259

Worterläuterungen   278

1

Das Superbewußtsein ist in Ihrem Innern

Im Oktober 1976 unternahm ich eine 50tägige Weltreise, auf der ich viele faszinierende Länder besuchte: Griechenland, die Türkei, Ägypten, Jordanien, Israel, Indien, Nepal, Thailand, Singapur, Hongkong, Japan und Hawaii. Dabei nahm ich an Besichtigungsfahrten teil, lernte viele interessante Menschen kennen, besuchte einige Heiligtümer und hörte mir Vorträge an über die verschiedenen religiösen Glaubensrichtungen, über Wunderheilungen an Wallfahrtsorten, die angewandten Gebetstechniken und den einzigartigen Weg vieler, die unsichtbare Macht und Gegenwart zum lebendigen Erlebnis werden zu lassen. Auf dieser Reise hatte ich Gelegenheit, mit vielen Menschen über die Gesetze des Gemüts und die Wirkungsweise des Geistes zu sprechen. Dabei war es außerordentlich interessant für mich, festzustellen, daß alle diese Menschen in den vielen Ländern, die ich besuchte, mehr über die Tätigkeit des Unterbewußtseins wissen wollten.

Der hauptsächliche Anlaß für diese Reise war, Material für ein Buch zu sammeln. Dazu machte ich mir mentale Notizen von allen Eindrücken, die ich während der Reise hatte. Vieles davon wird auf den folgenden Seiten eingehend behandelt werden.

Athen ist eine Stadt, die, obgleich sehr modern, sich einen ureigenen Charme bewahrt hat. Je öfter ich Athen besuche, desto mehr fasziniert mich diese Stadt. Es ist eigentlich schon eine regelrechte Erforschung der Antike. Das Parthenon nach Eleusis und Korinth — alles das weckt in mir Erinnerungen an die eleusianischen Mysterien und die Einladungen zu allen Geheimnissen der altertümlichen Tempelriten, die als Repositorien der spirituellen Schätze der Antike gelten.

Sie sind Ihr eigener Erlöser

Der Fremdenführer in Korinth hatte sich sehr ausführlich über die Tatsache ausgelassen, daß wir praktisch auf demselben Fleck standen, auf dem auch Paulus gestanden hatte, als er sich über seine Epistel an die Korinther verbreitete. Dann fügte er hinzu, Paulus habe gewußt, daß Jesus der Erlöser des Menschen sei. Das ist jedoch nicht richtig, wie Sie noch sehen werden, wenn Sie in diesem Kapitel fortfahren. Paulus sagte: ... *Christus in euch, die Hoffnung der Herrlichkeit* (Kol. 1:27) ... *ist aber Christus nicht auferweckt worden, so ist unsere Predigt leer* ... (1. Kor. 15:14) ... *Wach auf, der du schläfst, und steh auf von den Toten, so wird Christus dir als Licht aufgehen.* (Eph. 5:14).

Was will die Bibel mit dieser Sprache zum Ausdruck bringen? Bedenken wir: Es war die wörtliche Interpretation der Bibel, die sehr viel dazu beigetragen hat, Menschen zur Ablehnung ihres Glaubens zu bringen. Wir müssen begreifen, daß die heiligen Schriften der Welt mit Symbolismen angefüllt sind. Es liegt auf der Hand, daß viele Passagen und Kapitel der Bibel die Unmöglichkeit deutlich machen, sie wörtlich auszulegen. Wenn jedoch ein Teil als figurativ, allegorisch und mystisch angesehen werden muß, dann trifft das selbstverständlich auch auf viele andere Teile zu. Die Verfasser der Bibel — viele von ihnen namenlos — sagten sich: »Wir wissen, was wir zum Ausdruck bringen wollen, aber wie können wir es dem Volk verständlich machen?« Deshalb kamen sie überein von Problemen, Schwierigkeiten, Kriegen, Heimsuchungen, Krankheiten etc. zu sprechen und davon, wie sie zu überwinden sind.

Die Hoffnung der Herrlichkeit

Hier handelt es sich weder um einen Zustand der Scheinheiligkeit noch um das Absingen von Chorälen, noch um geregelten Kirchgang oder das Befolgen ganz bestimmter Regeln oder Vorschriften einer religiösen Organisation. Die Hoffnung der Herrlichkeit bedeutet vielmehr das Praktizieren der Gegenwart Gottes in Ihrem Innern. Und diese Gottesgegenwart wird herbeigeführt durch den lebendigen Ausdruck von Licht, Liebe, Wahrheit und Schönheit — hier und jetzt —, durch Glücklichsein und durch ein Leben in freudiger Erwartung des Besten. Wenn Sie positive Schwingungen ausstrahlen und gleichzeitig Ihre zwischenmenschlichen Beziehungen in Ordnung sind, dann ist auch das die Herrlichkeit Gottes. Christus bedeutet die Gegenwart Gottes in Ihrem Innern.

Der Begriff Christus ist, wie wir wissen, kein eigentlicher Name. Er bezieht sich vielmehr auf einen Titel. Christus ist ein griechisches Wort und bedeutet gesalbt oder geweiht. Es ist gleichbedeutend mit dem hebräischen Wort ›Messias‹ und mit dem Wort ›Buddha‹. ›Christus in euch‹ bedeutet die göttliche Gegenwart in Ihrem Innern, die spirituelle Wahrheit über Sie. Jesus ist der Name eines Menschen. Die Worte Jesus und Josua sind synonym. Letzterer bedeutet ›Gott ist die Lösung‹. Gott ist die Erlösung — die Lösung aller Ihrer Probleme. Den Christus im anderen zu sehen, heißt Frieden zu sehen (spirituell wahrzunehmen), wo Mißklang ist, Liebe, wo Haß vorherrscht, Freude, wo Traurigkeit ist, und Heilsein, Schönheit und Vollkommenheit zu finden, wo Leiden ist. Dieses mentale und spirituelle Vorgehen wird üblicherweise als das Praktizieren der Gegenwart Gottes bezeichnet.

Und wenn ich von der Erde erhöht bin, werde ich alle zu mir ziehen (Joh. 12:32). Das bedeutet: Wenn Sie Ihr Ideal durch Gebet und Meditation erhoben haben — bis zu dem Punkt, da Sie es als wahr akzeptieren, erfolgt die Manifestation. In anderen Worten: Sie erleben die Freude des Gebets.

Das Berühren des Superbewußtseins

Das Gefühl des Friedens, der Stille und des Vertrauens als Folge von Gebet oder Meditation, ist immer ein Zeichen dafür, daß Sie Ihr Superbewußtsein, Ihr höheres Selbst (Gott im Innern; das ICH BIN) berührt haben, und daß Sie angefangen haben, sich ein bißchen besser zu kennen. Der Christus in Ihrem Innern ist ›Das ICH BIN‹, der lebendige allmächtige Geist, das Superbewußtsein, das Lebensprinzip. Descartes sagte: »*Cogito ergo sum*«, was heißt: »Ich denke, deshalb BIN ICH.«

Es ist die Befähigung des Geistes, zu denken. Damit sind Sie imstande, zu wählen und zu vergleichen, zu wägen und zu entscheiden. Sie verfügen über Willenskraft, Wahlmöglichkeiten und Initiative. Die einzige immaterielle Kraft, die Ihnen bewußt ist, ist Ihr Gedanke. Descartes wollte also mit seinem Ausspruch verdeutlichen, daß kein objektiver Beweis der Sinne letzten Endes wahr ist. So gibt es beispielsweise optische Täuschungen oder bewußtes Irreführen durch andere etc.

Das einzig Sichere im Universum ist die Tatsache, daß Gott Gott ist. Wenn Sie ›ICH BIN‹ sagen, dann bringen Sie damit die Gegenwart Gottes in Ihrem Innern zum Ausdruck.

Das Superbewußtsein in Ihrem Innern in Aktion

Wenn Sie eine wohlwollende und großzügige Haltung einnehmen und andere in Ihrem Denken und Fühlen erhöhen — wenn Sie etwas Gutes und Aufmunterndes sagen, dann ist es das ›ICH BIN‹ in Ihrem Innern, das durch Sie zum Ausdruck kommt. Sie sind eine Individualisation des unendlichen Geistes, und Sie sind hier, um Ihrer Göttlichkeit mehr und mehr Ausdruck zu geben. Wir ›erheben uns von den Toten‹, wenn wir unseren Aberglauben und unsere falsche Überzeugungen aufgeben und zu der Gottesgegenwart in uns erwachen.

Die Reise nach Istanbul

Unsere Reisegruppe bestand aus 21 Personen. Sie setzte sich zusammen aus den Menschen mit den verschiedensten religiösen Überzeugungen — über eines jedoch waren wir uns alle einig: Hier befanden wir uns in einer exotischen Stadt, einer Stadt mit einem Fuß in Europa und einem anderen in Asien. Es lohnt sich, die berühmte blaue Moschee zu besuchen, die Moschee Suleymans des Herrlichen, das Museum der St. Sophia und das Hippodrom.

Die Türken sind wahrscheinlich die beflissensten Moslems. Der Freitag ist der Sabbat des Islams, da kommt das Geschäftsleben zu einem teilweisen Stillstand. Die Moscheen sind überfüllt, es werden Gebete gelesen und Predigten gehalten.

In den von uns besuchten Moscheen waren viele gläubige Menschen versammelt, es herrschte jedoch eine derart tiefe, andachtsvolle Stille, daß man das Gefühl hatte, hier völlig allein zu sein. Die essentielle Doktrin ist die absolute Einheit und Oberhoheit Gottes. Allah ist Gott, und Mohammed ist sein Prophet.

Eine vernünftige Frage und ihre Antwort

Einer der Männer in der Moschee fragte mich während unseres Gesprächs, weshalb wir darauf bestünden, Jesus als unseren Erlöser anzusehen. Er zitierte dabei den Ausspruch eines Missionars in der christlichen Schule, die er als Kind besucht hatte: *Denn so sehr hat Gott die Welt geliebt, daß er seinen einzigen Sohn gab, damit jeder, der an ihn glaubt, nicht verlorengehe, sondern ewiges Leben habe* (Joh. 3:16).

Meine Erklärung lautet folgendermaßen: Unglücklicherweise wird die Bibel von einigen Predigern wörtlich — buchstabengetreu — ausgelegt. Dabei vergessen sie die uralte Wahrheit: *... denn der Buchstabe tötet, der Geist aber macht lebendig* (2. Kor. 3:6). *Nennet auch niemanden auf Erden euren Vater; denn einer ist euer Vater, der himmlische* (Matth. 23:9) *... Ich fahre auf zu meinem Vater und eurem Vater und zu meinem Gott und zu eurem Gott* (Joh. 20:17). Alles das deutet darauf hin, daß wir einen gemeinsamen Vater oder Ahnherrn haben — das Lebensprinzip, und daß wir in Wahrheit alle Brüder und Schwestern sind.

Ich wies ihn auf die wichtige Tatsache hin, daß jeder Mensch in Wirklichkeit sein eigener Erlöser ist, weil Gott im Innern eines jeden Menschen wohnt. Die Bibel sagt: *Wohl habe ich gesprochen: Götter seid ihr, ihr seid alle Kinder des Höchsten* (Psalm 82:6). Paulus sagt: *Denn alle, die vom Geist Gottes getrieben werden, die sind Söhne Gottes* (Röm. 8:14). *Denn bei Gott ist kein Ansehen der Person* (Röm. 2:11).

Die Bibel ist essentiell ein psychologisches und spirituelles Textbuch und wird daher von einer ganz beträchtlichen Anzahl von Menschen auch nicht buchstabengetreu ausgelegt, von Menschen nämlich, die sich ein ernsthaftes Studium der Symbole, Parabeln, Mythen, Fabeln, Kryptogramme und deren innerer Bedeutung angelegen sein lassen, an denen die Bibel so reich ist.

Ich räumte ein, daß es viele Geistliche gibt, die von der Erlösung der Seele in einem späteren Leben sprechen; das spätere Leben jedoch ist nichts anderes, als morgen, nächste Woche, nächstes Jahr. Das Lebensprinzip in jedem von uns bringt ständig die Resultate unseres gewohnheitsmäßigen Denkens, unserer gewohnheitsmäßigen Imagination hervor. Der Mensch kann ebensowenig seine Seele verlieren — die ewig und unzerstörbar ist — wie Gott sich selbst verlieren kann.

Es gibt keine verlorenen Seelen. Aus psychologischer Sicht mag ein Mensch verloren sein für Harmonie, Gesundheit und Frieden; er kann sich jedoch jederzeit wieder mit dem unendlichen Geist in seinem Innern vereinigen und erneut das beanspruchen, fühlen und erfahren, was er verloren zu haben meint. Der Mensch wünscht, erlöst zu sein von Krankheit, Schmerz und Elend, Mangel und Leiden — hier und jetzt. Das ist das unmittelbare Problem — nicht nur in der Türkei, sondern in allen Teilen der Welt.

Die Zukunft des Menschen ist sein gegenwärtiges Denken, objektiviert durch Erfahrung und Zustände in seinem Leben. Die Lösung Ihres Problems — oder die Erlösung von ihm, wenn man so will, assoziieren Sie nicht mit einer anderen Persönlichkeit, sei es Jesus, Mohammed, Buddha oder Laotse. Sie sehen zu keinem anderen Menschen als Ihrem Erretter auf. Sie sind sich darüber klar: Wenn Sie sich im Dschungel verirrt haben, dann ist auch niemand da, der Sie retten kann; wenn Sie sich jedoch an die unendliche Intelligenz in Ihrem Innern wenden, dann werden Sie die Antwort erhalten und in die Freiheit und Sicherheit geleitet werden.

›Gott gab seinen Sohn‹ bedeutet, er gab seinen Ausdruck, seine Macht, seine Eigenschaften und pflanzte sie in das Unterbewußtsein eines jeden Menschen. Daher sagte Paulus auch: ... *daß du die Gottesgabe anfachst, die in dir ist* (2. Tim. 1:6). *Wißt ihr nicht, daß ihr Gottes Tempel seid und daß der Geist Gottes in euch wohnt?* (1. Kor. 3:16)

Gott hat sich selbst als Mensch imaginiert (bildhaft vorgestellt) und Gott wurde zu dem, was zu sein er sich vorstellte. Jeder Mensch ist eine Manifestation oder das projektierte Abbild des Unendlichen. Alle Kräfte Gottes sind im Menschen angelegt — in jedem Menschen. Die Kraft der Imagination ist die allererste Anlage des Menschen. Was immer der Mensch sich bildhaft vorstellt oder zu sein fühlt, das verwirklicht sich für ihn. Es verwirklicht sich aus dem einfachen Grunde, weil alles, was dem Unterbewußtsein als Impuls aufgeprägt wird, zum Ausdruck gebracht und manifestiert wird als Form, Funktion, Erfahrung und Begebenheit.

Mein neuer Bekannter konnte mit mir die Richtigkeit dieser Feststellung aus eigener Erfahrung bestätigen. In den Slums geboren und aufgewachsen, kränkelte er als Kind und erfuhr bereits sehr früh in seinem Leben, was Hunger und Depressionen sein können. Eines Tages hatte ein Mitglied seiner Moschee ihm gesagt, er solle sich vorstellen, an einem College zu studieren und das Diplom mit seinem akademischen Grad so plastisch vor sich an der Wand hängen sehen, als ob er es jetzt bereits besäße. Wenn er das hartnäckig genug täte, dann würde Allah es geschehen lassen. Daraufhin hatte er diese Technik allabendlich praktiziert. Einige Zeit später kam er am Strand einem Mädchen zu Hilfe, das zu ertrinken drohte. Der Vater dieses Mädchens — ein Botschafter — schickte ihn aus Dankbarkeit zum Studium nach England und kam für sämtliche Kosten auf. Er erfährt jetzt das ewige Leben, von dem in seinem Bibelzitat die Rede ist.

Der Begriff ›ewig‹ oder ›Ewigkeit‹ bedeutet ein fortgesetztes Leben, ohne das große Pendel des Geschicks; ein schöpferisches, freudvolles, harmonisches Leben ohne auf und ab, Krankheit und Gesundheit, Reichtum und Armut, Depression und Freude. Er führt ein konstruktives, positives Leben. Das ist die wahre Bedeutung dieser Bibelpassage, die sich lediglich im Gestrüpp theologischer Verflochtenheit verloren hat und so jedem verstandesmäßigen Denken als

Absurdität erscheint. Darüber hinaus ist es geradezu eine Beleidigung für den Juden, den Moslem, den Buddhisten und den Shintoisten, ihn aufzufordern, an die Persönlichkeit Jesu zu glauben, um erlöst zu werden. Erlöst wovon? Wir haben Erlösung nötig von Unwissenheit, Furcht, Aberglauben, Armut und Krankheit. Unwissenheit ist die einzige Sünde und alles Leiden ist nur die logische Konsequenz — die Auswirkung.

Schaffen Sie sich einen neuen Begriff von sich selbst

Gott ist die universelle Gegenwart und Macht, allen Menschen unmittelbar zugänglich, ganz gleich, ob sie Atheisten, Agnostiker oder Heilige sind. Ihr Denken ist schöpferisch. Sie können jetzt damit anfangen, sich ein neues Selbst-Image zu schaffen — eine bildhafte Vorstellung dessen, was Sie sein wollen. Nähren Sie dieses Gedankenbild mit Glauben und Vertrauen, und Sie werden feststellen, daß die schöpferische Kraft Gottes sich in Ihrem Innern befindet. Dann werden Sie zum ersten Mal wissen, daß Sie ihr eigener Erlöser sind. Damit ist der Beweis erbracht, daß Sie Gott in sich tragen.

Es gibt nur eine einzige schöpferische Kraft. Das muß Ihnen absolut klar sein. Denken Sie darüber nach — durchdenken Sie es gründlich, bis es zu einer inneren Überzeugung wird. Es muß zu einer Überzeugung werden, jenseits aller Argumente, Disputation oder Dialektik — einer fest verankerten Überzeugung, in der Sie sicher ruhen, in Frieden und Harmonie. Alle Weisheit und Macht Gottes sind mit Ihnen, als dem einzigen eingeborenen Sohn Gottes — und das bedeutet nichts anderes, als den Ausdruck, die Frucht, die Projektion des unendlichen Geistes in Ihrem Innern. Wir alle sind eingeborene Söhne des einzigen Einen, denn es gibt nur eine Gegenwart und Macht. Mit dieser Erklärung konnte ich meinen moslemischen Freund völlig zu-friedenstellen. Jetzt liest er meine Bücher *Tele-PSI — Die Macht Ihrer Gedanken* und *Frieden in Ihrem Innern*.

Das Land der Pharaonen

Es war mein dritter Besuch dieses faszinierenden Landes. Man fühlt sich in die Zeit der alten Ägypter zurückversetzt, wenn man Luxor besucht und den Anblick des herrlichen Tempels von Karnak genießt, des Tals der Könige und der Säulen von Memnon in Theben. Der Besucher ist von einer Art mystischer Ehrfurcht ergriffen und von Wundern über-wältigt. Wir hörten Vorträge im ägyptischen Museum in Kairo, besichtigten die sagenhaften Reliquien aus der Gruft des Königs Tutankhamun, die Alabaster Sphinx und die großen Pyramiden von Cheops. Am Abend gab es dort ein erregendes ›Sound-und-Light-Spektakulum‹, das die sagen-hafte Zeit der Pharaonen lebendig werden ließ.

Die große Pyramide

Diese Pyramide wird als das Haupt der sieben Weltwunder bezeichnet oder als das ›Evangelium in Stein.‹ Sie symboli-siert die große Wahrheit, daß Gott sich im Mittelpunkt Ihres Seins befindet. Die Pyramide bezieht sich auf das Verhältnis des Menschen zum Universum. Wissenschaftler aus aller Welt haben sich mit ihrer herrlichen Struktur beschäftigt, ihrem unermeßlichen Alter, der exquisiten handwerklichen Ausführung und dem Mysterium ihres Ursprungs. Man er-klärte uns, daß namhafte Astronauten, Mathematiker, Ägyptologen und Archäologen hier ausgedehnte For-schungsarbeiten betrieben hatten und alle übereinstimmend zu der Schlußfolgerung gekommen waren, daß die Konstrukteure hochintelligent und mit kosmischer Weisheit begabt waren.

Ihr Durchmesser bestimmt Ihre Zukunft

Die Pyramide — zugleich die Geschichte des Menschen — stellt das Verhältnis des Durchmessers zur Peripherie des Kreises dar, in zahlenmäßigen Werten ausgedrückt. Der Kreis repräsentiert die Unendlichkeit oder Gott — ohne Anfang und Ende. Der Durchmesser bestimmt die Peripherie des Kreises. Der Durchmesser ist Ihr Konzept, Ihre Einschätzung, Ihre ›technische Zeichnung‹ von sich. Er bestimmt Ihren Lebensbereich, Ihren Umgang, Ihren gesellschaftlichen, politischen, finanziellen, und beruflichen Status — kurz, Ihre Welt. Sie sind jederzeit imstande, diesen Durchmesser zu vergrößern und sich ein größeres Selbst-Image zu schaffen und damit Ihr inneres Potential zu erweitern. Das befähigt Sie, der Menschheit auf bessere Weise zu dienen und bringt gleichzeitig Wohlergehen auf jedem Gebiet mit sich.

Sie vergrößern Ihren Durchmesser

Eine frühere Orchestermusikerin erwähnte bei einem Gespräch, daß ihr Ruhestand eine ziemliche Langweile mit sich gebracht habe, so daß sie sich eines Tages hinsetzte und still bejahte: »Gott verstärkt meine Talente auf wundervolle Weise. Mehr und mehr Menschen sind gesegnet von dem, was ich zu bieten habe.« Seither kamen Professoren, Lehrer und Studenten in Scharen, um bei ihr Unterricht zu nehmen. Sie sah sich sogar gezwungen, einige Interessenten abzulehnen, da es ihr beim besten Willen nicht möglich war, alle zu unterrichten. Sie hatte die eingeschlossene Herrlichkeit freigesetzt. Auch sie hatte feststellen können: Das Alter ist nicht die Flucht der Jahre, sondern der Anbruch der Weisheit.

Die Interpretation für Pyramide

Für das Wort ›Pyramide‹ hat es schon viele verschiedene Interpretationen gegeben, wie ›Licht der Sonne‹ etc. Die wirkliche Bedeutung ist ›Maß der Zehn‹. Die Gesamtzahl der Ecken und Seiten beträgt Zehn. Die Ziffer Zehn ist ein phallisches Symbol und repräsentiert die männlichen und die weiblichen Zeugungsorgane und damit die Vereinigung des maskulinen und des femininen Prinzips in uns allen. Die wahre Bedeutung des Wortes Pyramide ist somit die Wechselwirkung von wachbewußtem Verstand und Unterbewußtsein, deren positive Vereinigung Harmonie, Gesundheit, Frieden und Überfluß in ihr Leben bringt. Die Kammern des Königs und der Königin repräsentieren das männliche und weibliche Prinzip in uns allen.

Die ersten Früchte

Ein amerikanischer Rancher (Viehzüchter), Mitglied unserer Reisegesellschaft, fragte mich: »Warum sollen die ersten Früchte dem Herrn gegeben werden?« Er zitierte die Passage: ... *so sollst du von den Erstlingen aller Feldfrüchte nehmen, die du von deinem Lande einbringst, das der Herr, dein Gott, dir geben will, und sollst sie in einen Korb legen* ... (5. Mos. 26:2).

Bei vielen Völkern des mittleren Ostens ist es Brauch, die ersten Früchte sterben zu lassen, da sie Gott gehören. Der Tradition Israels zufolge bekommt der Erstgeborene das Eigentum oder den Grundbesitz. Auch in einigen anderen

Ländern besteht das Erstgeburtsrecht, d. h. Seniorität durch Geburt, bei gleichem Elternpaar. Nach englischem Recht kommt das exklusive Erbrecht einem erstgeborenen Sohn zu.

Das Gesetz des Lebens steht in völligem Gegensatz zu alledem. Ein Ablehnen der ersten Früchte und ausschließender Genuß der folgenden — alles das beruht auf tiefgreifenden Mißverständnissen. Die Erklärung ist recht einfach. Es bedeutet nichts anderes als: Das, was Sie jetzt sind und das, was Sie zu sein begehren. Sie müssen für den alten Zustand sterben und im neuen leben. In anderen Worten: Sie erheben und nähren das Ideal in Ihrem Gemüt, in dem Bewußtsein, daß eine allmächtige Kraft zu Ihren Gunsten tätig wird. Wenn Sie an Ihrem Ideal festhalten, wird es in Ihrem Innern Wurzeln fassen. Dann stirbt der alte Zustand und die Manifestation erfolgt.

Sie sagte: »Alles geht zurück«

Eine Frau fragte mich: »Weshalb habe ich all diese Probleme? Ich habe einen neuen Zustand bejaht. Ich weiß auch, was ich will, aber alles geht rückwärts bei mir.« Ich erklärte ihr, daß der Bejahungsprozeß ihr Unterbewußtsein verändert. Wenn sie ihre Aufmerksamkeit weiterhin beharrlich von dem alten Zustand abgewandt hält, wird er sich nach und nach auflösen. Der Veränderungsprozeß kann dabei jedoch zuweilen recht lästig werden. Wenn Sie ein Zimmer kehren, dann wird dabei allerhand Staub aufgewirbelt, so daß man den Raum am liebsten verlassen möchte. Ist er jedoch erst einmal gesäubert, dann halten Sie sich ganz gern darin auf. Dann sehen Sie keinen Staub. Wenn Sie Ihr Unterbewußtsein mit lebengebenden Denkmustern anfüllen, dann liefern Ihnen die negativen Restbestände einen verbissenen Kampf und wirbeln dabei gehörig Staub auf. Das geschieht in neun von zehn Fällen. Wenn Sie diesen Reinigungsprozeß jedoch unbeirrt fortsetzen, dann verändert sich Ihre Welt zum Guten.

Sie wollte einen Pelzmantel

Eine andere Mitreisende erzählte mir, daß sie sich vor einigen Jahren sehnlichst einen Pelzmantel gewünscht hatte, jedoch zu der Zeit nicht über die erforderlichen Geldmittel verfügte. Der Winter stand vor der Tür, und an ihrem Wohnort New York City kann während der kalten Jahreszeit die Temperatur sehr niedrig werden. Sie hatte sich bildhaft vorgestellt, einen Pelzmantel zu tragen. Mit ihrer schöpferischen Imagination schien demnach alles in Ordnung zu sein — sie hatte den Pelz im Geist getragen, seine Wirklichkeit gefühlt, hatte sich dabei im Spiegel betrachtet und die Freude darüber empfunden. Einige Tage später suchte die Frau ein Pelzgeschäft auf, um sich einige Mäntel anzusehen und sie anzuprobieren. Dabei wurde ihr der alte Mantel gestohlen, und die Geschäftsleitung bot ihr daraufhin einen neuen Pelz zu einem stark reduzierten Preis an, den sie sich damals leisten konnte.

Ihr Unterbewußtsein hatte alles das auf seine ureigenste Weise arrangiert. Es weiß alles und muß die Dinge nicht durchdenken und erwägen. Es wird von unendlicher Intelligenz beherrscht. Diese Frau glaubte einerseits, sich keinen Pelz leisten zu können, verbildlichte sich jedoch andererseits einen und spürte seine Gegenständlichkeit — deshalb akzeptierte ihr Unterbewußtsein ihren Wunsch und verwirklichte ihn auf seine Weise. Ihrem tieferen Bewußtsein sind alle Dinge möglich. Meine Reisebekanntschaft hatte ihrem Unterbewußtsein durch unentwegtes Imaginieren Impulse vermittelt und ihm damit erfolgreich etwas aufgeprägt. Ihr Unterbewußtsein wiederum reagierte diesem Eindruck gemäß.

Der Mensch hat die Wahl

Sie haben die Wahl erfolgreich, glücklich, froh und frei zu sein. Nichts ist in Ihr Schicksal geschrieben. Es gibt keine Vorherbestimmung. Wäre es so, dann hätten wir kein Recht, uns Gedanken über irgend jemanden auf der Welt zu machen, denn dieser würde ja nur die ihm zugedachte Rolle spielen. Sie können aber sehr wohl jede gewünschte Rolle spielen, einfach indem Sie die Gottesgabe in sich anfachen. Bedenken Sie: Wir können in uns nichts erwecken, das nicht vorhanden ist. *Denn tausend Jahre sind vor deinen Augen wie der gestrige Tag, wenn er vergangen, wie eine Wache in der Nacht* (Psalm 90:4). Das ist ein poetischer Ausdruck der besagt, daß eine Million Jahre im Drama des Erwachens wie eine Sekunde sind. Lassen Sie Gottes Kräfte in sich auferstehen und Wunder werden geschehen – durch Ihre Bejahungen.

2

Ihre Eltern
sind nicht verantwortlich

Jordanien ist ein faszinierendes Land. Eine Reise nach Petra ist ein unvergeßliches Erlebnis. Dem Besucher präsentiert sich eine historische Stadt mit antiken Felsruinen, Palästen, Mausoleen, Tempeln, Treppen und Straßen. Auch hier kann den Besucher ein Gefühl geradezu mystischer Ehrfurcht ankommen. Ausgrabungen an der Stelle des biblischen Dibon haben erbracht, daß dessen Bewohner in der frühen Bronzezeit gelebt haben — etwa im Jahr 3000 v. Chr.

In meinem Hotel in Amman, der Hauptstadt Jordaniens, unterhielt ich mich mit einem Gast, der mir erzählte, daß er in den Slums geboren und aufgewachsen war, seine Eltern nie gekannt hatte, aber jetzt als Botschaftsattaché im diplomatischen Dienst seines Landes stand. Gegenwärtig befand er sich auf Heimaturlaub und besuchte einige der historischen Stätten Jordaniens. Unser Gespräch gipfelte in der großen Wahrheit, daß man sich erheben, wachsen und sich entfalten kann, unabhängig von Geburt und Herkunft, wenn man es versteht, das Superbewußtsein — die göttliche Kraft im Innern zu berühren, eine Kraft, die alles weiß und sieht.

Viele Wissenschaftler und Science-Fiction-Schriftsteller behaupten, daß unser Schicksal in der Hauptsache von unseren Erbanlagen bestimmt wird. Man brauchte daher nur den genetischen Kodex zu verändern, um den Menschentyp hervorzubringen, den man zukünftig auf dieser Welt zu sehen wünscht. Etwa so, wie man Rinder oder Rennpferde züchtet. Es schien meinen Gesprächspartner zu amüsieren, daß in diesem Zusammenhang allen Ernstes behauptet wurde, durch künstliche Befruchtung hochbegabte Kinder ›züchten‹ zu können, die dann je nach Wunsch mit den Talenten und Eigenschaften eines Einstein, Lincoln, Paderewski, Carver oder einer anderen hervorragenden Persönlichkeit ausgestattet seien, vorausgesetzt, das entsprechende, eingefrorene Sperma sei verfügbar. Andere wiederum behaupten, es bedürfe hierzu nur einiger Zellen vom Organismus einer solchen Persönlichkeit, die sich dann als Züchtung in Protoplasma-Kulturen nach Belieben vervielfältigen ließen. Über all diese Dinge ist schon sehr viel Unsinn geschrieben worden.

Selbstverständlich trifft es zu, daß unsere Hautfarbe, die Farbe unserer Augen, unseres Haares und viele andere Charakteristiken durch Vererbung bestimmt werden. Es wird auch gesagt, daß sowohl geistige Beschränktheit als auch ein hoher Intelligenzquotient oder die Neigung zu bestimmten Krankheiten von den Eltern vererbt werden. Es dürfte jedoch an der Zeit sein, daß wir uns die Frage nach unserem göttlichen Erbteil stellen. Wir sollten uns fragen, was wir von der unendlichen Gegenwart und Macht Gottes in uns geerbt haben. Immerhin sind wir die Tempel des lebendigen Gottes, und es ist unsere Aufgabe, die in uns angelegten Kräfte, Attribute und Qualitäten Gottes zu offenbaren.

Betrachten wir das Ganze einmal so: Sie waren ein Junge mit einem Vater, der seinerseits ein Junge war, der einen Vater hatte und so weiter und so fort. Wenn wir das Ganze auf diese Weise zurückverfolgen, wohin führt es uns dann? Zurück zur ursprünglichen Zelle — dem göttlichen Ursprung, dem Vater von uns allen. Alle Religionen sagen ›Unser Vater‹. Wir alle haben einen gemeinsamen Ahnherrn, das Lebensprinzip. Die jeweilige Erbmasse von Abraham, Moses, Jesus, Elias, Mohammed etc. ist somit in jedem von uns vorhanden. Ebenso die Gene von Dschingis Khan, Sokrates, Plato und Aristoteles. Jeder Amerikaner kann sich unschwer ausrechnen, auf wie viele Vorfahren er seit der Landung der ersten Pilger zurückblicken kann. Robby Wright, ein junger Physiker, dessen Ahnenreihe bis ins 16. Jahrhundert zurückreicht, hat ausgerechnet, daß er seit dem Jahr 1600 mehr als 17 000 Vorfahren aufzuweisen hat.

Sie sind nicht das Opfer der Vererbung

Eine Schwester von mir, die jahrelang als Lehrerin in England tätig war, erzählte mir einmal, daß sie einen außergewöhnlich begabten Jungen in ihrer Klasse hatte. Es war einer der seltenen Fälle, wo ein Kind alle seine Mitschüler an Intelligenz und Können haushoch überragte. Deshalb hatte sie den örtlichen Priester auf diesen Jungen aufmerksam gemacht, der ihn auf ein Seminar schicken wollte, wo er kostenlos ausgebildet werden sollte. Das alles lehnte er jedoch ab. Seine Begründung: »Ich bin nur der Sohn eines Bergarbeiters.« Sein Vater vertrat die gleiche Auffassung. Diese Geisteshaltung war es letztlich, die ihn und andere Jungen gleich ihm behinderte und unten hielt.

Zu dieser Episode gibt es ein interessantes Gegenstück: Ein Mitglied des dortigen Landadels wollte einen Jungen adoptieren. Meine Schwester empfahl ein Kind aus einem nahegelegenen Waisenhaus, dessen Eltern verstorben waren. Die Leute adoptierten den Jungen auf der Stelle. Dabei war es für sie völlig unerheblich, daß die Vorfahren dieses Kindes seit Generationen Bergarbeiter gewesen waren. Der Junge erhielt Privatunterricht von einer Gouvernante und wurde später auf ein englisches College geschickt. Er wuchs im Millieu des englischen Landadels heran und pflegte ausschließlich Umgang mit sehr reichen Jungen und Mädchen. Er lebte gemäß den Sitten, Gebräuchen und Traditionen des Kastensystems, das seine Ausbildung und Umgebung bestimmte. Während eines Ferienaufenthalts rief er meine Schwester an und lud sie zu seiner Geburtstagsparty ein. Dabei erwähnte er, daß er den Studenten, der sie mit dem Wagen abholen würde, nicht einladen könne, da er nur der Sohn eines Bergmannes sei.

Hier ergibt sich folgendes Bild: Ein Waisenjunge, Sohn eines Bergarbeiters mit exzellenter Schulbildung, zu hoher Selbsteinschätzung erzogen, hielt aufgrund dieser Erziehung den Sohn eines anderen Bergmannes für minderwertig. Der zuvor erwähnte Junge — begabt, brillant und intelligent — brachte den Mut zum Wagnis nicht auf. Man hatte ihm beigebracht, sich als einer niederen Klasse zugehörig anzusehen und damit als minderwertig. Es war einzig und allein seine Einstellung, die ihn unten hielt — und keineswegs seine Erbmasse, Chromosomen oder der Umstand, daß er der Sohn eines Bergarbeiters war.

Es gibt nur eine Quelle

Es wäre also recht töricht, wenn Sie Ihre Eltern, Großeltern oder Vorväter als Quelle Ihrer Kräfte, Eigenschaften, Neigungen, Fähigkeiten und Charakteristiken ansehen würden. Damit begrenzten Sie nur Ihr Potential. Seien Sie sich statt dessen im Klaren darüber, daß Sie von Gott kommen. Gott — das Superbewußtsein — befindet sich in Ihrem Innern. Er ist Ihr himmlischer Vater. Seine ganze Weisheit, Macht und Herrlichkeit steht Ihnen zur Verfügung. Er wartet darauf, daß Sie von seinem unerschöpflichen Reservoir der Kraft und Intelligenz Gebrauch machen. Sie sind nicht nur eine Zusammensetzung von Atomen und Molekülen, Genen und vererbten Neigungen. Sie sind vielmehr der

Sohn des lebendigen Gottes und Erbe aller seiner Reichtümer — spirituell, mental und materiell.

Und richtet euch nicht nach dieser Welt, sondern wandelt euch um durch Erneuerung eures Sinnes, damit ihr zu prüfen vermögt, was der Wille Gottes ist, das Gute, Wohlgefällige und Vollkommene (Röm. 12:2). Das ist der Schlüssel zu einem neuen Leben. Ihr Gemüt ist mit einem Recorder vergleichbar: Alle Eindrücke, Meinungen, Ideen und theologischen Ansichten, die seit Ihrer Kindheit von Ihnen akzeptiert wurden, werden Ihrem Unterbewußtsein aufgeprägt.

Sie können Ihr Gemüt jedoch verändern — ›Ihren Sinn erneuern.‹ Sie können Ihr Gemüt mit gottgleichen Denkmustern anfüllen und sich mit dem unendlichen Geist in Ihrem Innern — dem Superbewußtsein — gleichschalten, indem Sie Schönheit, Liebe, Frieden, Freude, Weisheit, Macht und schöpferische Ideen beanspruchen. Der Geist in Ihrem Innern wird darauf reagieren. Das wiederum hat Veränderungen zur Folge — Veränderungen, die Ihr Gemüt, Ihren Körper und Ihre Lebensumstände betreffen. Ihr Gedanke ist der Mittler zwischen dem Geist auf der einen und Ihrem Körper und der materiellen Welt auf der anderen Seite.

Die neue Menschheit

Große Männer und Frauen in unserem Land wurden nicht zu dem, was sie geworden sind, weil ihre Vorfahren mit der Mayflower über den Atlantik gekommen waren oder aufgrund von Vererbung. Große Männer und Frauen können, wie bereits festgestellt, auch nicht wie Pferde gezüchtet werden. Man kann den göttlichen Geist nicht einfach übergehen. Einer unserer größten Geister kam aus den Slums. George Carver ließ sich vom Geist in seinem Inneren führen und inspirieren und erreichte die erträumten Höhen. Seine Entdeckungen, Erfindungen und chemischen Formeln wurden zu einem Segen für sein Volk und sein Land. Er hatte es einfach abgelehnt, sich weiterhin als Sklave oder Leibeigener zu sehen oder als minderwertig gegenüber anderen Menschen.

Seine ständige Bejahung war: *Denke an ihn auf all deinen Wegen, so wird er deine Pfade ebnen* (Spr. 3:6). Und Gott — das Superbewußtsein — antwortete ihm, er segnete und förderte ihn. Fragen Sie sich gelegentlich: »Was habe ich vom Unendlichen geerbt?« und die Antwort lautet: »Alle Eigenschaften Gottes sind in meinem Innern vorhanden. Diese Kraft und Gegenwart muß ich lediglich erkennen und erwecken. Dann werde ich Wunder vollbringen, denn sein Name ist wundervoll.«

Er kam aus der ›Höllenküche‹

Einer der größten Chirurgen Amerikas erzählte mir einmal, er sei in Hell's Kitchen (Höllenküche, ein berüchtigtes Viertel im New Yorker Stadtteil Brooklyn, d. Übers.) geboren, seine Mutter sei eine Prostituierte gewesen, man hatte ihm von Kleinauf das Stehlen beigebracht und seinen Vater habe er nie gekannt. Man könnte jetzt sagen, alle Umstände seien gegen ihn gewesen, und die Frage stellen, welche reelle Chance ihm da wohl geblieben wäre. Die Antwort ist klipp und klar: Er hatte die Chance seines Lebens! Eines Tages nämlich hatte ein Chirurg seine Wunden behandelt, die er bei einer Schlägerei davongetragen hatte. Dieser Mann — berichtete er — sei so nett und freundlich zu ihm gewesen, daß er von da an nur noch den Wunsch hatte, Chirurg zu werden.

»In meiner schöpferischen Imagination«, erzählte er, »sah ich mich im weißen Arztkittel bei einer Operation. Ich bat Gott, mir bei der Verwirklichung meines Wunsches zu helfen. Plötzlich spürte ich, wie mich eine Veränderung überkam. Ich fühlte mich nicht mehr imstande, zu stehlen. Ich studierte ungeheuer fleißig, gewann ein Stipendium, und einer der Professoren finanzierte meinen Lebensunterhalt während des Studiums. Er meinte, ich könnte es ihm vergelten, indem ich ein guter Arzt und Chirurg würde.« Gott hat seine Bejahung verwirklicht.

Ihre Divinität

Wir können die zellularen Strukturen von Kakteen, Reis, Mais oder Früchten verändern, das tun Wissenschaftler bereits Tag für Tag. Um jedoch einen gottgleichen Menschen hervorzubringen, bedarf es nicht irgendwelcher Veränderungen am menschlichen Körper oder an der Zellstruktur des Gehirns; hierzu ist es erforderlich, die unsichtbaren, ungreifbaren Gotteskräfte im Innern des Menschen anzufachen. Qualitäten wie Aufrichtigkeit, Integrität, Gerechtigkeit, Freude, Mut, Glauben, Vertrauen, Inspiration, Liebe und Wohlwollen lassen sich nicht im Mixer in einem Laboratorium herstellen. Man kann nicht Träume, Visionen und Erleuchtung in irgendeine Mixtur einbringen und dann sagen: »Nun werden wir einen neuen Menschen haben.« Charakter ist Schicksal.

Um zu transzendieren braucht der Mensch Frieden. Dieser innere Friede zieht den Frieden mit der äußeren Welt nach sich. Es erfordert Liebe und Wohlwollen, um den Zorn, die Prüfungen und die Anfechtungen der Welt zu überwinden. Der Mensch braucht Mut, Zuversicht und Vertrauen in die schöpferischen Gesetze seines Gemüts. Das befähigt ihn, der Menschheit auf bessere Art nützlich zu sein und Frieden und Freude in diese sich verändernde Welt zu bringen. Frieden, Harmonie, Freude, Liebe, Weisheit und Verständnis sind Eigenschaften des Superbewußtseins. Man kann sie den Menschen nicht einpflanzen, weil sie nämlich bereits vorhanden sind. Sie warten lediglich darauf, vom Individuum freigesetzt zu werden.

... erinnere ich dich daran, die Gabe Gottes anzufachen, die in dir ist ... (2. Tim 1:6)

Wer sind Ihre Kinder?

Kahlil Gibran, der große Mystiker, sagte einmal: »Ihre Kinder kommen *durch* Sie — nicht *von* Ihnen.« *Nennet auch niemanden auf Erden euren Vater; denn einer ist euer Vater, der himmlische* (Matth. 23:9).

Sie entstammen einer edlen Ahnenreihe, dessen werden Sie sich bewußt, wenn Sie über das Superbewußtsein und seine Wirkungsweise nachsinnen — wenn Sie kontemplieren, daß diese unsichtbare Gegenwart und Macht alle sichtbaren Dinge geschaffen hat. Der Begriff Himmel oder himmlisch steht für die unendliche Intelligenz, in der Sie leben, sich bewegen und Ihr Sein haben. Wenn Sie meditieren, dann wenden Sie sich an die Quelle allen Lebens und beanspruchen Führung, Weisheit, Überfluß und Inspiration von der Allgegenwart in Ihrem Innern, dem Superbewußtsein — dem Vater von uns allen.

Weigern Sie sich ganz entschieden, äußeren Dingen — den Dingen im Bereich der Wirkungen — irgendeine Macht zuzugestehen. Seien sie sich darüber klar, daß weder Zustände, Ereignisse oder Umstände noch Ihre Vererbungslinie irgendwelche Macht oder irgendwelchen Einfluß haben. Andere Menschen oder irgendwelche Zustände oder Begebenheiten sind nicht die Ursache Ihres Glücks oder Mißgeschicks! Die einzige Ursache und Macht ist der Geist. Nichts kann Sie gebunden halten, auch nicht die Vergangenheit oder irgendein Karma. Gott — das Superbewußtsein — ist in Ihrem Innern. Freuen Sie sich darüber und wachsen Sie an der Weisheit, Wahrheit und Schönheit.

Erwecken Sie das Bewußtsein in sich

Abraham Lincoln erlebte bekanntlich so manchen Fehlschlag in seiner politischen Karriere, aber das alles konnte ihm nichts anhaben — er blieb standhaft in seinem Vertrauen in seine innere Kraft. Er wußte, daß ihm in jedem Fall Führung und Inspiration von der höchsten Macht zuteil würde. Er nahm von seinen sogenannten Handicaps gar keine Notiz. Einmal war er sogar ganze 40 Meilen zu Fuß gelaufen, um einen Vortrag zu hören. Seine Eltern waren Analphabeten und sehr arm, aber Lincoln hatte eine Vision — und durch die Macht des Superbewußtseins konnte er sie verwirklichen.

Beethoven war taub, aber mit seinem inneren Ohr war er imstande, die Musik der Sphären zu hören und sie mit seinen unsterblichen Werken der Menschheit zu schenken. Leonardo da Vinci kam aus dürftigen Verhältnissen — er war der Sohn eines armen Bauernmädchens und eines notorischen Schürzenjägers. Edison war von der Schule geflogen, weil er nach Meinung des Lehrers zu sehr zurückgeblieben war, aber das konnte ihn bekanntlich nicht daran hindern, die Welt elektrisch zu ›erleuchten‹. Einstein war gleich von mehreren Schulen die Aufnahme verweigert worden, weil es ihm — man höre und staune — ›an der erforderlichen Intelligenz‹ gemangelt haben soll. Aber auch er konnte nicht davon abgehalten werden, den jeweiligen Gipfel der Mathematik und Physik zu berühren und damit eine Welt des göttlichen Gesetzes und der göttlichen Ordnung offenzulegen. Newton war der Sohn eines bitterarmen Farmers, der noch vor seiner Geburt gestorben war. Auch Newton wandte sich an die Quelle aller Weisheit und gab uns das Gesetz von Aktion und Reaktion. Er erleuchtete den Geist der Menschen mit seinen astronomischen Entdeckungen.

Es ist also weder Herkunft noch Erbanlage, die das Genie ausmachen. Geniale Geister können aus ärmlichsten Verhältnissen stammen. Milton war blind. Ihm verdanken wir *Das verlorene Paradies*. Die göttliche Imagination war sein spirituelles Auge. Es befähigte ihn, die Begrenzung von Zeit, Raum und Materie aufzuheben und die Wahrheit über die unsichtbare Gegenwart in uns allen zum Ausdruck zu bringen. Wie herrlich lebte doch Chico, der Kanalreiniger von Paris, in seinem paradiesischen Bewußtseinszustand — ›siebenter Himmel‹ genannt —, obgleich er das Licht des Tages niemals zu sehen bekam.

Königliches Geblüt oder Geburt in einem Palast ist, wie gesagt, durchaus keine Gewähr für einen Milton, Shakespeare, Phidias oder Beethoven. Es gibt nur eine einzige Voraussetzung für den Menschen, Großes zu vollbringen: das Bewußtwerden seiner göttlichen Ahnenreihe. In stillen Momenten der Meditation und der schöpferischen Imagination wird es ihm klar, daß die unsichtbaren Dinge vom Superbewußtsein in seinem Innern in Wahrnehmbarkeit gebracht werden.

Glaube ist inneres Gewahrsein

Ihr Glaube ist durch Ihre mentale Haltung gekennzeichnet. Ihre Verwirklichungen gestalten sich genau Ihrem Vertrauen in die schöpferische Kraft in Ihrem Innern gemäß — nicht mehr und nicht weniger. Ihnen geschieht nach Ihrem Glauben. Werden Sie sich der Möglichkeiten des Unendlichen bewußt, das ständig am Werk ist — in Ihnen, durch Sie, und überall um Sie herum.

Keine Alibis und Ausflüchte

Vor einigen Jahren las ich in einem Prozeßbericht, daß der Anwalt des Angeklagten die schweren kriminellen Handlungen seines Mandanten mit dessen Herkunft aus ärmlichen und zerrütteten Verhältnissen zu entschuldigen suchte. So sei der Vater Trinker gewesen, und die Mutter habe sich ständig mit anderen Männern herumgetrieben. Der Richter jedoch, ein sehr erfahrener und in seinem Metier weise gewordener Mann, sagte nur: »Kommen Sie mir nicht mit einer solchen Story! Der Bruder dieses Mannes ist unter den gleichen Umständen aufgewachsen und ist heute einer unserer bedeutendsten Juristen.«

Der Schmetterling entpuppt sich aus der Raupe und entwickelt Flügel. So kann er umherfliegen und seine Schönheit und Pracht entfalten. Genauso können auch Sie sich aus jeder Begrenzung und Gebundenheit befreien und sich emporschwingen, ausgestattet mit den Flügeln der Zuversicht und der Imagination − und so Ihre Pracht und Herrlichkeit enthüllen.

Göttliche und menschliche Abstammung

Es ist selbstverständlich zutreffend, daß uns bestimmte genetische Tendenzen von unseren Eltern vererbt werden, die unsere Haut- und Augenfarbe sowie unsere physische Konstitution bestimmen. Die mentale und emotionale Atmosphäre unseres Zuhause bestimmt weitgehend unsere ganze Verfassung. Jedes Kind ist von den Stimmungen, Gefühlen, Überzeugungen und Lehren seiner Eltern abhängig. Wenn das Kind jedoch heranwächst und sich der göttlichen Gegenwart in seinem Innern bewußt wird, kann es sich erheben und jedes Handicap überwinden. Plötzlich erkennt es die göttliche Quelle − das Superbewußtsein. Wenn es sich dann der Kontemplation der ewigen Wahrheiten zuwendet, wird es über Umwelteinfluß und die Atmosphäre des Elternhauses erhoben − es überwindet Einflüsse sowohl der Vergangenheit als auch der Gegenwart.

Beschaffenheit und Lehren

Wir mögen die Opfer falscher Lehren sein — falscher theologischer Meinungen über Gott, das Leben und das Universum; wir können jedoch alle negativen Ansichten ändern, indem wir uns konstruktives, harmonisches und friedvolles Denken zur Gewohnheit machen. Unser Unterbewußtsein ist der Sitz der Gewohnheit, alles ihm aufgeprägte wird prompt ausgeführt. Wir sollten deshalb nicht vergessen, daß jede Gewohnheit geändert werden kann. Unsere mentalen und emotionalen Befürchtungen, Aberglauben, Tabus etc. wurden uns in frühester Jugend eingeimpft.

Auf meiner Reise durch Indien, Nepal, Thailand und andere Länder Asiens hörte ich von College-Absolventen Bemerkungen wie: »Wenn ich mich in diesem Leben nicht anständig verhalte, dann könnte ich im nächsten als Tiger, Löwe, Hund oder als irgendein anderes Tier wiederkommen.« Sie behaupteten, ihr gegenwärtiger Status im Leben werde von ihrem Karma bestimmt, und sie ernteten jetzt das, was sie in einem früheren Leben gesät hätten. Sie glaubten, für ihre bösen Taten bestraft zu werden. Für viele von ihnen war das Gesetz des Karma ein grausames Gesetz, eine Art Auge um Auge und Zahn um Zahn.

All das ist weit von der Wahrheit entfernt. Ungeachtet der Vergangenheit des Menschen löst göttliche Liebe — richtig angewandt — alles ihr nicht gemäße auf. Gott ist das ewige Jetzt. Karma hingegen ist nichts anderes als das Gesetz von Aktion und Reaktion. Die Begrenzungen von Zeit und Raum existieren nicht für das Superbewußtsein. Jeder Mensch ist imstande, sein Leben jetzt — in diesem Augenblick — zu verändern, durch eine selbst-verabreichte Transfusion göttlicher Liebe, göttlichen Lichtes und göttlicher Wahrheit. Damit löscht er die Folgen vergangener Fehler aus — er reinigt sein Unterbewußtsein. Wenn wir unser Unterbewußtsein mit falschen Überzeugungen verschmutzen, dann haben wir unter den negativen Folgen zu leiden. Wir können sie jedoch doch durch richtige Bejahungen — durch wissenschaftliches Gebet — ausrotten, durch Praktizieren der Gegenwart Gottes.

Alle Irrtümer, Fehler und Vergehen des Menschen können aus dem Unterbewußtsein getilgt werden. Damit wird der Mensch von jeglicher Bestrafung befreit, die als unausweichliches Resultat jeder Unterbewußtseinsimprägnierung naturnotwendig folgen würde. Mechanisches Beten oder Mitgliedschaft in irgendeiner Kirche bringt das nicht zuwege. Ein intensives Sehnen nach der Neugeburt im Geist — ein wirkliches Begehren, ein wahrer Hunger nach ihr, zusammen mit einer ständigen Sättigung des Gemüts mit ewigen Wahrheiten, die den Charakter von Grund auf verändern, wird die Bestrafung oder Reaktion aus dem Unterbewußtsein auslöschen.

Die Aktion geht vom wachbewußten Verstand aus, die Reaktion ist Sache des Unterbewußtseins. Karma ist kein verhängtes Schreckensurteil, das entweder Sühne oder Überwindung erfordert. Der Gedanke des Karma stammt aus den östlichen Lehren; alle heiligen Schriften, einschließlich der Bhagavad Gita stimmen jedoch überein: Die Rückkehr zum göttlichen Zentrum im Innern und Kontemplation der Wahrheiten Gottes ist das Ende des alten Zustands und die Geburt des neuen. Jedes Unglück, jedes Mißgeschick kann verwandelt werden, durch Praktizieren der Gegenwart Gottes. Eine veränderte Haltung verändert auch alles andere.

Werden Sie von den Toten beherrscht?

Machen Ihnen ›tote Gedanken‹ zu schaffen? Werden Sie beherrscht von Meinungen, Überzeugungen und Glaubenslehren anderer Menschen, die diese Lebensdimension längst verlassen haben? ›Tote Gedanken‹ bedeutet Gedanken, die auf Unwissenheit, Furcht und Aberglauben basieren. Millionen Menschen auf der ganzen Welt werden noch immer von negativen Neigungen und Emotionen beherrscht und angetrieben — Emotionen wie Furcht, Groll, Gier, Feindseligkeit und auch Selbstverurteilung. Alles hergeleitet von Generationen, die längst in die nächste Lebensdimension übergewechselt sind.

Bedenken Sie, daß alles, was Ihnen von kleinauf beigebracht worden ist — auch wenn es sich um Gewohnheiten Ihrer Eltern und Großeltern handeln sollte —, durch Bejahung verändert werden kann. Es liegt auf der Hand, daß die unendliche Intelligenz, die Sie aus einer Zelle erschaffen hat, Sie auch zu heilen vermag. Sie hat alle Ihre Organe geschaffen und kontrolliert alle lebenswichtigen Vorgänge in Ihrem Körper. Ihr Gemüt ist Gottes Gemüt, denn es gibt nur ein Gemüt, das allen Menschen gemeinsam ist. Sie haben daher ganz gewaltige Möglichkeiten, die noch in Ihnen ruhen.

Ihre unterbewußten Meinungen, Ansichten und Überzeugungen diktierten und beherrschen alle Ihre bewußten Handlungen. In anderen Worten: Sie sind zum Ausdruck gebrachter Glaube. Kommen Sie jetzt zu einer Entscheidung und werden Sie sich bewußt, daß Sie nicht mehr länger das Opfer falscher Denkmuster sein müssen, die Ihnen in Ihrer Kindheit eingegeben wurden. Geist, oder Gott in Ihnen — das Superbewußtsein — ist die Gegenwart, Macht, Ursache und Substanz. Stimmen Sie sich ein auf das Unendliche und transformieren Sie ihr Leben.

Geist und Materie

Für die moderne Wissenschaft ist es eine erwiesene Tatsache, daß Geist und Materie austauschbar sind; daß Materie in Wirklichkeit nichts anderes ist als Geist, dessen

Schwingungsfrequenz herabgesetzt ist zum Punkt der Sichtbarkeit. Deshalb ist es grundfalsch zu behaupten, Sie seien von Ihrer Umgebung beeinflußt oder geprägt — Ihrer Häuslichkeit, Ihrem Beruf, Ihrem Geschäft, Ihrer Umwelt — das ist reine Suggestion; wenn Sie eine solche Suggestion jedoch akzeptieren, werden Sie damit in den eingefahrenen Denkmustern verharren, wie Ihre Vorfahren, und wahrscheinlich das gleiche Leben führen — ein Leben, das größtenteils auf Lehrmeinungen, Dogmen und Traditionen basiert. Äußerlichkeiten sind nicht schöpferisch. Die schöpferische Kraft ist in Ihrem Innern. Kein wissenschaftlicher Denker macht ein erschaffenes Ding zu einer Ursache; es ist eine Wirkung. Wer den Sitz der schöpferischen Kraft und ursprünglichen Ursache kennt, der erkennt keiner Person, keinem Ort, keinem Umstand und keiner Situation die Macht der Schöpfung oder Wiederherstellung zu. Es gibt nur eine einzige schöpferische Macht, der Sie sich bewußt sind — die Macht Ihrer Gedanken.

Machen Sie sich zu einem Kanal für das Superbewußtsein

Alle Macht des Unendlichen ist latent in Ihnen vorhanden. Sie bedarf lediglich der Erweckung. Eine wunderbare Bejahung hierzu ist die folgende: ›Gott ist, und seine heilige Gegenwart durchströmt mich als Schönheit, Harmonie, Liebe, Freude, Weisheit, Verständnis, göttliche Führung und Überfluß. Es ist ebenso leicht für die göttliche Kraft, zu alldem zu werden, wie zu einem Grashalm. Ich bin dankbar, daß es so ist.‹

Bejahen Sie diese Wahrheiten mehrmals täglich. Dabei müssen Sie sehr genau auf Ihre Gedanken achten, damit Sie zwischenzeitlich das Bejahte nicht wieder verneinen und damit neutralisieren. Wenn Sie so vorgehen, dann werden

Sie sehr bald feststellen, daß Sie wirklich ein Sohn oder eine Tochter des Unendlichen und ein Kind der Ewigkeit sind. Alle Kräfte des Superbewußtseins strömen Ihnen zu — bewegen sich durch Sie und werden von Ihnen zum Ausdruck gebracht. Die Bibel spricht in diesem Zusammenhang vom Christus in euch, die Hoffnung der Herrlichkeit. Blicken Sie deshalb immer auf Ihr spirituelles Erbteil und niemals auf menschliche Vorfahren. Sie selbst haben die Macht über alle Umstände Ihres Lebens — niemand sonst. Und deshalb verfügen Sie auch über Mittel und Wege, Ihre Welt zu verändern.

Hören Sie auf, Ihren Eltern die Schuld zu geben

Als Kinder waren wir alle besonders form- und beeindruckbar, und damit allen Überzeugungen, Denkweisen und Beschaffenheiten in unserem Elternhaus ausgesetzt. Wir verfügten damals nicht über das spirituelle Verständnis oder das Urteilsvermögen, um alle die verabreichten Befürchtungen und negativen Gedanken zurückzuweisen. Als Erwachsene sind wir jedoch für die Art unseres Denkens, Fühlens und Handelns voll verantwortlich. Sie sind der einzige Denker in Ihrer Welt. Deshalb tragen Sie auch die volle Verantwortung für alle Ihre Gedanken, Handlungen und Reaktionen. Sie sind das, was Sie den ganzen Tag lang denken. Wie Sie denken und fühlen, so sind Sie und zu dem werden Sie.

Alles, was Ihnen jemals von Theologen, Eltern, Onkeln und Tanten oder Lehrern eingeredet worden ist, kann ausgelöscht werden. Der Mensch ist in der Lage, umzulernen. Die Überzeugungen und traditionellen Konzepte, die Sie in Ihrer Kindheit annehmen mußten, können alle verändert und berichtigt werden — jetzt, in diesem Augenblick! Füllen Sie Ihr Gemüt mit den Wahrheiten Gottes, dann werden Sie alles ausschließen, was nicht gottgleich ist.

Sie sind ein König

Es ist Zeit für Sie, Ihr Königreich zu beanspruchen, denn Sie sind ein König oder eine Königin mit der Herrschaft über Ihren gesamten Wahrnehmungsbereich. Bedenken Sie: Wenn Sie sich ein primitives Kind irgendwo aus dem Urwald holen, ein Kind, das noch niemals eine Schulbank gesehen hat, und wenn Sie dieses Kind die Wahrheiten Gottes lehren, es rechtes Denken, Fühlen und Handeln praktizieren lassen, und es dabei ständig erinnern, daß es der Sohn eines Königs und Thronerbe ist, dann wird es Ihnen das glauben. Es wird die Rolle eines Prinzen spielen und sich die entsprechende Haltung und Gestik aneignen. Nach und nach wird er zu einem König über seine Gedanken, Worte, Handlungen und Reaktionen werden und die volle Herrschaft über sein Leben gewinnen. Das geschieht, weil der allmächtige König — das Superbewußtsein — sich in seinem Innern befindet; andernfalls könnte es nicht geschehen.

Sie sind der Sohn des lebendigen Gottes. Beanspruchen sie Ihr Erbteil jetzt. Dann wird die innere Stimme zu Ihnen sprechen: ... *Mein Sohn bist du, ich habe dich heute gezeugt* (Hebr. 1:5).

3

Werden Sie von den Sternenkonstellationen beherrscht?

Die Idee zu diesem Kapitel kam mir auf einer interessanten Autofahrt von Jordanien nach Israel, als wir auf der Allenby-Brücke den Jordan überquerten. Wir unternahmen eine Besichtigungstour und besuchten die berühmten Stätten, die uns alle aus der Bibel bekannt sind.

Ein Besuch Bethlehems ist außerordentlich interessant, und auch der Anblick der lieblichen Hügel und Täler von Judäa, unterwegs, war eine reine Freude. Das Kloster des Elias und die Gruft der Rachel haben tief innere Bedeutungen. Der Olivenberg steht sinngemäß für einen höheren Bewußtseinszustand — die Kontemplation des Göttlichen. Der Garten von Gethsemane ist — esoterisch gesehen — Ihr Gemüt, wo Sie, in tiefer Meditation über die göttliche Gegenwart, das Öl der Freude auspressen, und einen Augenblick erleben, der für immer andauern wird.

Die Klagemauer gemahnt uns, die hinter uns liegenden Dinge zu vergessen, und uns auf das Ziel hin zu bewegen, um den Preis der Weisheit, Wahrheit, Schönheit und Freude, der jetzt — in diesem Moment — unser Eigentum ist. Die Stephanskirche und der Felsendom erinnern uns, daß die wahre Kirche sich in unserem Innern befindet, und daß wir hier sind, um die Wunder des Unendlichen in uns zum Ausdruck zu bringen. Kirche — ›Ecclesia‹ — bedeutet, die Macht und Weisheit Gottes aus Ihrem höheren Selbst zum

Vorschein kommen zu lassen. Der Felsen ist ihre Überzeugung von Gottes Gegenwart — unverwundbar, unbezwinglich und unerschütterlich.

Bethanien, das Grab des Lazarus und Jericho haben gleichfalls tiefgreifende innere Bedeutungen. Jericho bedeutet ›Zustand des Wohlgeruchs‹. Wenn Sie die Antwort auf Ihre Bejahungen erfahren, dann können Sie das aufsteigende Freudegefühl ebensowenig unterdrücken wie den Duft einer Rose. Das Grab des Lazarus repräsentiert jeden leblosen Zustand wie Krankheit, Frustration und leblose Ideale oder Wünsche, die nicht wiedererweckt wurden. Wenn Sie zum Bewußtsein Ihrer göttlichen Kräfte erwachen, dann wenden Sie sich an das Unendliche und lassen das in Ihrem Innern schlummernde Begehren wiederauferstehen. Was immer Sie beanspruchen und als wirklich empfinden, das wird Ihr Unterbewußtsein auferstehen lassen und die Wirklichkeit projizieren.

Das Tote Meer hat ebenfalls seine symbolische Bedeutung: Es enthält nichts Lebendes. Es hat einen Einlaß, jedoch keinen Auslaß; deshalb ist es mit nichts Lebendigem angefüllt — also völlig tot. Das lehrt uns, großzügig und freudig zu geben — von unseren Talenten, Fähigkeiten und Kapazitäten. Sie können Freundlichkeit, Herzlichkeit und Wohlwollen geben. Sie können positive Schwingungen aussenden und die Göttlichkeit der Menschen um sie herum bejahen. Geben Sie göttliche Gedanken. Geben Sie wie der Baum seine Früchte gibt und die Sonne ihre Strahlen, und stellen Sie keine Fragen. Halten Sie in sich ständig einen göttlichen Kreislauf an Liebe, Frieden und Harmonie in Gang.

Lassen Sie Ihren Reichtum zirkulieren — weise, sinnvoll, zweckmäßig und konstruktiv. Alles das ist wesentlich für ein erfülltes und glückliches Leben. Es ist absolut natürlich, Liebe auszusenden — auf die gleiche Weise Liebe zu geben, wie eine Mutter ihrem Baby Liebe gibt.

Bethlehem bedeutet das ›Haus des Brotes‹, d. h. Brot des Friedens, der Harmonie, der Freude, der Inspiration und der göttlichen Führung. Das ist das Brot des Lebens. Bethanien steht für die Überwindung eines jeden Problems durch die Kraft Gottes in uns. Elias ist die Gegenwart Gottes oder des ICH BIN in uns, und das Wissen, daß der innewohnende Gott unser Erlöser ist.

Er beschuldigte die Sterne

»Ich habe zur Zeit eine unheilvolle Planetenkonstellation in meinem Horoskop, deshalb läuft alles schief. Saturn überquert mein Sonnenzeichen«, verkündete ein Mann, der mich vor einiger Zeit konsultierte. Er war fest davon überzeugt, daß seine rapide nachlassende Sehkraft und seine finanziellen Verluste von den Sternen vorherbestimmt waren, obgleich sein Augenarzt ihm bedeutet hatte, daß die Ursache seines Augenleidens in einer emotionalen Störung zu suchen sei.

Er war, wie sich während unseres Gesprächs sehr bald zeigte, von heftigen Neidgefühlen einem erfolgreichen Geschäftspartner gegenüber geplagt. Hier lag der eigentliche Grund für seine Leiden.

Ich erklärte ihm, daß mentale und emotionale Faktoren in der psychosomatischen Medizin eine definitive Rolle spielen. Zu seiner krankhaften Angst vor seinem Horoskop kamen noch tiefgreifende Haß- und Grollgefühle für seine Schwiegermutter. Er konnte, wie er mehrfach betonte, ihren Anblick nicht mehr ertragen.

Ich erklärte ihm, daß sein Unterbewußtsein ihn ständig beim Wort nimmt, daß es keine andere Wahl hat, als das ihm aufgeprägte auf seine ureigenste Weise zu verwirklichen, und daß es sich daher seine Augen als Sündenbock ausgesucht hatte. Darüber hinaus waren seine finanziellen

Schwierigkeiten auf seine Neidgefühle diesem Geschäftspartner gegenüber zurückzuführen. Diesen Geldmangel
hatte er selbst herbeigeführt, denn mit diesen Neidgefühlen
hatte er im Grunde sich selbst gesagt: »Er kann auf der Er-
folgsleiter höhersteigen und Reichtum anhäufen, aber ich
kann das nicht.«

Damit hatte er den anderen auf ein Podest gestellt und
sich selbst erniedrigt. Somit hatte er sich im Grunde selbst
bestohlen und sich in verstärktem Maße Mangel, Leiden
und Begrenzung zugezogen.

Die Erkenntnis, sich selbst größten Schaden zugefügt zu
haben, brachte die Heilung. Er sah mit einem Mal, was er
sich da angetan hatte. Er konnte seine Schwiegermutter veranlassen, in eine andere Wohnung zu ziehen, so daß er sie
nicht mehr tagtäglich um sich hatte. Sein Groll und seine
Feindseligkeit ihr gegenüber schwanden. Er bejahte: »Ich
strahle Liebe und Wohlwollen auf dich aus und wünsche dir
alle Segnungen des Lebens. Ich sehe die Gegenwart Gottes,
wirksam in dir, durch dich um dich herum.«

Diese Bejahung machte er sich zur Gewohnheit und allmählich kehrte seine normale Sehkraft zurück. Eine gründliche Untersuchung durch seinen Augenarzt konnte das bestätigen. Den schlechten Zustand seiner Augen hatte er
selbst verursacht, denn seinem Unterbewußtsein blieb keine
andere Möglichkeit, als den Direktiven seines Wachbe-
wußtseins zu gehorchen. Als er nun noch damit begann, für
seinen Geschäftspartner Erfolg und Wohlergehen zu bejahen, konnte er mit Erstaunen feststellen, daß es finanziell
wieder bergauf ging mit ihm. Er entdeckte, daß er mit seinen
Bejahungen für den Geschäftspartner auch für sich selbst
Erfolg bejahte.

Diese neue Geisteshaltung löste alle seine Neidgefühle
auf — die Kinder der Furcht. Und alles das ereignete sich
ungeachtet der Tatsache, daß sein Horoskop extrem ungün-
stige Konstellationen aufwies.

Die einzige Macht

Skakespeare sagte: »Nicht in unseren Sternen liegt der Fehler, sondern in uns selbst, wenn wir Untertanen sind.« Die einzige Macht befindet sich in Ihrem Bewußtsein. Sie ist das ICH BIN, Ihr Gewahrsein, der lebendige Geist, das Superbewußtsein oder Gott in Ihrem Innern. Machen Sie sich deshalb nicht von den jeweiligen Sternenkonstellationen abhängig, sondern allein von der einen ursprünglichen Ursache, von Gott, der alle Planeten geschaffen hat. Macht sollten wir nur dem Schöpfer zuerkennen, nicht den erschaffenen Dingen.

In der Bibel wird unentwegt darauf hingewiesen, daß wir damit aufhören müssen, falschen Göttern zu huldigen. *Du sollst keine anderen Götter neben mir haben* (2. Mos. 20:3). *Ich bin der Herr, das ist mein Name, und ich will meine Ehre keinem anderen geben, noch meinen Ruhm den Götzen* (Jes. 42:8). *Du hast dich abgequält mit all deinen Ratgebern — sie mögen herzutreten! Es mögen dir helfen, die den Himmel einteilen, nach den Sternen schauen, die Neumond um Neumond kundtun, was über dich kommen wird* (Jes. 47:13).

Das Gesetz des Gemüts in Aktion

Zwei Professoren, mit denen ich befreundet bin, hatten sich jeder ein Horoskop stellen lassen. Das hatte sie 50 Dollar gekostet. Auf meinen Vorschlag hin erklärten sie sich bereit, sie zunächst nicht zu lesen, um ihr Unterbewußtsein nicht mit irgendwelchen negativen Suggestionen zu imprägnieren. Wir kamen überein, daß ich diese Horoskope zwölf Monate lang in Verwahrung nehmen sollte.

Ich nahm während dieser Zeit Gelegenheit, beiden das Gesetz des Lebens gründlich zu erklären: ... *denn wie er in seinem Herzen denkt, so ist er* (Spr. 23:7). Das heißt: Was immer Sie erklären und als wirklich empfinden und damit Ihrem Unterbewußtsein aufprägen, findet schließlich seinen äußeren Ausdruck. Ich machte ihnen eindringlich klar, daß ihnen nicht das Geringste passieren kann, solange sie nicht ein mentales Äquivalent (eine geistige Entsprechung) für das Gefürchtete im Gemüt halten. Jeder Mensch formt sein eigenes Schicksal durch sein gewohnheitsmäßiges Denken und Fühlen.

Gleichzeitig erklärte ich ihnen, daß es jederzeit möglich ist, den Auswirkungen falschen Denkens zu entgehen. Auch wenn das Unterbewußtsein durch Falschglauben und andere Negativitäten verunreinigt sein sollte, ist dieser Zustand korrigierbar, wenn man sich mit den ewigen Wahrheiten identifiziert, statt mit den Aspekten des Tierkreiszeichens. Ich sagte ihnen, daß sie jederzeit die Möglichkeiten hätten, ihre mentalen und spirituellen Batterien aufzuladen, durch Kontemplation der Wahrheiten Gottes, denn Gott – das Superbewußtsein – durchdringt sämtliche astrologischen Zeichnungen und Tabellen der Welt.

Meine beiden Freunde praktizieren also konstruktives Denken gemäß dem unveränderlichen Prinzip der Wahrheit. Am Ende des Jahres schließlich trafen wir uns in meinem Arbeitszimmer, jeder examinierte sein Horoskop, und wir brachen in lautes Gelächter aus. Jedes Horoskop enthielt nämlich detaillierte Vorhersagen negativer Art, die sich nie ereignet hatten. Dort, wo finanzielle Verluste und Unfälle angezeigt waren, hatten sich vielmehr Erfolg und Gesundheit eingestellt. Beiden war es nicht nur gut gegangen, sie waren auch jeder auf der beruflichen Leiter höhergestiegen.

Hätten sie allerdings ihre Horoskope vorher studiert, dann wären die darin enthaltenen negativen Suggestionen ihrem Unterbewußtsein aufgeprägt worden, und damit hätten sich dann alle Vorhersagen auch tatsächlich ereignet.

... dir geschehe, wie du geglaubt hast ... (Matth. 8:13). Wenn Sie negativen Prophezeiungen Glauben schenken, dann wird das Geglaubte von Ihnen selbstverständlich erfahren werden, denn das Gesetz des Lebens ist das Gesetz des Glaubens.

Die Suche

Nach der Allegorie in der Bibel verließ Abraham Chaldäa auf der Suche nach dem wahren Gott. Die Chaldäer waren auf dem Gebiet der Astrologie recht bewandert und aktiv. Sie schrieben alles den Bewegungen der Sterne zu. Abraham hingegen — sein Name bedeutet ›Vater der Menge‹ (Unser Vater) — erkannte, daß die Welt von seinem Schöpfer und der ersten Ursache beherrscht wird. Deshalb galt seine Anerkennung allein Gott, dem Superbewußtsein — der einzigen Gegenwart, Macht, Ursache und Substanz.

Die Psychologie des Altertums

Die Astrologie kann auch als die Psychologie des Altertums verstanden werden. Ich habe sensitive und mit psychischen Fähigkeiten begabte Menschen gekannt, die imstande waren, die Vergangenheit, Gegenwart und Zukunft zu lesen, und das mit einer geradezu erstaunlichen Akkuratesse. Sie konnten jederzeit die jeweiligen Neigungen und Charakteristiken der Individuen offenlegen, ohne die geringsten Kenntnisse der Astrologie. Einige nahmen einen Satz Spielkarten zu Hilfe und machten damit erstaunlich genaue Voraussagen; andere gebrauchten Zahlen und enthüllten damit vergangene Episoden und gegenwärtige Pläne und Vorhaben. Diese Menschen taten im Grunde jedoch nichts anderes als Kontakt zum Unterbewußtsein des anderen herzustellen. Sie zapften es sozusagen an. Ein sensitiver oder übersinnlich begabter Mensch kann sich auf Ihr Unterbewußtsein einstimmen und ist dadurch *en rapport* oder in Verbindung mit ihm. In Wirklichkeit haben Sie ihm alles gesagt, bevor er Ihnen etwas sagt.

Wenn man astrologischen Prophezeiungen irgendeine Gültigkeit zuerkennen kann, dann nicht aufgrund der Tatsache, daß Sie am 5. August oder am 4. Juli geboren wurden und damit bestimmte Charakteristiken aufweisen, sondern letztendlich als Auswirkung des kollektiven, unbewußten Massenglaubens — des Massenbewußtseins — diesen Jahresabschnitt betreffend.

Der große Schweizer Psychologe C. G. Jung sagte in seinem Buch *Das Geheimnis der goldenen Blüte*: »Sofern wir es mit korrekten astrologischen Folgerungen zu tun haben, so nicht aufgrund der Auswirkungen von Konstellationen, sondern der unseres hypothetischen Zeitcharakters.« In anderen Worten: Was immer auch in diesem Augenblick geboren, geschaffen oder getan wird, hat die Qualitäten und Eigenschaften dieses Augenblicks.

Ähnlich verhält es sich mit der Wirkungsweise des chinesischen I Ging. C. G. Jung weist in seinem Vorwort zu der übersetzten Ausgabe des Werkes auf den Umstand hin, daß alles Geschehen in einem gegebenen Moment unvermeidlich auch die Qualitäten und Besonderheiten dieses Moments besitzt. Von jeher — durch alle Zeitalter hindurch — hat das Massengemüt den Zeichen und Konstellationen eine gewisse Macht zugestanden in dem festen Glauben, daß sie einen bestimmten Einfluß auf uns ausüben. In anderen Worten: Der Gedanke an einen vermeintlichen Einfluß unserer Tierkreiszeichen basiert auf den kollektiven Ideen und Überzeugungen des Unterbewußtseins der gesamten Menschheit.

Jeder von uns ist ein Teil des Menschheits- oder Massengemüts. Deshalb sind wir auch den Einflüssen dieses kollektiven Unbewußten ausgesetzt, sofern wir es nicht verstehen, unser Gemüt durch wissenschaftliches Bejahen zu befreien — durch Kontemplation der Wahrheiten Gottes vom höchsten Standpunkt aus. Das Gesetz lautet: Wir werden zu dem, was wir kontemplieren.

Überzeugungen des Massengemüts in Amerika

Um ein Beispiel anzuführen: Im Unterbewußtsein von gut 200 Millionen Amerikanern hält sich nach wie vor der hartnäckige Aberglaube, daß hierzulande alle zwanzig Jahre der jeweils im Amt befindliche Präsident eines unnatürlichen Todes stirbt — eine unausrottbare Überzeugung des amerikanischen Massengemüts. Dabei muß dem natürlich keineswegs so sein. Der Bewohner des Weißen Hauses brauchte nämlich nur sein Gemüt mit der inneren Bedeutung des 91. Psalms zu sättigen, und er würde völlig immunisiert und derart Gott-durchtränkt sein, daß nichts ihn berühren kann.

Wie der Stier zum Widder wird

Angenommen Sie wurden im Zeichen des Stiers geboren, als die Sonne in diesem Zeichen stand. Dann stünde nach den im Osten gebräuchlichen, auf dem Stand von Fixsternen basierenden Tierkreisen die Sonne jedoch in Wirklichkeit im Zeichen des Widder. Alle diese Skizzen gründen sich auf Beobachtungen und den daraus hergeleiteten Erfahrungen. Wenn Sie also am 10. Mai geboren sein sollten, dann würde ein Astrologe in Indien unter Zugrundelegung der siderischen Version des Zodiak davon ausgehen, daß die Sonne im Zeichen des Widders steht. Damit wäre jedoch die Beschreibung aller Tendenzen eine völlig andere, als die einer im Zeichen des Stier geborenen Person.

Würden beide Astrologen jedoch die Etikettierungen *Widder* und *Stier* außer acht lassen und Sie lediglich nach Ihrem Geburtsdatum analysieren, dann würden ihre Erkenntnisse auf der Überzeugung des Massengemüts basieren sowie auf den empirischen Beobachtungen, im Lauf der Zeit zu Tausenden von Beispielen angehäuft. Diese Erkenntnisse würden aller Wahrscheinlichkeit nach denen eines üblichen Horoskops recht ähnlich sein.

Ebenso ist ein guter Graphologe in der Lage, eine Probe Ihrer Handschrift zu einer exzellenten Schilderung Ihrer Charakteristiken, Neigungen, Fähigkeiten und Zukunftsaussichten etc. zu verwenden. Alles das basiert, wie gesagt, ausschließlich auf empirischen Beobachtungen, das Schriftbild und die Form der Buchstaben betreffend, zusammen mit intuitiven und außersinnlichen Wahrnehmungen des Graphologen.

Die zwölf Tierkreiszeichen symbolisieren die zwölf Stämme des Alten und die zwölf Apostel des Neuen Testaments. In anderen Worten: Die zwölf Kräfte oder Attribute und Eigenschaften Gottes sind in Ihrem Innern.

Die Namen der Sterne

Im Altertum war — wie Maimonides sagte — die Aufmerksamkeit der Menschen hauptsächlich auf die Belange der Agrikultur gerichtet. Deshalb gaben sie den Sternen zumeist Namen, die zu ihrem Alltagsleben und ihren Tätigkeiten das ganze Jahr hindurch in Beziehung standen. Zum besseren Verständnis der historischen Entwicklung der Astrologie dürfte der Hinweis, den C. F. Volney in seinem Buch *Revolutions of Empires* gab, recht aufschlußreich sein. Volney zeigte auf, daß es an der Grenze zum oberen Nil war, wo von Angehörigen der schwarzen Rasse ein kompliziertes System der Sternenanbetung organisiert wurde, das in ein bestimmtes Verhältnis zum Ertrag der Erde und den Arbeiten in der Landwirtschaft gebracht wurde.

Somit schufen die Äthiopier sich Sterne der Überschwemmung oder Wassermann, als der Nil über die Ufer trat; die Sterne, unter denen sie mit der Bestellung ihrer Felder begannen, wurden die Sterne des Ochsen, Bullen oder Stier; die Sterne des Löwen waren jene, unter denen das Tier, vom Durst aus der Wüste vertrieben, an den Ufern des Nil erschien; dann gab es die Sterne der Garben oder der jungfräulichen Ernte — also der Jungfrau; die Sterne der Lämmer, und Sterne der zwei Kinder, unter denen diese Tiere geboren wurden.

Die Äthiopier hatten zugleich beobachtet, daß die Wiederkehr der Überflutungen jedesmal mit dem Aufgehen wunderschöner Sterne einherging, die den Landmann vor den kommenden Wassern zu warnen schienen. Sie verglichen diesen Vorgang mit dem Verhalten des Hundes, der durch sein Bellen auf eine kommende Gefahr aufmerksam machen will. Deshalb nannten sie diesen Stern den Hund, den Beller (Sirius).

Auf die gleiche Weise erhielt das Sternbild Krebs seinen Namen, als die Sonne, nachdem sie den Wendekreis erreicht hatte, nach Art des Krebses ihre vermeintlich rückläufige Bewegung antrat. Als sie ihren höchsten Stand erreicht hatte, wie der Steinbock, dessen größte Freude es ist, den Gipfel der Felsen zu erklimmen, wurden die Sterne nach ihm benannt. So erhielten nach und nach all die Sternbilder ihre Bezeichnungen: Als Tage und Nächte gleich lang schienen, waren es die Sterne des Gleichgewichts — die Waage; der Skorpion stand für die Jahreszeit, wo periodische Winde einen Dunst mit sich brachten, der brannte, wie das Gift des Skorpions.

In natürlicher Versinnbildlichung sagten sich die Menschen: Der Stier ist es, der im Frühjahr die Keime der Fruchtbarkeit über die Erde verbreitet; der Steinbock befreit die Himmel von den unheilvollen Kräften des Winters — er rettet die Welt vor der Schlange (dem Wahrzeichen der feuchten Jahreszeit) und stellt das Reich des Guten (den Sommer) wieder her; der Skorpion versprüht sein Gift über die Erde und verbreitet Krankheit und Tod.

Das ist eine kurze Zusammenfassung, die Volney in seinem Artikel über die Huldigung von Symbolen gab.

Der Zodiakus und seine Bedeutung

Das Wort *Zodiakus* (Tierkreis) steht für eine imaginäre Linie oder Streifen am Himmel. Der Zodiakus ist kein physischer Körper und verfügt ganz offensichtlich auch über keinerlei gravitätische Zugkraft. Deshalb sind Astronomen und Astrophysiker nach wie vor recht erstaunt und beunruhigt, daß es Menschen gibt, die an ihn glauben. Wissenschaftler sind einhellig der Meinung, daß die zwölf Tierkreiszeichen nicht den geringsten Einfluß ausüben, und daß die Behauptung der Astrologen, dieser Einfluß sei auf schwerkraftmäßige Anziehung zurückzuführen, als völlig absurd angesehen werden muß.

Die Bibel und die Sterne

Vom Himmel her stritten die Sterne, von ihren Bahnen aus stritten sie wider Sisera (Richt. 5:20). Damit ist ohne jeden Zweifel gemeint, daß Sisera feststellen mußte, daß sein Horoskop auf für ihn ungünstigen astrologischen Befunden basierte. Wie schon bemerkt, handelt es sich hier um die Psychologie des Altertums. Man war damals der festen Überzeugung, daß die Geburt unter einem bestimmten Zeichen auch ein bestimmtes psychologisches Makeup mit sich brächte — spezielle Merkmale, Befähigungen, Charakteristiken und Neigungen, die sämtlich in jeder Hinsicht vorherrschend seien. Wenn Sisera also glaubte, die Sterne seien gegen ihn, dann war das selbstverständlich auch der Fall. Ihm geschah genau nach seinem Glauben, denn das Gesetz des Lebens ist das Gesetz des Glaubens.

Wir alle sind mit bestimmten Überzeugungen aufgewachsen — mit bestimmten Meinungen, Befürchtungen und Einstellungen dem Leben gegenüber. Wir alle sind in unserer Jugend auf die verschiedenste Weise geprägt und konditioniert worden. Das alles ist jedoch kein Anlaß für irgendwelchen Fatalismus, denn wir sind jederzeit imstande, unser Leben zu verändern, indem wir uns auf das Unendliche einstimmen — auf das Superbewußtsein — und bejahen, daß die Wahrheiten Gottes auch unsere Wahrheiten sind. Wir beanspruchen Gottes Wahrheiten für uns. Wenn wir im Bewußtsein der unendlichen Gegenwart und Macht in uns denken, reden und handeln, dann stellen wir uns ein spirituelles Horoskop, das auf Weisheit, Wahrheit, göttlichem Gesetz und göttlicher Ordnung beruht.

Sisera fürchtete ganz offensichtlich Niederlage und Tod. Hiob sagte jedoch: *Denn was ich gefürchtet habe, ist über mich gekommen* ... (Hiob. 3:25). Eine solche Einstellung konnte deshalb nur in einer katastrophalen Niederlage für Sisera enden. Dessen ungeachtet hätte er die negativen Prophezeiungen des Astrologen leicht brechen und überwinden können. Er hätte sich an die Gottesgegenwart in seinem Innern wenden und Frieden, Harmonie, Liebe und göttliches rechtes Handeln beanspruchen können und sein Leben würde sich verändert haben. Sisera war Philister und mit den Gesetzen und Wegen des unendlichen Geistes nicht vertraut. Seine Niederlage kam nicht von den Sternen, sondern aus seinem Unterbewußtsein.

Die Philister huldigten in ihren Tempeln bestimmten Idolen und steinernen Statuen und betrachteten sie als Götter. Es gibt jedoch auch Menschen, die sich als Christen, Juden,

Moslems und Buddhisten bezeichnen und ebenso falschen Göttern huldigen. Diese Menschen fürchten sich nämlich vor der Schweinepest, vor Bazillen, dem Wetter, schwarzer Magie, Voodoozauber, bösen Geistern etc. und geben diesen Dingen damit überhaupt erst Macht. Sie fürchten sich vor Krebsleiden, vor dem Alter und vor dem Tod. Obgleich es gar keinen Tod gibt – sondern nur Leben; und das Alter ist nicht die Flucht der Jahre, sondern die Dämmerung der Weisheit. Auch in einer Milliarde von Jahren werden Sie irgendwo am Leben sein, denn Gott ist Leben und Gott kann nicht sterben. Sein Leben ist Ihr Leben – jetzt.

Wenden Sie sich an das Superbewußtsein

Es ist völlig unerheblich, wer oder was Sie sind oder unter welchem Sternbild Sie geboren wurden – auch Sie können sich mit jedem Anliegen an diese spirituelle Macht und Gegenwart wenden. Diese Macht und Gegenwart, die das Universum geschaffen hat, kann auch Sie führen, leiten und heilen. Wenn Sie Ihr Gemüt und Ihr Herz ihrem Einstrom öffnen, werden Sie die Antwort erhalten. Wenn Sie allerdings der Ansicht sein sollten, daß der Saturn gegen Sie wirkt, dann kann das Unendliche selbstverständlich nicht durch Sie wirken.

Verlassen Sie sich ganz auf den Geist in Ihrem Innern, dann werden alle Dinge sich erneuern. Alle Behinderungen und Schwierigkeiten schmelzen dahin und lösen sich auf – so wie das Licht die Dunkelheit auflöst.

Zauber, Voodoo und Hexerei

Alles was diese Worte in Wirklichkeit bedeuten oder aussagen ist nur das Eine: Mißbrauch der spirituellen Kraft. Es gibt nur eine einzige Macht — Gott. Alles andere beruht auf Suggestion. Sie haben jederzeit die Macht, die negativen Suggestionen oder Prophezeiungen anderer abzulehnen. Denken Sie Gutes und Gutes wird folgen. Verharren Sie im Bewußtsein der Liebe Gottes und strahlen Sie Liebe und Wohlwollen auf alle Menschen aus. Damit schaffen Sie sich allmählich eine Immunität der negativen Atmosphäre und dem Falschglauben der Welt gegenüber.

Betrachten Sie Voodoo und schwarzmagische Praktiken einmal im rechten Licht. Sehen Sie solche Machenschaften als das, was sie in Wirklichkeit sind: Eine Verhaltensweise von Menschen, die von der wirklichen spirituellen Macht keine Ahnung haben. Diese Leute bilden sich ein, Bescheid zu wissen, aber das ist durchaus nicht der Fall. Wenn Sie solche Menschen in ihrem wahren Licht sehen, dann fällt diese Macht von ihnen ab. Es gibt nur eine Macht — das Superbewußtsein. Diese Macht bewegt sich als Einheit und Harmonie, sie ist die affirmative (bejahende) Macht. Die negative Anwendung der verborgenen Kraft wird immer unwirksam gemacht und völlig zerstört durch die konstruktive Anwendung dieser Kraft.

Die wirkliche und letztlich einzige Haltung, die zählt, ist die der bewußten Vereinigung mit der Quelle des Lebens. Machen Sie sich damit vertraut, und Sie brauchen sich über die Auswirkungen irgendwelcher Negativsuggestionen anderer keine Gedanken mehr zu machen. Denken Sie an die Wechselwirkung zwischen sich und der unendlichen Macht. Die Kraft der Suggestion ist *eine* verborgene Kraft, die Kraft, die alle Dinge erschafft, ist jedoch *die* verborgene Kraft. Sie ist die Quelle aller Dinge.

Richter Thomas Troward stellte in seinem schon klassischen Buch ›Die verborgene Macht‹ fest: »Wenn jemand dermaßen von bösem Willen uns gegenüber erfüllt sein sollte und zugleich von einer so erschreckenden Unkenntnis über die spirituelle Wahrheit, daß er bösartige Suggestionen gegen uns anzuwenden sucht, dann fühle ich größtes Mitleid für die Person, die einen solchen Versuch unternimmt. Sie wird nichts damit gewinnen, denn sie feuert Erbsen gegen ein eisengepanzertes Schlachtschiff. Darauf läuft es schließlich hinaus; für den Urheber jedoch auf wesentlich mehr.« Es ist ein wahrer Ausspruch: »Flüche kehren heim, um dort zu nisten.«

Eine große Wahrheit

Denn kein Zauber hat Macht über Jakob, keine Beschwörung über Israel. Jetzt muß man sagen: Wie Großes hat Gott getan an Jakob, an Israel! (4. Mos. 23:23). Jakob ist der Mensch, der zur Wahrheit der göttlichen Gegenwart in seinem Innern erwacht. Israel steht für den Menschen, der die Souveränität des Einen Geistes und die Oberherrschaft seines Denkens anerkennt.

Gegen Israel soll auch nicht ein Hund mucksen ... (2. Mos. 11:7)

Unsere ersten Uhren

Ein israelischer Flugnavigator sagte mir bei einem Gespräch, die Sterne seien unsere ersten Zeitmesser gewesen, und das ist völlig richtig. Er orientiert sich an den Sternen für die Reiseroute und auch für die Uhrzeit. Das Observatorium von Greenwich, England, und alle Sternwarten der Welt richten sich nach den Sternen und der Sonne, um die sekundengenaue Zeit zu ermitteln. Die Sterne beherrschen unsere Welt in gewisser Weise, jedoch nicht in astrologischer Hinsicht. Die Astronomen im Planetarium können sie tausende von Jahren zurückversetzen, weil sie die den Sternenbewegungen zugrundeliegenden Gesetze kennen – Ge-

setze, die mathematisch genau und von perfekter Präzision
sind.

Pflanzen und Ernten

In der Antike berechnete man die Zeit des Pflanzens und
der Ernte nach der Position der Sterne. Wenn der Widder
eine bestimmte Stelle erreicht hatte, dann war die Frühlings-
Tag- und Nachtgleiche nicht mehr fern. Die mathematische
Präzision der Planetenläufe ist so gottgleich, daß man in der
Antike den Sternen huldigte. Wenn andererseits die Waage
an einer bestimmten Stelle in der himmlischen Atmosphäre
erschien, dann näherte sich die Zeit der Herbst-Tag- und
Nachtgleiche. Dann war Erntezeit und die Bäume entledig-
ten sich ihrer Blätter.

Lebenszyklen

Wir kennen die Zyklen der Kindheit, des Wachstums, der
Jugend, des Erwachsenenseins und des Alters. Daneben
kennen wir jährliche Zyklen, tägliche Zyklen, wöchentliche
und monatliche Zyklen sowie stündliche Zyklen. Die Zyklen Ihres Mentallebens basieren auf Ihren Ideen, Überzeugungen und Ansichten, die durch Ihr Bewußtsein ziehen
und ihrer Natur gemäß zum Vorschein kommen.

Für die Menschen in der Antike war die Sonne am Himmel ein Symbol Gottes. Sie sahen ihre Funktion im Verhältnis zur Erde als gottgleich an. Sie waren sich selbstverständlich bewußt, daß die Sonne nicht Gott war, nichtsdestoweniger fühlten sie sich von ihr an das wirkliche, unsichtbare
Licht im Innern gemahnt. Die Sterne Gottes repräsentieren
die Sterne der Wahrheit in Ihrem Innern. Sie symbolisieren
das Wissen, das Gewahrsein, die Weisheit und die schöpferi-

schen Ideen, die den Himmel Ihres Gemüts illuminieren und Ihnen Frieden, Harmonie, Freude, Überfluß und Sicherheit gewähren.

Deshalb ist es einigermaßen töricht, irgendwelchen Planetenkonstellationen zu huldigen — irgendwelchen Massen molekularer Kombinationen, die sich im Weltraum bewegen. Es ist weitaus richtiger, stattdessen der unendlichen Intelligenz zu huldigen, in der wir leben, uns bewegen und unser Sein haben.

4

Was ist die Wahrheit?

Unser Besuch in Neu Delhi bot uns die Möglichkeit zur Erforschung sowohl von Neu- als auch Alt-Delhi. Wir besuchten Gandhi's Gruft, die Jama-Moschee, das rote Fort, den Moonlight Square und viele andere faszinierende Stätten von historischem religiösem Interesse. Auch Jaipur und der berühmte City Palace, der jetzt ein Museum mit seltenen Manuskripten beherbergt, sind äußerst sehenswert.

Wir hatten die seltene Gelegenheit, das Tadsch Mahal in einer Vollmondnacht besuchen zu können. Wir alle verharrten 20 Minuten lang in völliger Stille, während wir die seltene Schönheit, Symmetrie, Ordnung und Proportion dieses einmaligen Bauwerks kontemplierten. Es wird zu Recht als eines der sieben Weltwunder bezeichnet. Kaiser Shahjehan ließ es als Mausoleum für seine Gemahlin Mumtaz Mahal in weißem Marmor errichten. Es ist ein universelles Symbol der Liebe. Sein Interieur, berühmt für seine verschlungene Täfelung, wirkt als beredter Zeuge für das mathematische und geometrische Können seiner antiken Baumeister. Ganz ohne Zweifel gehörten sie zu antiken indischen Gilden, aus Männern zusammengesetzt, die in die Kunst, Schönheit, Liebe und göttliche Ordnung in Stein und Marmor auszudrücken, eingeweiht waren. Das Tadsch Mahal kann durchaus als ›Liebesgeschichte in Stein‹ bezeichnet werden.

Auch unser Abstecher nach Benares war sehr instruktiv und lohnend. Unser Fremdenführer vermittelte uns einen interessanten Einblick in die religiösen Gepflogenheiten, Bestattungsprozeduren und in die Historie vieler berühmter Tempel und Moscheen der Buddhisten und Hindus. Die Idee zu diesem Kapitel kam mir, als ein Mitglied unserer Reisegruppe den Begleiter fragte: »Meinen Sie, daß der buddhistische Glaube die Wahrheit repräsentiert?« Worauf er gegenfragte: »Was ist Wahrheit?« Ich fand diese Antwort des jungen Mannes recht intelligent. Zwei plus zwei ergibt vier. Buddha lehrte die Wahrheit, als er sagte: »Die einzige Sünde ist die Unwissenheit.«

Sie werden sich gewiß an die Stelle aus dem Johannesevangelium erinnern: *Pilatus sagte zu ihm: Was ist Wahrheit? Und nach diesen Worten ging er wieder zu den Juden hinaus und sagte zu ihnen: Ich finde keine Schuld an ihm* (Joh. 18:38). Sie werden bemerkt haben, daß die Frage des Pilatus nicht beantwortet wurde. Wahrheit ist Gott und Gott ist Wahrheit, aber Gott im absoluten Sinn zu kennen, ist nicht möglich. Wir können jedoch die Gesetze unseres Gemüts kennenlernen und anfangen, richtig zu denken, richtig zu fühlen und richtig zu handeln und dadurch unser Leben zu verändern. In der Antike hieß es: »Erfahren wird die Wahrheit in der Stille, sie wird gefühlt in der Stille, und Sie überträgt sich in der Stille, denn Gott wohnt in der Stille.«

Eine Frau aus unserer Reisegruppe bemerkte, das Christentum sei die Wahrheit; andere meinten, der Buddhismus sei die Wahrheit, einer unserer Hindu-Freunde hingegen war der Ansicht, daß die Gita die ganze Wahrheit enthielte. Wenn jemand die Meinung äußerte, der Katholizismus sei die Wahrheit, dann würde ihm sofort von einem Baptisten oder dem Anhänger einer anderen Glaubensrichtung widersprochen werden.

Nehmen wir einmal an, wir treffen auf Anhänger der Christlichen Wissenschaft, der Neuapostolischen Kirche, der Unitarier, auf Katholiken, Protestanten, Buddhisten etc., und alle behaupten, die Wahrheit zu haben. Das wäre in etwa vergleichbar mit der Fabel von den Blinden, die einen Elefanten beschreiben. Es gibt nur eine einzige Wahrheit, ein Gesetz, ein Leben, eine Macht, eine Substanz, einen Gott — der Vater aller — das Lebensprinzip — aus dem alle Dinge hervorgehen. Das ist der Grund, weshalb Jesus stumm blieb, als ihm die Frage nach der Wahrheit gestellt wurde. Wahrheit ist die stille Gegenwart, das Superbewußtsein, das ICH BIN oder Gott in uns allen. Die Bibel sagt: ... *Ich bin der Weg, die Wahrheit und das Leben* ... (Joh. 14:6). ICH BIN bedeutet, Sein, Leben, Gewahrsein, Gott — der selbstverursachende Geist in Ihrem Innern, ohne Gesicht, Form und Umriß.

Nehmen wir einmal an, Sie würden auf der Ansicht bestehen, der Buddhismus sei die Wahrheit, dann liegt die Möglichkeit nahe, daß darüber eine Meinungsverschiedenheit entsteht. Wenn Sie es für wesentlich halten, der Wahrheit ein Etikett aufzudrücken, dann haben Sie die Wahrheit nicht. Der alte, im Lauf der Zeit verlorengegangene Ausspruch ist hier angebracht: »Wenn du es benennst, dann kannst du es nicht finden und wenn du es findest, dann kannst du es nicht benennen.« ›Es‹ ist der Namenlose Eine in Ihrem Innern, ohne Gesicht, Form oder Kontur — zeitlos, formlos und ohne Alter. Wie wollte man das auch etikettieren?

Wie sollte man denn auch ein Etikett finden für Liebe, Frieden, Harmonie, Freude, Wohlwollen, Inspiration, Führung, Schönheit, Lachen, Ehrlichkeit, Integrität oder Gerechtigkeit? Ganz gewiß würden Sie nicht auf den Gedanken kommen, diese Qualitäten und Attribute als rein katholisch, protestantisch, jüdisch oder hinduistisch anzusehen. Es würde Ihnen auch nicht im Traum einfallen, etwa die Prinzipien der Chemie, Physik, Astronomie, Mathematik usw. mit irgendwelchen Etiketten zu versehen. Diese Prinzipien sind sämtlich kosmisch und universell und allen Menschen zugänglich — ohne die geringste Ausnahme. Gott sieht die Person nicht an.

... werde ich inne, daß Gott die Person nicht ansieht ... (Apg. 10:34).

Sie leben in einer Welt der Gegensätze

Wenn es regnet und ausgesprochen feucht ist und Sie im Begriff sind, eine Reise anzutreten, dann neigen Sie zweifellos zu der Ansicht, es sei ein schlechter Tag. Der Farmer hingegen, dessen Land unter einer Dürreperiode gelitten hat, würde sagen: »Es ist ein wundervoller Tag«, und er würde den Regen und den feuchten Boden segnen und sich freuen. Die Tatsachen des Lebens sind nicht für alle Menschen die gleichen. So hat auch alles, was Sie über Religion oder Politik sagen mögen, einen Widerpart und eine gegenteilige Meinung.

Emerson wies auf diesen Sachverhalt hin, als er schrieb: »In jedem Teil der Natur treffen wir auf Polarität, oder Aktion und Reaktion; in Licht und Dunkelheit; in Hitze und Kälte; Ebbe und Flut; männlich und weiblich; in der Inspiration und Expiration von Pflanzen und Lebewesen; in der Systole und Diastole des Herzens; in den Wellenbewegungen von Flüssigkeiten und Tönen; in der zentrifugalen und zentripetalen Schwerkraft; in der Elektrizität, dem Galvanismus und der chemischen Affinität. Magnetisieren sie das eine Ende einer Nadel, und Sie bewirken am anderen Ende die gegenteilige Magnetisierung. Wenn der Süden anzieht, stößt der Norden ab. Um hier zu leeren, muß man dort füllen. Ein unvermeidlicher Dualismus teilt die Natur, so daß jedes eine Hälfte darstellt, die den Widerpart braucht, um ein Ganzes zu werden als Geist — Materie, Mann — Frau, Gerade — Ungerade, Subjektiv — Objektiv, Ein — Aus, Oben — Unten, Bewegung — Ruhe, Ja — Nein.«

Richter Thomas Troward, der Verfasser vieler schon zu Klassikern gewordener Bücher über die Mentalwissenschaft, stellte fest: »Wenn etwas zutreffend ist, dann ist es auf eine ganz bestimmte Weise zutreffend. Sagt ein Mensch beispielsweise: ›Von Erdbeeren bekomme ich Hautausschlag‹, dann ändert das nichts daran, daß Millionen Menschen Erdbeeren genießen, ohne davon Hautausschlag zu bekommen, sondern Erdbeeren als ein universelles Nahrungsmittel ansehen. Der gegen Erdbeeren allergische Mensch hat sich selbst ein Gesetz geschaffen, deshalb ist das, was er sagt, für ihn auch zutreffend. Es handelt sich hier jedoch um keine kosmische oder universelle Wahrheit. Wäre das der Fall, dann würde jeder nach dem Genuß von Erdbeeren von den gleichen Störungen befallen. Jede dieser beiden völlig gegenteiligen Angaben, Feststellungen oder Beobachtungen ist auf ihre Weise zutreffend. Der Allergische manifestiert lediglich sein persönliches Verhältnis zu Erdbeeren.«

Sie können sich ändern

Einer unserer Mitreisenden meinte bei einer Gelegenheit, die menschliche Natur sei nicht zu ändern. Zum Beweis seiner These führte er die Verbrechen und Grausamkeiten an, die doch in aller Welt so deutlich sichtbar sind. Auch in unserer Zeit sind bei Kampfhandlungen Brutalität und Folter gängige Praktiken auf beiden Seiten der kriegsführenden Parteien. Ich wies ihn darauf hin, daß er mit solchen dogmatischen und autoritativen Behauptungen entschiedenen Widerspruch herausfordert. Jeder Priester, Rabbiner, Geistliche, Psychologe und jeder Arzt war schon Zeuge von Veränderungen, die ohne zu übertreiben als ein Wunder bezeichnet werden können. Ich selbst habe bei den verschiedensten Menschen solche Veränderungen erlebt —

bei Schwerverbrechern, Alkoholikern und Rauschgiftsüchtigen, die sämtlich zu nützlichen Gliedern der Gesellschaft wurden.

Allgemein betrachtet könnte man sagen, daß die menschliche Natur sich in den letzten 2000 oder 3000 Jahren nicht groß verändert hat. Man sollte darüber jedoch nicht die vielen Tausend aus dem Auge verlieren, die sich im Lauf der Zeit verändert und zu einem gottgleichen Leben entschlossen haben. Wenn Sie als Anwalt ein Plädoyer für einen Mandanten zu halten hätten, dann müßten sie sich eingestehen, daß Ihr Prozeßgegner gleichfalls imstande ist, Punkte für sich zu sammeln. Er könnte Ihre Argumente samt und sonders widerlegen und damit die gleiche Logik an den Tag legen wie Sie. Ebenso hat sowohl der Buddhist als auch der christliche Theologe jeweils gute Argumente für seine Überzeugung zur Verfügung.

Die Wahrheit ist immer wirksam

Sammelt man etwa Trauben von Dornen oder Feigen von Disteln? (Matth. 7:16). *Also werdet ihr sie an ihren Früchten erkennen* (Matth. 7:20).

Es gibt nur eine einzige Wahrheit. Sie ist unteilbar, denn Gott ist Wahrheit — derselbe gestern, heute und in Ewigkeit. Viele Menschen lassen sich von der Verflochtenheit und dem Gewirr der sich widersprechenden Theologien verwirren und haben allein schon deshalb ein gesundes Verlangen nach der Wahrheit, die sie befreien wird. Die vielen verschiedenen Lehrmeinungen und Glaubensrichtungen allein im Christentum zum Beispiel weichen in ihren Auffassungen und Praktiken zum Teil recht erheblich voneinander ab. Darüber hinaus sind die Lehren vieler hunderter von Sekten, nicht nur im Christentum, sondern auch in anderen Weltreligionen voller Ungereimtheiten und Absurditäten.

Wahrheit befreit Sie von Furcht, Unwissenheit, Aberglauben, Krankheit und Mangel und Begrenzung; sie löst Ihre Probleme und gibt Ihrem geplagten Gemüt wieder Frieden. Überall auf der Welt werden Sie Menschen begegnen, die keinerlei Bindungen an irgendeine organisierte Religion haben, aber dennoch volles Vertrauen in die Güte, Führung und Liebe Gottes setzen. Sie sind erfüllt mit innerem Frieden und einem inneren Licht; es geht ihnen gut, sie sind erfüllt von gutem Willen und dem Lachen Gottes.

Religion ist Sache des Herzens, nicht des Lippenbekenntnisses. Die Früchte des Geistes sind es, die — zum Vorschein gebracht — den wirklichen Test der Wahrheit ausmachen. Wahrheit heilt immer. Wenn Sie glücklich, froh und frei sind und Vitalität, Frieden und Wohlergehen zum Ausdruck bringen, dann offenbaren Sie die Früchte des Geistes. Etwas wie eine nicht verwirklichte Wahrheit gibt es nicht: Wie Innen, so Außen; wie Außen, so Innen. Nichts kann in Ihrem Unterbewußtsein vorhanden sein, das sich nicht früher oder später in den äußeren Bereichen Ihres Lebens manifestieren würde.

Das Gesetz des Lebens

Wenn du glauben kannst, alles ist möglich dem, der glaubt (Mark. 9:23). Was glauben Sie in bezug auf das Leben, auf Gott und das Universum? Die Antwort auf diese Frage bestimmt alles in Ihrer äußeren Welt. Sie sind zum Ausdruck gebrachter Glaube. Lernen Sie, den schöpferischen Gesetzen Ihres Gemüts zu vertrauen. Machen Sie sich bewußt, daß Ihr Denken schöpferisch ist. Alles, was Sie imaginieren und als wirklich empfinden, das ziehen Sie als wirkliches Erlebnis in Ihren Erfahrungsbereich. Hören Sie auf an Dogmen, Lehrmeinungen, sektiererische Konzepte, Liturgien, Rituale und Zeremonien zu glauben.

Glauben Sie statt dessen lieber, daß die unendliche Intelligenz reagiert, wenn man sich an sie wendet. Glauben Sie an einen Gott der Liebe, der Sie beherrscht, führt und über Sie wacht, und Sie werden gedeihen — Sie werden gedeihen auf eine Weise, die Ihre kühnsten Träume übersteigt. Sie müssen weder an den Katholizismus noch an den Buddhismus, Judaismus, Shintoismus oder Hinduismus glauben. Und auch nicht an irgendwelche Riten, an Oblaten, an Meßweine, Statuen, Menschen oder Heilige.

Wo ist Ihr Glaube?

Die Bibel sagt: … *Euch geschehe nach eurem Glauben* (Matth. 9:29). Auf die Frage: »Was ist Ihr Glaube«, werden einige mit dem Hinweis auf ihr Glaubensbekenntnis antworten. Sie werden sagen: »Ich bin ein Mormone«, »Jude«, »Protestant«, »Buddhist«, etc. Glaube ist jedoch eine Gemütshaltung — eine Denkweise. Es ist ein Gewahrsein des innewohnenden Gottes und Ihre Fähigkeit, dieses Gewahrsein in allen Phasen Ihres Lebens wirken zu lassen.

Glauben haben Sie, wenn Sie überzeugt sind, daß alles, was Sie Ihrem Unterbewußtsein aufprägen, seinen Ausdruck im Äußeren findet. Glaube hat nichts zu tun mit Dogmen, Lehrmeinungen, traditionellen Riten, Formeln, Zeremonien oder Doktrinen, wie sie von Kirchen zum Ausdruck gebracht werden. Ihr Glaube ist das, was sie als wirkliche Überzeugung tief verankert empfinden — Ihre innere Überzeugung von Gott und dem Leben im allgemeinen.

Wie denken Sie über sich und Ihre inneren Kräfte? Ihre unterbewußten Meinungen, Anschauungen und Überzeugungen diktieren und beherrschen jede ihrer bewußten Handlungen. Die Bibel stellt eindeutig fest, was wahre Religion beinhaltet: *Denn wie er in seinem Herzen* (Unterbewußtsein) *denkt, so ist er …* (Spr. 23:7).

Eine fundamentale Wahrheit

Wir müssen uns eines immer wieder vor Augen halten: Allen Religionen der Welt liegt nur eine einzige Wahrheit zugrunde. Alle Doktrinen, Lehrgebäude und Rituale befassen sich ausschließlich mit der Relativität der Wahrheit. Wenn Ihnen jemand sagt: »Ich habe ein Räucherstäbchen und eine Kerze angezündet und am Schrein Buddhas bestimmte Gebete gesprochen und als Antwort eine wundersame Heilung erfahren«, dann erfolgte diese Heilung nicht aufgrund der dargebrachten Kerze oder Räucherung, sondern allein durch sein Unterbewußtsein — durch die unterbewußte Überzeugung dieses Menschen. In anderen Worten: Er selbst hat sein Gebet beantwortet. Sein Unterbewußtsein reagierte auf seinen blinden Glauben. Das ist die eigentliche Wahrheit — nicht der Grund, den er anführte. Ihm geschah einfach nur nach seinem Glauben.

Ewiger Wechsel liegt allem zugrunde

Alles ist ständigem Wechsel unterworfen. Jedesmal, wenn Ihnen eine neue Idee in den Sinn kommt oder wenn Sie ein neues Konzept der Wahrheit bekommen, haben Sie sich psychologisch verändert. Sie verändern sich ständig. Alle elf Monate verfügen sie über einen neuen Körper. Konstanter Wechsel liegt allen Dingen zugrunde. Ernest Holmes, Begründer der *Science of Mind* (in den deutschsprachigen Ländern auch als *Vollkommenheitslehre* bekannt, d. Übers.), erzählte mir einmal ein Erlebnis, wie drei Männer aus seiner Nachbarschaft etwas voreilig eine dogmatische Behauptung aufstellten. Sie hatten einen Mann die Straße entlanggehen sehen in Richtung auf eine Cocktail-Bar. Aus dieser Tatsache schlossen sie, daß der Betreffende die Bar aufsuchen wollte, um sich zu betrinken. Holmes fragte sie natürlich, wieso sie ihrer Sache so sicher seien und zu einer derart definitiven Behauptung kämen. Worauf man ihm entgegnete, daß dieser Mann allabendlich um die gleiche Zeit erschien und jedesmal direkt diese Bar ansteuere. An diesem Abend jedoch machte er an der Tür kehrt und ging von da an niemals wieder dort hinein. Er hatte sich plötzlich entschlossen, mit dem Trinken aufzuhören und ein neuer Mensch zu werden.

Daraus folgt, daß es im Grunde nichts auf der Welt gibt, über das man ein absolutes und endgültiges Urteil fällen könnte. Diese Männer hatten eine große Wahrheit außer acht gelassen: ... *Wandelt euch um durch die Erneuerung eures Sinnes* ... (Röm. 12:2).

Betrachten Sie beide Seiten

Nehmen wir einmal an, Sie werden von einer Frau aufgesucht, die Ihnen sämtliche Gründe aufzählt, die für eine Scheidung von ihrem Ehemann sprechen. Was sie vorbringt, mag sich logisch und durchaus plausibel anhören. Einige Stunden später erscheint der Ehemann — ahnungslos, daß seine Frau bereits bei Ihnen gewesen war — und nennt Ihnen die Gründe, weshalb er die Ehe unbedingt weiterführen möchte. Auch seine Argumente erscheinen Ihnen logisch und vernünftig. Nun können natürlich nicht beide zugleich recht haben, aber jeder sieht die Situation von seinem individuellen Standpunkt aus.

Nicht selten werden Sie in einem solchen Fall auch zu hören bekommen, ein Eheberater hätte ihnen bedeutet, sich auf die Realität einzustellen. Das hatte sie einigermaßen verwirrt, denn mit dem Begriff *Realität* wußten sie natürlich nichts anzufangen, da es sich hier um einen eindeutig relativen Begriff handelt, der allein auf persönlicher Einstellung basiert. Selbstverständlich gibt es eine göttliche Realität, die sich auf das unveränderliche Wesen Gottes bezieht. Dieses

Sein ist wie gesagt unveränderlich. Die Welt, in der wir leben, ist hingegen ständigen Veränderungen unterworfen — Veränderungen, die in jeden Bereich hineinwirken.

Was das erwähnte Ehepaar jedoch in Wirklichkeit anstrebt, ist Frieden, Harmonie, Liebe, Verständnis und guter Wille. Würde jeder von ihnen diese Eigenschaften aufrichtig bejahen, dann würde das Superbewußtsein sie entweder enger aneinanderbinden oder sie würden ihr größtes Glück woanders finden. Die unendliche Intelligenz würde das Problem für sie lösen.

Jedes Ding hat bekanntlich seine zwei Seiten, gleichgültig, worum es sich handeln mag: Politik, Religion, zwischenmenschliche Beziehungen oder was auch sonst. Jeder Stab hat zwei Enden und auch Sie haben — wie alles im Universum — ein Inneres und ein Äußeres.

Es war Albert Einstein, der kurz und bündig feststellte: »Die Welt, die wir sehen, ist die Welt, die wir sind.« In anderen Worten: Ihr gewohnheitsmäßiges Denken, Ihre Ansichten, Überzeugungen, Vorstellungen, Ihre Erziehung und Indoktrinationen machen Ihre innere Welt aus. Diesen inneren Gemütszustand projizieren Sie ständig auf Menschen, Zustände und Begebenheiten. Alles was Ihnen begegnet, erfassen Sie mit Ihrer mentalen Vorstellungskraft. Sofern sie mit den Augen der Liebe sehen, erblicken Sie eine andere Welt und auch Ihre Reaktionen sind andere.

Es gibt zwei Realitäten: Die äußere Welt, auf die Sie reagieren und die innere Welt der Gedanken, Gefühle und Vorstellungen. Das Geheimnis ist, beide miteinander in Einklang zu bringen, um Frieden und Gleichmut zu erfahren. Ein Mensch, der durch die Augen des Hasses und Grolls sieht, der färbt alles Gesehene und Gehörte mit dieser Gemütshaltung. Das führt dann zwangsläufig zu Chaos, Leid und Elend. Wer einem Eimer Wasser auch nur einen Teelöffel schwarze Tinte oder Indigo-Farbe zusetzt, der verfärbt den gesamten Inhalt.

Ihr Bewußtsein bestimmt Ihr Verhältnis zur äußeren Welt und zu anderen Menschen. Ihr Bewußtseinszustand umfaßt Ihr Denken, Fühlen, Glauben und alles, dem Sie innerlich zustimmen. Ihre Gemütshaltung ist die definitive Ursache aller Ihrer Erfahrungen im Leben.

Ein alter Ausspruch faßt alles zusammen: »Was du erblickst, Mensch, zu dem mußt du werden, Gott wenn du Gott siehst und Staub, wenn du Staub siehst.«

Er war gegen Schinken allergisch

Ich erinnere mich an den Fall eines Soldaten im Ersten Weltkrieg, der seinem Vorgesetzten erklärte: »Ich kann keinen Schinken essen. Ich bekomme davon jedesmal schrecklichen Hautausschlag.« Der Sergeant meinte darauf nur, daß es keine Dienstvorschrift gäbe, die ihn zum Verzehr von Schinken verpflichten würde, und ging weiter. Kurz darauf gab es nach einem anstrengenden 20-Meilen-Fußmarsch ein deftiges Eintopfgericht, bei dem dieser Soldat kräftig zulangte. Am folgenden Tag erfuhr er, daß dieses Gericht neben anderen Zutaten in der Hauptsache aus Schinken bestanden hatte und er keineswegs unter allergischem Hautausschlag zu leiden hätte. Das Ganze löste sich in fröhlichem Gelächter auf.

Damit wurde er von seinem Falschglauben geheilt. Der Soldat war sich nicht bewußt, Schinken zu essen, da der Küchensergeant ihn geschickt mit anderen Zutaten vermischt hatte. Somit zeigte der Soldat keinerlei Reaktion. Wahrscheinlich war dieser Soldat als Kind nach dem Genuß von verdorbenem Schinken erkrankt und hatte von seiner Mutter die Weisung erhalten, nie wieder Schinken anzurühren.

Sie können daraus ersehen, daß es sich hier um einen unterbewußten Furchtglauben gehandelt hat. An dem zur Truppenverpflegung verwendeten Schinken gab es nichts auszusetzen. Der Soldat hatte lediglich ein gestörtes Verhältnis zu diesem Nahrungsmittel. Der Humor tat das Seine, um ihn davon zu heilen.

Die eine große Gewißheit

Die eine große Wahrheit ist: Gott ist Gott und das Gesetz ist Gesetz — gestern, heute und immer. Die Wahrheit ist konstant und unveränderlich. Das Superbewußtsein oder Gott ist zeitlos, unveränderlich, ohne Alter, absolute Harmonie — und das ewige Jetzt!

Eine Dame aus meiner Nachbarschaft hier in Laguna Hills erzählte mir, daß sie hundertprozentig sicher war, daß ihr Vater ihr 10 000 Dollar für ihre Hypothekentilgung schicken würde, die ihr ziemlich zu schaffen machte. Er hatte ihr telefonisch einen Barscheck avisiert, aber noch bevor er ihn absenden konnte, war er einem Herzanfall erlegen.

In dieser sich verändernden Welt können Sie keiner Sache absolut sicher sein, außer einer einzigen: Gott ist Gott. Er verändert sich nie. Sie können der unendlichen Gegenwart und Macht restlos vertrauen. Sie ist immer die gleiche — gestern, heute und immer — absolut, jenseits von Zeit und Raum und jenseits aller Argumentationen, Dispute und Dialektik. Setzen Sie Ihr Vertrauen in das Unendliche, das ›ausgestreckt liegt, in lächelnder Ruhe‹.

Er war ein ständiger Verlierer

Eine sehr interessante Unterhaltung hatte ich mit einem anderen Mitreisenden auf unserem Trip um die Welt. Als junger Mann hatte er eine starke Wettleidenschaft. Er schloß dauernd Rennwetten ab und verlor immer wieder. Er hatte etwa 2500 Dollar auf Rennplätzen verwettet in der Einbildung, ein todsicheres System zu haben. Jedesmal wenn er verlor, versuchte er die Summe durch immer höhere Einsätze wieder hereinzuholen. Inzwischen hatte er jedoch starke Furchtgedanken entwickelt, so daß er immer mehr Geld verlor.

Eines Tages ging er auf den Rennplatz, um seine letzten zwei Dollar auf eine todsichere Sache zu setzen. Er verlor. Nun war er völlig mittellos. Plötzlich sah er eine 100-Dollar-Note im Gras liegen und war natürlich sofort erhobener Stimmung, weil er annahm, daß Fortuna nun wieder auf seiner Seite war. Er hatte mit einem Mal eine neue Gemütshaltung und war jetzt bombensicher, daß ihm von nun an das Glück lachen würde. Er plazierte fünf Wetten und gewann ausnahmslos beträchtliche Summen. Am nächsten Tag jedoch suchten ihn zwei Kriminalbeamte auf und informierten ihn, daß die 100-Dollar-Note gefälscht sei und er von dem Kassierer identifiziert worden war.

Seine Erklärung war einleuchtend und konnte sie überzeugen. Das wesentliche für ihn war jedoch die Erkenntnis, daß es seine Überzeugung und sein Vertrauen waren, die das Resultat bewirkt hatten und nicht das wertlose Stück Papier, das er im Gras gefunden hatte. Das war der Wendepunkt in seinem Leben. Von diesem Augenblick an machte er sich nicht mehr von Rennpferden abhängig, sondern setzte sein Vertrauen allein in die ewige Quelle, die niemals versiegt und absolut verläßlich ist. Die Erkenntnis dieser großen Wahrheit hat ihn jetzt dazu gebracht, sein Wissen mit anderen zu teilen. Er reist viel und hält viele Vorträge. Er hat Frieden, Freude und Kraft gefunden — in dieser sich verändernden Welt.

... aber die auf den Herrn harren, empfanden immer neue Kraft, daß ihnen Schwingen wachsen wie Adler, daß sie laufen und nicht ermatten, daß sie wandeln und nicht müde werden (Jes. 40:31).

5

Die wirkliche Kunst
der Meditation und Entspannung

Katmandu, die Hauptstadt des Königreichs Nepal, das
›Shangri La‹ der Reise- und Touristenwelt, liegt an den
südlichen Ausläufern des mächtigen Himalaya, zwischen
Indien und Tibet. Nepal ist ein Land, das von seinen Herr-
schern jahrhundertelang von der übrigen Welt isoliert gehalten wurde. Es hat dem Besucher einzigartige Sehenswürdigkeiten zu bieten.

Nepal ist berühmt für seine landschaftliche Schönheit, für
herrliche Ausblicke auf schneebedeckte Berggipfel. In der
Stadt Patan finden wir Pagoden, den Krishna-Tempel und
den goldenen Tempel – alles überragend, in seiner außergewöhnlichen Schönheit. Hier konnten wir eine Anzahl älterer Männer auf den Stufen des Tempels bei der Meditation
beobachten. Sie hatten die Augen geschlossen und schienen
sich in einer Art mystischer Trance zu befinden. Es liegt
nahe, daß mir hier die Idee für ein Kapitel über Meditation
und Entspannung in den Sinn kam.

Wie man konstruktiv und mühelos meditiert

Der Begriff Meditation hat durchaus nichts Geheimnisvol-
les an sich. Jeder Mensch auf diesem Erdball meditiert, jedoch beileibe nicht immer konstruktiv. Das Meditieren ist so

natürlich wie essen, trinken, atmen usw. Der Geschäftsmann, der Wissenschaftler, die Hausfrau, der Taxifahrer —
sie alle meditieren. Sogar der Agnostiker, der Atheist und
der scheinbar zutiefst materialistisch gesinnte Geschäftsmann meditieren unentwegt. Der einzige Unterschied besteht in der Tatsache, daß sie nicht über spirituelle Dinge
meditieren — über ewige Wahrheiten, die sich nie verändern, die immer gleichbleiben, heute so wie gestern und
morgen. Wenn Sie spirituell meditieren, dann ist es dabei
von wesentlicher Bedeutung, sich der Gegenwart Gottes bewußt zu werden.

Wahre spirituelle Meditation

Wahre Meditation ist ein Weg, die Gegenwart Gottes bewußt zu erfahren. Es ist die schnellste Methode, erleuchtet
und inspiriert zu werden und in den Wahrheiten Gottes auf-
zugehen und damit den Augenblick zu erleben, der ewig an-
dauert.

Das heißt ganz einfach, daß Sie sich in Gott vertiefen und
dabei zugleich wissen, glauben und intensiv bejahen, daß
der lebendige allmächtige Geist in Ihrem Innern — das
Superbewußtsein — die einzige Gegenwart, Macht, Substanz und ursprüngliche Ursache ist, und daß alles von
Ihnen Wahrgenommene Teil des unendlichen Seins in
Manifestation ist.

Setzen Sie sich bequem hin, entspannen Sie Ihr Gemüt
und fixieren Sie Ihre Aufmerksamkeit auf diese größte aller
Wahrheiten. Wenn Sie auf diese Weise verfahren, dann
meditieren Sie richtig.

Das ist die wahre Meditation, spirituell gesehen, weil Sie
diese Wahrheit in sich aufnehmen, sie völlig absorbieren
und verarbeiten, etwa so, wie ein verzehrter Apfel zum
Bestandteil Ihres Blutstroms wird.

Jeder meditiert entweder konstruktiv oder negativ

Stellen wir uns einmal vor: John Jones kommt des morgens an den Frühstückstisch, nimmt sich sofort die Zeitung vor und informiert sich eingehend über Politik, Verbrechen und internationale Verwicklungen. Viele dieser Meldungen über die politische Situation verursachen bei ihm Ärger und Verstimmung. Er wird wütend über ein bestimmtes Gerichtsurteil und regt sich furchtbar über einen Leitartikel oder das ›Geschmiere‹ eines Kolumnisten auf. Er ist in das Geschehen derart versunken und engagiert, daß er eine Frage seiner Frau glatt überhört hatte.

Hier haben wir eine erstklassige Meditation mit sehr negativen Auswirkungen. Halten wir fest: Alles, was wir geistig absorbieren, alles, was unsere Aufmerksamkeit fesselt, wird von unserem Unterbewußtsein aufgenommen und verstärkt. Die Zeitung als solche verfügt nicht über die geringste Macht, ihn aus der Fassung zu bringen — das mit Druckerschwärze gefertigte Material allein wäre nicht imstande, ihn zu reizen und ihm Magenbeschwerden zu verschaffen. Das geschieht einzig und allein durch seine eigenen Gedankenbewegungen. Er hat sich genau genommen selbst geärgert. Er hätte die Zeitung ohne jede innere Anteilnahme lesen können. Möglicherweise hätte er sich veranlaßt gesehen, seinem zuständigen Kongreßabgeordneten einen konstruktiven Brief zu schreiben, oder sich in ähnlicher Weise an seine Stadtverwaltung zu wenden. Die Zeitung und ihr Inhalt jedoch haben nicht im Mindesten die Macht, seinen Gemütsfrieden zu stören.

Überall auf der Welt meditieren die Menschen über vergangenes Ungemach, über alten Groll, über traurige Anlässe, über verlorene Prozesse, über die lange zurückliegende Reifenpanne auf einsamer Nebenstraße, über Verluste, die sie beim Börsenkrach von 1929 erlitten hatten, über vergangene Fehler und was sonst noch alles. Und bei all dem sind sie sich nicht bewußt, daß sie damit ihre Schwierigkeiten verstärken und sich immer wieder erneut mit diesen Negativitäten infizieren.

Wenn Ihnen ein negativer Gedanke in den Sinn kommt, dann vernichten Sie ihn sofort mit einer spirituellen Erkenntnis wie: »Gott ist Liebe und sein Frieden erfüllt meine Seele.«

Wenn Sie also über alles das nachsinnen, was die Trübsals- und Untergangspropheten unserer Tage so von sich geben, oder wenn Sie sich in Ihren Gedanken mit Ihrem Boß herumstreiten, dann ergehen Sie sich in einer erstklassigen Meditation — einer Meditation, wie sie ›im Buche steht‹ — und selbstverständlich sind negative Resultate die unausweichliche Folge. Ouspensky pflegte zu sagen, unsere innere Rede werde zu einem verdichteten Ton, womit er zum Ausdruck bringen wollte, daß die Unterhaltung mit uns selbst sich immer in äußeren Erfahrungen manifestiert. Der stille Gedanke, die innere Imagination kommt immer zum Vorschein als Form, Funktion, Erfahrung und Begebenheit in Ihrem Leben.

Die Früchte ihrer spirituellen Meditation

Kürzlich erhielt ich einen ganz reizenden Brief von einer Dame aus Oregon, die unter einem bösartigen Tumor gelitten hatte. Sie hatte mein Buch *Große Bibelwahrheiten für ein perfektes Leben** gelesen und sich sehr für die in ihm dargelegten Bejahungstechniken interessiert. Sie wußte augenblicklich, daß sie hier auf etwas gestoßen war, nach dem sie schon lange gesucht hatte. Deshalb begann sie auch sogleich mit ihrer Meditation über die göttliche Gegenwart. Sie machte sich bewußt, daß die unendliche heilende Gegen-

---

*Dr. Joseph Murphy: ›*Ihr Weg zu innerer Sicherheit*‹, Verlag Peter Erd

wart in ihrem Innern zu finden ist, sie erfaßte und fühlte, daß Gott grenzenlose Liebe ist − vollkommene Harmonie, unendliche Intelligenz, allmächtig, allweise und allgegenwärtig. Zweimal täglich bejahte sie jeweils etwa 20 Minuten lang: »Gott ist, und seine heilende Kraft und Gegenwart durchströmt mich jetzt. Mein gesamtes Sein ist von göttlicher Liebe durchtränkt, und Gott in meinem Zentrum macht mich jetzt heil und vollkommen. Ich sage Dank für die wundersame Heilung, die jetzt erfolgt. Es ist getan!«

Nach gut einer Woche wußte sie mit einem Mal, daß etwas geschehen war. Bei einer anschließenden Examination konnte der Arzt ihre intuitive Wahrnehmung nur bestätigen. Der Tumor hatte sich aufgelöst, genaue Röntgenuntersuchungen ergaben keinen Befund. Das ist spirituelle Meditation. Sie hatte konkrete Resultate erbracht. Sie leben in einer subjektiven und in einer objektiven Welt. In beiden Phasen Ihres Lebens müssen Sie Resultate zeigen.

Was ist Meditation?

Die Bibel ist angefüllt mit Hinweisen auf die Meditation. Meditieren heißt in der Sprache des Lexikons: Gezielte Lenkung unseres Gemüts und unserer Aufmerksamkeit oder gezieltes Fixieren unserer Aufmerksamkeit; über etwas nachsinnen; sich in Denken oder Kontemplation zu ergehen; grübeln, reflektieren, überlegen, studieren, denken. Damit wissen wir, weshalb jedermann meditiert.

Was sagt die Bibel?

Der Psalmist sagt: ... *sondern seine Lust hat am Gesetz des Herrn und über sein Gesetz sinnt Tag und Nacht. Der ist wie ein Baum, gepflanzt an Wasserbächen, der seine Frucht*

*bringt zu seiner Zeit und dessen Blätter nicht verwelken,
und alles, was er tut, gerät ihm wohl* (Psalm 1:2 – 3).

*Laß dir wohlgefallen die Reden meines Mundes und die
Meditationen meines Herzens, o Herr, mein Fels und mein
Erlöser* (Psalm 19:15).

Wie der Psalmist klar hervorhebt, haben Sie Ihre Lust am
Gesetz des Herrn, und das Gesetz ist: Sie sind das, was Sie
kontemplieren. Sie sind das, was Sie den ganzen Tag lang
denken. Widmen Sie Ihre Aufmerksamkeit mit ganzer Hin-
gabe der einen großen Wahrheit: ... *Wie er in seinem Herzen denkt, so ist er* (Spr. 23:7).

Es sind immer Ihre Ideen, Meinungen und Überzeugungen, die Ihrem Unterbewußtsein aufgeprägt werden und die
sich dann in Ihrer Wirkungswelt als Zustand oder Begebenheit manifestieren. Die ewigen Wahrheiten müssen zuerst in
Ihr Unterbewußtsein gelangen und dort verankert werden,
bevor sie in Ihrem äußeren Leben wirksam werden können.
Deshalb ist es für Sie unerläßlich, regelmäßig Kontemplation zu betreiben — Kontemplation der großen Wahrheiten
Gottes aus höchster Sicht.

Folgen Sie der Weisung des Psalmisten: *Laß dir wohlgefallen die Reden* (ausgedrückte Gedanken) *meines Mundes
und die Meditationen meines Herzens* (das innere, stille Wissen der Seele; Ihre tiefe, unerschütterliche Überzeugung)
(Psalm 19:14).

In anderen Worten: Bei einer wirklichen spirituellen Meditation müssen Gehirn und Herz mit dem Bejahten übereinstimmen. Oder um es noch anders auszudrücken: Ihr
wachbewußter Verstand und Ihr Unterbewußtsein müssen
miteinander übereinstimmen, nur dann erfolgt die Manifestation Ihres Guten. Ihr Denken und Fühlen, miteinander
verschmolzen, repräsentiert die Vereinigung des männlichen und des weiblichen Elements in Ihrem Innern. Diese
Vereinigung resultiert in der Freude der verwirklichten Bejahung.

Der ewig während Moment

Bei einem Gespräch über Meditationspraktiken, während meines Aufenthalts in Indien, berichtete mir ein Mann über seine Heilung durch richtige Meditation. Er war früher einmal chronischer Alkoholiker und zudem rauschgiftsüchtig gewesen. Er hatte zuweilen Kokain geschnupft und war schließlich als Bettler in der Gosse gelandet. Eines Tages hatte er einen Heiligen getroffen. (In Indien ist das keine Seltenheit, da es dort etwa zwei Millionen Heilige gibt, die durchs Land ziehen.) Dieser Heilige wies ihn an, nichts weiter zu tun, als zweimal täglich das Räderwerk seiner Gedanken zum Stillstand zu bringen und eine halbe Stunde lang zu bejahen: »Brahma's Liebe, Frieden, Schönheit, Herrlichkeit und Licht durchströmen mein ganzes Sein und reinigen, heilen und stärken meine Seele.«

Er befolgte diese Instruktionen auf das Genaueste, weil er begriffen hatte, daß er damit die Macht und die Qualitäten des Superbewußtseins wiedererrichten und aktivieren würde, die in seinen subjektiven Tiefen schlummerten. Jeden Abend vor dem Einschlafen und jeden Morgen nach dem Erwachen nahm er sich Zeit zur Meditation; nach einigen Wochen hatte er ein überwältigendes Erlebnis: Eines Abends geschah es, daß nach einigen Minuten tiefer Meditation sein ganzes Bewußtsein, sein ganzer Körper und auch der Raum, in dem er sich befand, in hellem Licht erstrahlte. Dieser Glanz war derart intensiv, daß er, wie seinerzeit Paulus, einen Moment lang völlig geblendet war. Er fühlte sich überwältigt von einer tief innerlichen Verzückung und Ekstase und einem Gefühl des Einsseins mit Gott und der ganzen Welt. Sein Gefühl war unbeschreiblich.

Er hatte das erfahren, was die altertümlichen Mystiker den »Augenblick, der ewig währt« nannten. Von diesem Augenblick an war er völlig geheilt. Jetzt ist er Wahrheitslehrer und zeigt anderen Menschen den Weg in ein neues

Leben. Er hatte sein Gemüt weise eingesetzt — das ist wahre Meditation.

Meditation formt Ihre Zukunft

Sie sind das, was Sie den ganzen Tag lang meditieren. Dr. David Seabury, der sich auf die Heilungstechniken Quimbys spezialisiert hatte, erzählte mir, daß er es in seiner New Yorker Praxis einmal mit einer gelähmten Frau zu tun hatte. Diese Lähmung war auf einen emotionalen Schock zurückzuführen, man bezeichnete sie daher auch als psychologische Paralyse. Dr. Seabury gab ihr eine einfache Bejahungstechnik: Sie sollte sich klar und deutlich alle Dinge tun sehen, die sie in gesundem Zustand tun würde, wie Autofahren, Reiten, Golfspielen und ihren Haushalt versorgen.

Diese Bejahungstechnik wandte sie etwa 15 oder 20 Minuten lang vier oder fünfmal täglich an, regelmäßig und systematisch. Er konnte sie überzeugen, daß jedes im Gemüt festgehaltene Vorstellungsbild, aufgeladen mit Vertrauen und Begeisterung — alles wesentliche Bestandteile der schöpferischen Imagination — sich als äußere Erfahrungstatsache verwirklicht. Nach Ablauf eines Monats arrangierte er mit dem Pflegepersonal die folgende Situation: Er informierte seine Patientin, daß sie innerhalb der nächsten Stunde einen Anruf aus Indien, von ihrem dort lebenden Sohn erhalten würde (der gleichfalls informiert war), während er die Schwestern anwies, auf eventuelle Klingelzeichen nicht zu reagieren — scheinbar nicht zu reagieren, selbstverständlich.

Schlag 12 Uhr Mittags läutete das Telefon. Es läutete und läutete. Diese Frau wußte, daß es ihr Sohn war, der aus Indien anrief. Das Telefon — so war es beabsichtigt — befand sich außerhalb ihrer Reichweite. Also stand sie auf, ging zum Telefon und konnte seither wieder laufen.

Diese Frau hatte einen Monat lang intensiv meditiert. Sie hatte ihre Aufmerksamkeit auf körperliche Bewegung — auf Gehen, Reiten usw. — fixiert. Sie hatte eine beträchtliche Menge spiritueller Energie auf das Ziel, wieder gehen zu können, gerichtet. Ihr Mentalbild hatte sie mit unerschütterlichem Vetrauen in ihre innere Kraft aufgeladen. Sie hatte schöpferische Imagination betrieben und damit wirkliche Meditation. Dann, als sie das Telefon läuten hörte und wußte, daß der Anrufer ihr Sohn war, ergriff das Verlangen, seine Stimme zu hören, völlig von ihrem Gemüt Besitz und aktivierte den Geist in ihrem Innern — und sie erlebte das Resultat ihrer Meditation. Ihre Imagination war der Mittler zwischen der unsichtbaren Welt des Superbewußtseins (Gott) und seiner physischen Manifestation des Gehenkönnens.

Transzendentale Meditation

Emerson war Transzendentalist. Er hatte sich bekanntlich von schwerer Tuberkulose geheilt, indem er über die Schönheit und Herrlichkeit der Natur meditierte. Er schrieb ein großartiges Kapitel über die Natur, in dem er sagte: »Selbst in Begegnungen mit Alltäglichkeiten, in Schneematsch, im Zwielicht, unter einem bewölkten Himmel, konnte ich mich ohne den Gedanken an ein besonderes Gutes vollkommener Heiterkeit erfreuen. Die Strömungen des universellen Seins zirkulieren durch mich; ich bin ein Teil und Teilhaber Gottes.«

Emerson meditierte und schrieb über die Schönheit, Ordnung, Symmetrie und Proportionen, von der gesamten Natur so reichlich offenbart. Er kontemplierte die Pracht der Sterne und die Schönheit der Sphären und bewirkte eine molekulare Veränderung in seinem Körper. Die Sterne nannte er das tägliche Brot der Seele. Seine Kontemplation transzendierte seine fünf Sinne — er verweilte meditativ bei dem Einen, der Schönheit und dem Guten in sich und in der gesamten Natur. Er praktizierte eine wirklich transzendentale Meditation.

Das Mantra Om (Aum)

Das Wort ›Om‹ (›Aum‹) steht im Osten für Sein, Leben, Gott, Gewahrsein, den lebendigen allmächtigen Geist — wie in unserer Bibel das ICH BIN. Viele repetieren das Wort ›Om‹ (›Aum‹) wieder und wieder als Intonation. Auch Sie können ›ICH BIN‹ wieder und wieder repetieren; nach einer gewissen Zeit werden Sie eine innere Ruhe und Gelassenheit verspüren.

Ein Mantra kann ein Bibelvers sein, ein Wort, eine Hymne oder der Ton ›Om‹ (›Aum‹), ständig wiederholt. ›Der Herr ist mein Hirte‹ ist ein gutes Mantra. Es ist nämlich weitaus besser, die Bedeutung Ihrer Bejahung zu kennen, als blindlings irgendein Mantra anzuwenden, ohne zu wissen, was Sie da eigentlich sagen. Sie können von Ihren Repetitionen keine wirklichen Resultate erwarten, wenn Sie sich ihrer Bedeutung nicht bewußt sind. Wenn Sie das Bedürfnis haben, spirituell zu wachsen, dann sollten Sie wissen, was Sie tun und warum. Hinter dem Vers, Mantra oder Wort muß Sinn und Gefühl stehen.

Sie können beispielsweise das Wort ›Frieden‹ 15 oder 20 Minuten lang wiederholen, und Sie werden sehr ruhig, entspannt, heiter und gelassen sein. Ein anderes wunderbares Mantra ist ›Gott ist Liebe‹. Ein Geschäftsmann erzählte mir einmal, daß ihm von einem Psychologieprofessor als Mantra das Wort ›Coca Cola‹ zugeteilt worden sei, mit der Maßgabe, es zweimal täglich je 20 Minuten lang zu wiederholen. Daraufhin senkte sich sein überhöhter Blutdruck, seine Verdauungsstörungen besserten sich und er fühlte sich entspannt und ruhiger. Der Psychologe wollte ihm damit klarmachen, daß im Grunde jedes Wort, wieder und wieder angewandt, Entspannung für Gemüt und Körper bringen kann und als Folgeerscheinung verbesserten Kreislauf, bessere Verdauung und mehr freigesetzte Energie.

Er verschaffte sich ein ruhiges Gemüt durch Fixieren seiner Aufmerksamkeit auf ein Wort. Auf die gleiche Weise können Sie sich irgendein Wort hernehmen, wie etwa ›Einsicht‹, es ständig wiederholen und damit die gleichen Resultate erzielen. Das Wort ›Coca Cola‹ mag durchaus die erwähnten körperlichen Veränderungen herbeiführen; als wirklich spirituelles Wachstum läßt sich so etwas jedoch kaum bezeichnen. Um spirituell zu meditieren, müssen Sie sich mehr und mehr Göttlichkeit aneignen und zum Ausdruck bringen — Sie müssen zu einem gottgleichen Menschen werden.

Reinigung des Bewußtseins

Bevor Sie mit einer spirituellen Meditation beginnen, ist es für Sie unerläßlich, daß Sie sich selbst jeden negativen Gedanken vergeben und fest entschlossen sind, keine weiteren negativen Gedanken zu beherbergen. Des weiteren müssen Sie jedem anderen Menschen vergeben, ganz gleich, um wen es sich auch handeln mag. Strahlen Sie Liebe und Wohlwollen auf diesen Personenkreis aus und wünschen Sie ihm alle Segnungen des Lebens. Eine restlos erfolgte Vergebung ist recht leicht erkennbar: Sie können dann nämlich an die Betreffenden denken, ohne innerlich zu kochen; sie haben Frieden. Sie würden doch auch kein sauberes Wasser in ein schmutziges Gefäß füllen. Ihr Gemüt ist so ein Gefäß. Sie können dem Superbewußtsein kein verschmutztes Gefäß zumuten. Sie können nicht erwarten, daß der heilige Geist ein verunreinigtes Gemüt durchfließt. Ressentiments, Selbstverurteilung, Feindseligkeit und Übelwollen blockieren den Fluß des Guten in Ihrem Leben. Meditieren Sie auf richtige Art. *Und wenn ihr dasteht und betet, so vergebet, wenn ihr etwas wider jemand habt ...* (Mark. 11:25).

Der mühelose Weg

Meditation ist die Disziplin der Innenschau. Was wir begriffen haben, das vollbringen wir mühelos und ganz natürlich. Wenn wir etwas nicht verstehen, dann neigen wir oftmals dazu, uns Zwang anzutun. Immer wieder hört man Wahrheitsuchende klagen, sie hätten sich wirklich angestrengt, aber es ist eben diese Anstrengung, die den Fehlschlag in sich birgt, denn Meditation vollzieht sich immer ohne bewußte Anstrengung – ganz mühelos. Anspannung, krampfhaftes Bemühen und Gewalt sind verhängnisvoll und bewirken immer einen Fehlschlag auf der ganzen Linie.

Eine erstklassige Möglichkeit, das Gemüt zu beruhigen, ist die folgende Verfahrensweise: Stellen Sie sich vor, wie Sie von einem Berggipfel auf einen See blicken. Auf der ruhigen Oberfläche spiegeln sich der Himmel, der Mond, die Sterne und alles oberhalb der Erde befindliche. Ist die Wasseroberfläche jedoch bewegt, dann erscheinen diese Spiegelungen verzerrt und undeutlich. Genauso verhält es sich mit Ihnen, wenn Sie nicht ›still‹ sind – nicht im Frieden.

Die Antwort auf eine Bejahung kommt nun einmal nur zu demjenigen, der sich mit aller Gemütsruhe auf die Freude des ›bereits Empfangenhabens‹ konzentriert. Man könnte Meditation als Internalisierung des Gewahrseins bezeichnen; sie ist die Pilgerfahrt ins Innere zur göttlichen Gegenwart.

Bereits eine halbe Stunde der täglichen Meditation über Ihre Ideale, Ziele und Ambitionen macht Sie zu einem anderen Menschen. Nach einigen Monaten kommt Ihnen ganz behutsam das stille innere Wissen, daß Ihnen das Superbewußtsein in Ihrem Innern immer verfügbar ist; daß der Geist des Allmächtigen jetzt für Sie tätig ist und das, was Sie sein, haben oder tun wollen, bereits bestehende Tatsache ist, die es nur noch zu akzeptieren gilt.

Diesen Zustand kann der Mensch bewußt herbeiführen, indem er sich in das Freudegefühl des bereits Erreichten hineinversetzt; nachdem ihm das gelungen ist, wird er nicht länger besorgt, verkrampft oder furchtsam sein. Er wird darüber hinaus auch bei keinem anderen Menschen Rat suchen, denn er fühlt sich genötigt – von innen her gezwungen –, das Richtige zu tun. Sein Unterbewußtsein zwingt ihn, alle zur Zielerreichung erforderlichen Schritte zu tun.

Wer nach erfolgter Bejahung noch von Zweifeln befallen ist und noch hin und her überlegt, welcher Weg einzuschlagen sei, der hat den erwünschten Zustand noch nicht in seinem Unterbewußtsein gefestigt. *Denn ich sage euch: Unter denen, die von Frauen geboren sind, ist kein größerer Prophet als Johannes der Täufer. Doch der Kleinste im Reiche Gottes ist größer als er* (Luk. 7:28). Das heißt, daß jeder erfolgreich bejahende Mensch, der durch richtiges Fühlen und richtige Stimmung die Wirklichkeit berührt, größer ist, als der größte lebende Weise.

Die meisten von uns blicken auf die Äußerlichkeiten ihres Lebens. Der Weise hat gelernt, nach Innen zu schauen. Die Disziplinen der Innenschau sind in dem Begriff ›Meditation‹ zusammengefaßt. Der Schlüssel zur Meditation ist Loslösung; d. h. ein völliges Freimachen von allen Meinungen und Überzeugungen der Welt, und stilles Festhalten unseres Idealzustands im Brennpunkt unserer Aufmerksamkeit. Es ist das ›anstrengungslose Bemühen‹, daß uns veranlaßt, der Verwirklichung des Erwünschten wie von selbst entgegenzuströmen. Loslösung bedeutet nicht im Mindesten ein Aufgeben unseres irdischen Besitzes, das wäre kompletter Unsinn – sondern ein Loslösen von dem Gefühl der Abhängigkeit von äußerem Besitz. Wir müssen die Wahrheit, daß Gott der eigentliche Besitzer ist und wir lediglich die Verwalter alles Göttlichen sind zu einer festen Überzeugung werden lassen. Unsere Aufgabe ist es daher, unseren Besitz weise, sinnvoll und so konstruktiv zu handhaben. Was wir haben, brauchen wir also keineswegs aufzugeben, sondern nur das Anhaften, das uns immer wieder auf die Ebene eines ›menschlichen Ermessens‹ zieht.

Sei still und wisse, daß ich Gott bin (Psalm 46:11)

Beruhigen Sie Ihr Gemüt und werden Sie sich bewußt, daß das ›ICH BIN‹ in Ihrem Innern Gott ist — das Superbewußtsein —, die einzige Gegenwart und Macht. Stille ist nicht nur ein Ruhigsein; Stille bedeutet gleichzeitig, daß die Ursachen im Gemüt, die das innere Leben widerspruchsvoll und mißtönend gestalten, beseitigt worden sind. Wenn der Mensch in sein Inneres geht, dann darf er dort keine Dissonanz vorfinden, sondern vollkommenen und dauerhaften Frieden.

Der Mensch, der sich der Gegenwart Gottes in seinem Innern bewußt ist, lebt in einer Welt, die immer friedvoll ist. Mangelt es jedoch an diesem Bewußtsein, dann lebt der Mensch unter Bedingungen, die ihm im Endeffekt wenig zuträglich sind. Er ist geneigt, sich über Dinge aufzuregen, die, in anderem Licht gesehen, auch nicht einen Augenblick des Unbehagens verursachen würden.

Meditieren sollten wir an jedem Tag unseres Lebens. Wir sollten über Schönheit, Liebe und Frieden meditieren. Dabei sollten wir fühlen, daß diese Eigenschaften in uns wiedererstehen. Und wenn wir über Weisheit, Wahrheit und Schönheit meditieren, dann werden wir unsere zweite Geburt erfahren — unser spirituelles Erwachen.

Die Reise nach innen

Durch Innenschau und Meditation über das ICH BIN oder das Superbewußtsein — oder Gott — findet und berührt der Mystiker schließlich das Wirkliche. Indem er sich nach innen wendet, wird er zuerst gewahr, daß das, was wir gemeinhin als unseren Körper kennen, im Grunde aus Lichtwellen besteht und auch diese Erde, auf die wir gestellt sind, wird zu gleißendem Licht. Das äußere Leben wird zu einem Traum und das innere Leben erwacht. Und wenn der Mensch sich weiter und weiter nach innen bewegt, verschmilzt er schließlich mit dem Unendlichen. Plötzlich wird er dann inne, daß er das Universum gefunden hat; daß Sonne, Mond und Sterne sich in seinem Innern befinden. Zum ersten Mal erkennt er sodann, daß Planeten Gedanken sind; daß Sonnen und Monde Gedanken sind; daß seine eigene Bewußtheit oder ICH BIN-heit die eigentliche Verwirklichung ist, die sie alle gegenständlich macht; daß die Träume des Träumers sich temporär im Raum bewegen; und die Welten, Sonnen, Monde und Sterne Gedanken des Denkers sind. Gott meditiert und wir sind seine Meditation. Es ist Gott, der über seine Mysterien meditiert.

Diese innere Reise geleitet den Menschen daher letztendlich in das Nirvana — in das Wirkliche; sie befreit den Menschen vom Gefühl des kleinen ›ich‹ und führt ihn zu der Erkenntnis des innewohnenden Gottes — des ewigen Selbst. Durch Meditation findet der Mystiker den Frieden, die Kraft und die Seelenstärke für weitere Schritte. Meditation, regelmäßig praktiziert, verleiht jedem Impuls, jeder Einstellung und jeder Handlung Schönheit, Liebe, Frieden, Grazie und Würde.

Lassen Sie uns über ewige Weisheit meditieren, geschrieben von der Hand Gottes, überliefert durch alle Zeitalter hindurch: »Von allem, das existiert, BIN ICH (das BIN ICH) der Ursprung, der Verlauf und das Ende. ICH BIN der

Keim, ICH BIN das Wachstum, ICH BIN der Verfall. Alle Dinge und Geschöpfe sind aus mir hervorgegangen. Ich erhalte sie während sie im Äußeren verweilen, doch wenn der Traum des Getrenntseins endet, bewirke ich ihre Rückkehr — ihr Wiedereingehen in mich. ICH BIN das Leben, das Rad des Gesetzes und der Weg, der über alles Irdische hinausführt. Es gibt nichts anderes.«

Entspannung

Das Folgende ist eine alte Entspannungstechnik, die in Indien, Nepal und anderen Ländern praktiziert wird:

1 Setzen Sie sich aufrecht hin, wobei Oberkörper, Nacken und Kopf eine gerade Linie bilden.
2 Atmen Sie durch die Nase ein und zählen Sie dabei geistig sechs Pulsschläge.
3 Halten Sie den Atem drei Pulsschläge lang an.
4 Atmen Sie sechs Pulseinheiten lang aus.
5 Halten Sie die Lungen drei Pulsschläge lang leer.
6 Wiederholen Sie das nach Belieben, solange Sie sich dabei wohl fühlen.

Nach einer kleinen Gewöhnungszeit werden Sie den Rhythmus etabliert haben, ohne dabei noch geistig mitzählen zu müssen. Dann geht das Ganze ohne die geringste Anstrengung vor sich und bewirkt eine vollkommene Entspannung.

Später können Sie diese Übung auch mühelos auf Spaziergängen ausführen, indem Sie jeden Schritt zu einer rhythmischen Zähleinheit machen. Am Anfang ist es jedoch für den Stadtmenschen zweckmäßiger, sich auf Sitz- oder Liegeposition zu beschränken. Die Durchführung einer solchen Entspannungsübung im Verkehrsgetriebe der City ist aus naheliegenden Gründen nicht ratsam.

Über die physische Reaktion auf dieses rhythmische Atmen hinaus gibt es noch eine spirituelle. Mit jedem Einatmen können Sie Ihrem Unterbewußtsein jede gewünschte Idee aufprägen.

Wichtig ist es dabei, den betreffenden Gedanken zusammen mit der Einatmung festzuhalten.

In diesem Zustand der Entspannung erfolgt ein Zutagetreten des Unterbewußtseins, das dann für jede Suggestion empfänglich ist. Wenn Sie sich zum Beispiel mißgestimmt oder mutlos fühlen sollten, dann ist es gut, wenn sie sich beim Einatmen sagen: »ICH BIN glücklich« und das auch fühlen.

Mehrmals hintereinander durchgeführt, bewirkt diese Übung eine sofortige Veränderung zum Positiven. Sie kann beliebig oft angewandt werden.

Rhythmisches Atmen

Wenn wir es gelernt haben, rhythmisch zu atmen, dann wirken wir auf das Nervensystem ein, mit dem Effekt, daß sich jegliche Verkrampfung und Anspannung auflöst. Wir alle wissen, daß tiefe Zwerchfellatmung schon allein aus physiologischer Sicht das körperliche Wohlbefinden fördert. Das Gefühl des Wohlbehagens, das mit einer vertieften Atmung einhergeht, begünstigt die Annahme jeder neuen Idee oder Suggestion.

Während dieser Atemübungen sollten wir uns in unserer schöpferischen Imagination als das sehen, was wir zu sein wünschen – voller Energie und Gesundheit. Der geregelte Atemrhythmus bewirkt eine Stimulierung, wie bestimmte Musik- oder Tanzformen, die einen beruhigenden Einfluß ausüben. Dieser Rhythmus unserer vertieften Atmung ist das Mittel, das die Aufmerksamkeit festhält und Entspannung bewirkt.

Von Asthma geheilt

In unserem Hotel in Katmandu hatte ich ein interessantes Gespräch mit einer 80jährigen Dame. Wie sie mir erzählte, hatte sie mehrere Jahre lang unter schwerem Asthma zu leiden gehabt. Eines Tages hatte ihr ein Tempelpriester ein spirituelles Rezept gegeben, das sie völlig kuriert hatte. Die spirituelle Übung war folgendermaßen:

Sie setzte sich still und bequem in einen Sessel und begann, langsam und tief zu atmen. Mit jeder Inhalation bejahte sie still: »ICH BIN vollkommene Gesundheit.« Mit jeder Exhalation bejahte sie: »Gott ist meine Gesundheit.« Diese Behandlung führte sie morgens, mittags und abends jeweils etwa 10 oder 15 Minuten lang durch.

Innerhalb von zwei Wochen war sie geheilt. Jetzt ist sie wieder vital, kräftig und voll von Enthusiasmus.

Ihr Körper verändert sich ständig

Der Mensch ist ein rhythmisch pulsierendes Wesen. Unsere Körper sind ebenso den rhythmischen Gesetzen unterworfen wie alles andere im Universum. Erinnern wir uns an den Spruch aus der Antike: »Jedes Atom im Kosmos tanzt zum Rhythmus der Götter.« Das Universum (Der eine Vers) ist einfach eine Note oder ein Ton in Gott; aber in diesem einen Ton ist eine unendliche Vielzahl von Tönen oder Schwingungsraten enthalten. Alles für uns sichtbare ist schnell schwingende Energie, es gibt nichts in der gesamten Natur, das sich in absoluter Ruhe befindet. Nur Gott ist bewegungslos. Die Natur ist die Geburt oder Aktivität Gottes − der Eine, sich selbst auf vielfältigste Weise manifestierend. In dem Augenblick, in dem eine Form in der Welt erscheint, beginnt sie sich zu verändern; von da an erscheinen andere Formen − und so weiter und so fort ad infinitum.

Formen sind lediglich Erscheinungen; sie kommen und gehen. Ebenso unterliegt der Körper des Menschen ständig sich vollziehender Veränderung. Die Wissenschaft sagt uns, daß der Mensch alle 11 Monate über einen neuen Körper verfügt. Die Zellen des Körpers sind unentwegt im Absterben begriffen und werden durch neue ersetzt. Wenn der Mensch sein Denken spiritualisiert, dann bekommen die Körperzellen einen neuen spirituellen Überzug, und sein gesamtes Sein verwandelt sich in Vitalität und Vollkommenheit.

Eine komplette Veränderung in der chemischen Zusammensetzung des Körpers kann unter Umständen eine Angelegenheit von wenigen Sekunden sein. Kaum ein Atom oder Elektron, aus dem Ihr Körper zusammengesetzt ist, wird in ein paar Monaten noch vorhanden sein. Alles ist Schwingung und ständige Veränderung ist vorherrschend im Universum. Ihr Herzschlag folgt einem bestimmten Rhythmus; wie auch Ebbe und Flut.

Hören Sie auf, anderen die Schuld zu geben

Wir müssen uns darüber im klaren sein, daß die Ursache für eine wirkungslose Bejahung verworrenes Denken und Mangel an emotionaler Kontrolle sind. Wir sollten die wichtige Tatsache beachten, daß das Gesetz der Anziehung durch das ganze Universum wirkt. Impulse der Furcht, der Eifersucht, des Zornes und der Verzweiflung ziehen das ihnen gemäße heran und sind verantwortlich für die meisten Fehlschläge und Frustrationen im Leben. Ebenso zeitigt die unwiderstehliche Emotion der Liebe gute, positive Resultate. Ein einziges Prinzip, eine identische Kraft liegt beidem zugrunde — sowohl dem Erfolg als auch dem Fehlschlag.

Furchtgefühle ziehen Verdruß und Trübsal heran — unentrinnbar. Die entsprechenden Manifestationen und Erfahrungen unterscheiden sich lediglich durch die ihnen zugrundeliegenden Emotionen und Stimmungen des Individuums. Es ist eine feststehende Tatsache, daß jedes Leiden seinen Ursprung in emotionaler Frustration hat. Der Mensch ist das Produkt seiner Emotionen und Stimmungen.

Viele Menschen neigen dazu, andere für unglückliche Umstände oder Fehlschläge im Leben verantwortlich zu machen. Da muß dann die Vererbung, die Umwelt oder Mangel an Gelegenheit herhalten. Diese Gemütshaltung dient aber mehr als eine Art Beruhigungspille für das Gewissen — sie beseitigt keineswegs die Ursachen für Kummer und Leiden.

Die Welt ist ein Spiegel

Unsere Welt ist ein Spiegel, der unsere vorherrschende Gemütshaltung reflektiert — er vermittelt uns ständig ein wahres Bild von uns, er zeigt uns so, wie wir wirklich sind. Und oft genug gefällt uns dieses Bild ganz und gar nicht. Aber kaum einer von uns kann behaupten, daß er regelmäßig die Initiative ergreift, um dieses Bild zu verändern. Wenn wir uns in Negativitäten verwickeln, dann werden wir sehr bald mit Zuständen konfrontiert, die genau dieser Schwingungsfrequenz entsprechen, nach dem Gesetz, daß Gleiches von Gleichem angezogen wird. Das ist das vollkommene Wirken des Gesetzes von Ursache und Wirkung. Immer wieder neigen wir dazu, die Tatsache zu verneinen, daß alles von der Ursache abhängt. Statt dessen versuchen wir mit geradezu erstaunlicher Blindheit die Wirkungen zu verändern.

Ein Anflug von Eifersucht in uns wird mit unfehlbarer Sicherheit Situationen mit anderen Menschen herbeiführen, die ihrerseits meinen, Grund zur Eifersucht zu haben, sei es zuhause, im Berufsleben oder in unseren zwischenmenschlichen Beziehungen. Oft genug haben wir schon andere sagen hören, sie könnten Eifersuchtsgefühle in anderen Menschen nicht ausstehen. Wenn wir jedoch ihre Reaktionen etwas genauer beachten, merken wir sehr schnell, daß der Fehler bei ihnen selbst liegt. Alles, was wir denken und fühlen, findet seine Affinität in unserer Außenwelt.

Der Blick nach innen

Wir müssen lernen, den Balken aus unserem eigenen Auge zu entfernen, durch Selbstbeobachtung, Selbstgewahrsein und Selbstprüfung. Dann werden wir bald nicht mehr imstande sein, den Splitter im Auge unseres Bruders wahrzunehmen. Immer wenn wir Fehler bei anderen zu sehen meinen, sollten wir nach innen blicken, denn genau dort werden wir diesen Fehler finden, verborgen in den geheimen Winkeln unseres eigenen Gemüts. Es bedarf dazu allerdings einer vorurteilslosen, unbeeinflußten und objektiven Innenschau.

Veränderte Einstellung verändert alles

Wenn wir unser Ziel immer wieder verfehlen und wir bei unseren Bemühungen im Leben immer wieder gegen eine Mauer anrennen, dann müssen wir nach innen blicken und den Grund erforschen. Wenn wir eine Veränderung der Umstände und Begebenheiten in unserem Leben herbeiführen wollen, müssen wir zuerst unsere Gemütshaltung ändern. Sie muß in eine absolute Erfolgshaltung verwandelt werden, d. h. wir müssen zu einer Gemütshaltung kommen, bei der die gegenseitige Annahme des Erfolgs das beherrschende Element ist. Um erfolgreich zu sein, müssen wir uns bewußt werden, daß wir zum Sieger geboren sind und daß das Unendliche in uns niemals versagt. Damit erzeugen wir das Erfolgsbewußtsein – das Vertrauen in unseren Erfolg – und löschen jeden widersprechenden Gedanken aus. Immer ist es unsere Stimmung, die Intensität unserer festgehaltenen Überzeugung, die sich unserem Unterbewußtsein aufprägt. Wir blockieren unseren Erfolg, wenn wir unserem Ego gestatten, unserer Mentalität Grenzen zu setzen.

Einige Fragen

Es wäre gut, wenn wir uns einmal fragten, ob wir nur auf Anerkennung und Beifall für uns aus sind, oder ob wir von dem aufrichtigen Wunsch getrieben werden, der Menschheit zu dienen und die Welt zu einer lebenswerteren zu machen. Wollen wir ›unser Nest nur mit Federn schmükken‹, oder wollen wir das, was wir tun, um der Sache selbst willen unternehmen? Wollen wir es Emerson, Lincoln oder Edison gleichtun und auf wundervolle Weise zum Wohl der Menschheit beitragen, oder suchen wir lediglich Selbstbestätigung und persönlichen Ruhm?

Wenn wir etwas zu bieten haben, dann wird das auch in Gebrauch genommen werden, es sei denn, wir stellen uns ihm in den Weg. Unentschlossenheit, Wankelmut und Unbeständigkeiten sind immer der Beweis für den Mangel an einem inneren Objekt oder Ideal. Oftmals sagt man uns: »Ich bewege mich im Kreis.« Ein solcher Mensch wiegt sich in der Hoffnung, daß ihm einmal jemand begegnet, der ihm zeigt, wie er sich aus der Schwierigkeit befreien kann. Einem solchen Menschen mangelt es an Stabilität. Er ist sich nicht bewußt, daß eine unendliche Intelligenz in ihm wohnt, die die Antwort enthüllt, wenn er sich an sie wendet. *Rede, Herr, dein Knecht hört* (1 Sam. 3:9).

6

Die Bedeutung uralter Wahrheiten

Es war dies meine dritte Reise nach Bangkok, der märchenhaften Hauptstadt Thailands, und diesmal fielen mir einige bemerkenswerte Veränderungen auf, die meisten davon recht gesunder Art. Mit dem Boot unternahmen wir einen Marktbesuch, so wie es für die Thailänder zum täglichen Leben gehört. Wir glitten die ›Klongs‹ (Kanäle) entlang zum schwimmenden Markt, vorbei an mit Gemüse und Blumen überquellenden Booten.

Interessant war es auch, die Mönche in ihren safrangelben Gewändern zu beobachten, die sich mit ihren Schüsseln Nahrung erbettelten. Einen faszinierenden Anblick bot uns der Tempel der Dämmerung, wie auch die anderen Tempel und Paläste, mit ihrer unbeschreiblichen Vielfalt an Buddhastatuen – ruhende, goldene, und sogar eine Smaragdstatue! Der Tempel des goldenen Buddha beherbergt die größte und älteste Buddhastatue. Mit seiner Höhe von rund 3 m und einem Gewicht von 5½ Tonnen repräsentiert er eine Menge Gold!

Unser Reisebegleiter gab uns recht interessante Erläuterungen über den Buddhismus im allgemeinen und über erfolgte Heilungen nach entsprechenden Gebeten und Opferungen am Schrein. Einer unserer Mitreisenden warf die Frage nach der Sphinx und ihrer Bedeutung aus religiöser Sicht auf. Das wiederum verhalf mir zu einem guten Titel für diesen Teil des Buches.

Die Sphinx und wir

Ihre Gesichter aber sahen so aus: ein Menschengesicht nach vorn bei allen vieren, ein Löwengesicht auf der rechten Seite bei allen vieren, ein Stiergesicht auf der linken Seite bei allen vieren und ein Adlergesicht bei allen vieren nach innen (Ez. 1:10)

Nach altgriechischem Mythos legte die Sphinx jedem Ankömmling das Rätsel des Menschen vor, und wer es nicht beantworten konnte, der starb. Das Rätsel lautete: »Was bewegt sich auf vier Beinen, was auf zwei und was geht auf drei Beinen?« Die Antwort sollte diesem Mythos zufolge ›Der Mensch‹ heißen, weil dieser als Baby auf Händen und Füßen kriecht, sodann aufrecht auf zwei Beinen geht, bis er dann schließlich, alt und gebrechlich geworden, einen Stock oder eine Krücke zur Fortbewegung benötigt.

Diese Erklärung ist keineswegs die richtige oder die letztlich wirkliche. Die innere — die esoterische Bedeutung ist vielmehr die folgende: Wir müssen uns eingestehen, daß die weitaus meisten Glieder der Menschheit noch immer auf allen Vieren herumkriechen, d. h. diese Menschen sind völlig eingetaucht in das Massengemüt und unterliegen ganz und gar dem Gesetz des Durchschnitts. Unter Massengemüt sind die Denkweise, die Gefühle, die Befürchtungen, der Aberglauben, die Leidenschaften, die Vorurteile und der Falschglaube von vier Milliarden Menschen zu verstehen.

Selbstverständlich ist da eine beträchtliche Anzahl von Menschen auf der ganzen Welt, die sich in wissenschaftlichen Bejahungen üben und damit dem kollektiven Unbewußten des Menschengemüts konstruktive, harmonische Gedanken eingeben — aber sie sind bei weitem in der Minderheit. Jeder von uns — sofern nicht er es ist, der sein eigenes Denken besorgt — muß sich die Frage vorlegen (und offen und ehrlich beantworten): Ist es das Menschengemüt, das in mir denkt, oder bin ich wirklich und wahrhaftig mein eigener Denker? Denken heißt vergleichen. Wählen Sie Gedanken, die auf ewigen Wahrheiten gegründet sind, Wahrheiten, die sich nie verändern, die heute ebenso gültig sind wie gestern und die ewig gelten werden.

Denken Sie an Dinge, die wahr, liebenswert, ehrbar und gottgleich sind; dann denken Sie wirklich. Wenn sich Furchtgefühle, Besorgnis oder Anspannung in Ihrem Denken vorfinden, dann ist es einmal wieder das Massengemüt, das in Ihnen denkt. Millionen Menschen sind entweder völlig unwissend, soweit es die Gesetze und die Wirkungsweise des Geistes innerhalb des Menschen betrifft, oder sie haben ihre Kenntnisse nach und nach vergessen.

Das vierbeinige Tier ist also der Fünf-Sinne-Mensch, der in der Hauptsache lebt, um zu essen und rein äußerliche Vergnügen zu genießen. Das Symbol des vierbeinigen Tieres steht für den rein materialistischen Menschentypen, der ausschließlich das glaubt, was er sieht, und der überzeugt ist, daß seine Sicherheit von der Anhäufung vieler Reichtümer und weltlicher Dinge abhängt. Es ist der Menschentyp, der vergessen hat, Schätze im Himmel zu sammeln, durch Kontemplation der Wahrheiten Gottes aus höchster Sicht.

Es gibt — symbolisch betrachtet — nicht allzuviele Männer und Frauen, die, obgleich sie aufrecht gehen, alle Neigung und Tendenz, sich der Denkweise des Massengemüts anheimzugeben, abgelegt haben. Und auch von den spirituell gereiften ist es nur eine bislang recht kleine Minderheit, die alles Gewicht auf den Stecken und Stab der Intuition und Inspiration durch das höhere Selbst legen.

Der Symbolismus der Tarotkarte ›Das Glücksrad‹ ist der Vision aus dem ersten Kapitel des Buches Ezechiel entnommen, eines der okkulten Kapitel der Bibel: Die vier heiligen Tiere und das Rad innerhalb der Räder ... *und die vier Räder waren alle von gleicher Gestalt, und sie waren so gearbeitet, als wäre je ein Rad mitten in dem andern* (Ez. 1:16).

Die vier Räder bezeichnen die vier Ebenen — die spirituelle, die mentale, die emotionale und die psychische; oder die vier Stadien einer Idee — Bewußtsein, Gewahrsein, das ICH BIN im Innern, Begehren, das Fühlen der Verwirklichung und die Manifestation; oder die vier Stadien der Saat — der Samen, der Boden, die schöpferische Essenz und die Pflanze.

Symbolisch repräsentieren die Vier in der Bibel erwähnten — Mensch, Löwe, Stier und Adler — die vier Tierkreiszeichen Stier, Löwe, Skorpion und Wassermann. Zugleich stehen sie für die Buchstaben im Namen Jehovah — I.H.V.H. Der erste Buchstabe, Yod bedeutet Gott, ICH BIN oder unbedingte Bewußtheit, Geist, der Ursprung allen Lebens. Der zweite Buchstabe HE repräsentiert Ihr Begehren, die gedankliche Vorstellung in Ihrem Gemüt, das klare Mentalbild. Der dritte Buchstabe, Vau, symbolisiert Gefühl, Liebe, Emotion — d. h. die in Ihre Idee einfließende Belebung, die sie subjektiviert und greifbar macht. Der vierte Buchstabe HE ist die Manifestation oder Verwirklichung des Imaginierten und als wahr empfundenen. Auf diese Weise kommt alles zustande in Ihrer Welt.

Alle diese Symbole beziehen sich auf die vierfältige Konstitution des Menschen, sie werden auch als die vier Tiere der Offenbarung bezeichnet. Der Löwe repräsentiert die spirituelle Kraft. Der Stier ist das Lasttier — Sinnbild für unser Bemühen, den Boden unseres Gemüts zu beackern, um unsere Gedankenimpression unserem Unterbewußtsein einzugeben. Der Wassermann bezeichnet den Wasserträger. Wasser bedeutet psychologische Wahrheit: Wir meditieren über die Realität unseres Begehrens, indem wir unserem Ideal Wasser oder Gefühl hinzufügen. Wir stellen uns das glückliche Ende vor, loyal und treu unserem Ideal hingegeben. Der Skorpion (Adler) steht für die Imprägnierung unseres Unterbewußtseins oder den vollendeten Zustand. Die vier Tierkreiszeichen können auch so erklärt werden: Geist oder

Gewahrsein (ICH BIN), Begehren Empfinden der gegenständlichen Wirklichkeit des Begehrten und Verwirklichung.

Wie Sie Ihr Begehren testen

Jedes menschliche Wesen empfindet einen Drang nach Wachstum und Ausdehnung — es ist das Leben, das durch Sie zum Ausdruck kommen will. Ihr Wunsch, mehr Leben, Liebe, Wahrheit und Schönheit auszudrücken, ist zu begrüßen und lobenswert. Ihr Wunsch nach mehr Größe ist ein durchaus normales und natürliches Begehren. Wenn Sie Musiker sind, dann ist es Ihr Wunsch, so gut zu musizieren, daß die Seelen Ihrer Zuhörer davon angerührt werden. Jeder Wunsch, dessen Erfüllung zu Ihrer Gesundheit, zu Ihrem Glück und Wohlergehen beiträgt, ist gut und sehr gut. Wenn Ihre Wünsche zudem eine spirituelle und mentale Ausdehnung beinhalten, dann sind sie gut und göttlich.

Niemals jedoch sollten Sie sich wünschen, einen anderen Menschen auszunutzen oder ihn veranlassen, etwas gegen seinen Willen zu tun. Ihre Wünsche dürfen sich in keinem Fall gegen das Wohlergehen oder Wachstum eines anderen richten. Swedenborg sagte: »Die Essenz der Hölle ist der Wunsch, andere zu beherrschen.« Wünschen Sie sich immer mehr Leben, Liebe und Wohlwollen auszustrahlen. Je mehr Sie geben, desto mehr werden Sie haben. Wünschen Sie sich, großzügiger von der Lebenskraft in Ihrem Innern zu geben. Erfüllen Sie Ihre Ideale mit Leben und Liebe — das ist konstruktiv.

Alles, was auf dieser Welt zu Ihrem Wohlergehen, zu Ihrem Erfolg und zu Ihrem Glück beiträgt, muß unbedingt auch anderen zum Segen gereichen, denn wir sind alle eins. Je mehr Wohlwollen, desto mehr Lachen, je mehr Freude Sie anderen bereiten, desto mehr werden Sie haben. Ihr

Wunsch nach Reichtum, nach Förderung und Aufstieg in Ihrem Lebensbereich ist normal und vollkommen natürlich. Aber dazu müssen Sie auf Gott — auf das Superbewußtsein — blicken, nicht auf andere Menschen. Wenden Sie sich ausschließlich an die Quelle aller Segnungen, nicht an Kanäle.

Beanspruchen Sie Ihr Gutes nach göttlichem Gesetz und in göttlicher Ordnung. Es gibt Millionen und Abermillionen von Kanälen, aber es gibt nur eine einzige Quelle. Wenden Sie sich immer an die Quelle, für alles, was Sie wollen. Die innerste Natur des Seins ist es, zu geben. Wenn Sie daher auch nur den geringsten Zweifel an der Natur Ihres Begehrens haben sollten, dann prüfen Sie es hinsichtlich seiner Eigenschaft des Gebens. Wird die Erfüllung Ihres Begehrens zu Ihrem Wohlergehen beitragen? Befähigt die Erfüllung Sie zum Ausdruck von mehr Leben, Liebe und Energie? Wie uns das Evangelium sagt, kam die göttliche Energie zur Erde, damit wir Leben und reiche Fülle haben ... *Ich bin gekommen, damit sie Leben und reiche Fülle haben* (Joh. 10:10). Das Begehren, zu geben — von Ihren Talenten, Ihren Fähigkeiten, Ihrer Liebe, Ihrer Genialität, Ihrer Herzlichkeit und Ihrem Wohlwollen, wird niemals zu einer Enttäuschung führen. All das wird von der uralten Wahrheit gestützt: »Je mehr Sie geben, desto mehr werden Sie haben.«

Ihr Begehren ›zu sein‹ — der große Heiler, der große Arzt, der große Lehrer, der große Sänger, Ihr Wunsch nach Selbstausdruck auf höchster Ebene ist gottgleich und gut.

Neuer Ausdruck

Gott wohnt in allen Menschen. Einige geben jedoch mehr von ihrer Göttlichkeit Ausdruck als andere. Ein Mensch mag fehlen und zu Fall kommen, seine Göttlichkeit jedoch kann er niemals verlieren. Der ärmste Penner auf der Straße ist eine Manifestation Gottes und nichts kann seine schließliche Entfaltung aufhalten.

Jesus hatte das erkannt, ungeachtet des Unsinns von einer ewigen Hölle, den seine Nachfolger aus seiner Lehre gemacht haben. Er züchtigte und kritisierte niemanden, die Heuchler ausgenommen. Es machte ihm nichts aus, sich in − wie die Heuchler es nannten − schlechter Gesellschaft zu bewegen. Ebenso war es mit Buddha. Sie hatten jeder erkannt, daß die Gegenwart Gottes jedem Menschen innewohnt − seien es Schurken oder Heilige.

Erhöhen Sie den Gott in Ihrer Mitte. Tun Sie das oftmals am Tag. Und grüßen Sie auch die Göttlichkeit in jedem Menschen, der Ihnen begegnet. Wenn Sie das tun, dann wird die Herrlichkeit Gottes mehr und mehr durch Sie hindurchscheinen, denn es gibt kein Ende für des Menschen Herrlichkeit.

Die Räder innerhalb der Räder

Ihr Konzept von sich − Ihre Selbsteinschätzung bestimmt den Freundeskreis, den Sie haben, Ihren gesellschaftlichen und beruflichen Status, Ihre finanziellen Gegebenheiten und alle Phasen Ihres Lebens. Diesen Kreis vermögen Sie ständig zu vergrößern, durch Erweiterung Ihres Konzepts und Ausdehnung Ihres Horizonts. Der Durchmesser bestimmt den Umfang eines Kreises. Ihr Durchmesser ist Ihre wahre Meinung von sich selbst.

Wieviel sind Sie sich wert − mental, spirituell und bezüglich Ihrer Kenntnisse der geistigen Gesetze? Jeder von uns lebt in einer anderen Welt. Sie gründet sich auf unsere frühe Erziehung, auf Indoktrinationen, auf Überzeugungen, Meinungen, theologischer Aufbereitung etc. Wir alle blicken durch die Brille unserer eigenen Mentalität, und jeder von uns erblickt eine andere Welt. Die Welt, die wir sehen, ist die Welt, die wir sind.

Jeder von uns verfügt über seine eigene private Welt des Denkens, der Meinungen, Überzeugungen und Vorstellungen. Der Rundfunkingenieur kann mehrere Programme zur gleichen Zeit ausstrahlen, ohne daß sie miteinander kollidieren, weil sie auf verschiedenen Frequenzen gesendet werden. Auch transatlantische Telefongespräche können gleichzeitig auf verschiedenen Frequenzen geführt werden.

Ihre Familie mag aus fünf Mitgliedern bestehen; dennoch lebt jeder einzelne davon in seiner eigenen Welt — ein Rad innerhalb eines Rades. Die Anzahl der Elektronen in unserem Körper wird von der Wissenschaft mit etwa einer Oktillion angegeben (unser Körper setzt sich zusammen aus Elektronen, Protonen, Atomen und Molekülen), aber jedes Atom oder Molekül ist eine Welt in sich selbst.

Der Unterschied zwischen zweierlei Metallarten gründet sich auf Anzahl und Schwingungsrate der Elektronen, die sich um den Atomkern drehen. Sehen Sie sich einen Silber- oder Goldbarren an. Wenn man sie mit wissenschaftlichen Instrumenten untersucht, dann stellt sich heraus, daß diese scheinbar so festgefügten Barren keineswegs solide sind, sondern sich aus Milliarden kleiner Welten zusammensetzen — aus ungeheuer schnell schwingender Energie — innerhalb eines Barren Silber, Gold oder auch Stahl.

Mediziner wissen, daß die Zellen, aus denen Ihre Augen bestehen, anders als die Ihres Knochengerüsts sind, und die Zellen Ihres Herzens sich wiederum von denen Ihrer Eingeweide beträchtlich unterscheiden. Jede Zelle funktioniert jedoch ihrer Natur gemäß und ist eine Welt innerhalb ihrer selbst. So können die Zellen Ihrer Bronchien beispielsweise nicht die Arbeit Ihrer Leber, Ihres Herzens oder Ihres Verdauungssystems verrichten.

Ihr Körper ist eine sehr komplexe Zusammensetzung von Atomen und Molekülen. Wenn wir der Sache auf den

Grund gehen, besteht er eigentlich aus Wellen von Licht. Darüberhinaus verfügen Sie noch über einen weiteren Körper innerhalb Ihres Körpers, den subtilen, vierdimensionalen oder Astralkörper. Es gibt Menschen, die imstande sind, ihren Körper zu verlassen und in ihrem Astralkörper an jedem beliebigen Ort der Welt zu erscheinen. Sie werden bis in alle Ewigkeit über einen Körper verfügen; Sie werden niemals ohne einen Körper sein, denn ein Körper ist das erforderliche Vehikel für den Ausdruck des Geistes.

Jeder von uns projektiert die Welt seiner Überzeugungen, seiner Gefühle und seiner emotionalen Beschaffenheit nach außen — auf andere Menschen, auf Umstände und Begebenheiten. Zwei Frauen beispielsweise, die eines Betrunkenen in der Gosse ansichtig werden, färben diesen Anblick mit dem, was sie innerlich fühlen. So mag die eine Mitleid mit dem Mann empfinden und sich der Gegenwart Gottes in ihm bewußt werden. Die andere Frau empfindet völlig anders — sie ist der Meinung: »Man sollte neue Medikamente lieber an ihm ausprobieren als an Meerschweinchen.« Sie mißbilligt das Verhalten dieses Mannes auf das Schärfste. Beide sehen den gleichen Mann, aber beide reagieren grundverschieden. Auf die gleiche Art projektieren wir unsere Emotionen, unser Temperament und unsere innere Beschaffenheit auf andere Menschen.

Sein und Tun

Nehmen wir einmal für einen Augenblick an, daß es Ihr größter Wunsch im Leben ist, ein großer Sänger zu werden, der durch seinen Gesang Tausenden oder sogar Millionen Freude und Glücksempfinden in ihr Leben bringt. Um diesen Wunsch Wirklichkeit werden zu lassen, setzen Sie sich zwei oder dreimal am Tag still hin, schließen sich gegen die äußeren Sinneseindrücke völlig ab und stellen sich vor, auf einer Bühne zu stehen und vor einem großen Publikum zu singen. Erklären Sie, daß Gott majestätische Kadenzen durch Sie zum Erklingen bringt – ein Gesang, der in die Herzen aller Menschen dringt. Fühlen Sie die Natürlichkeit dieser Imagination. Hören Sie die Glückwünsche, mit denen man Sie überschüttet, Glückwünsche von Ihnen nahestehenden Menschen zu Ihrem großartigen Erfolg.

Wenn Sie auf diese Weise meditieren, werden Sie bald feststellen, daß sich dieser Gemütszustand in Ihrem Unterbewußtsein verankert und alle erforderlichen Qualitäten und Attribute hervorgebracht bzw. wiedererrichtet werden, denn sie waren ja von allem Anfang an in Ihnen vorhanden und gegenwärtig. Bedenken Sie: Die Sphinx ist in Ihrem Innern. Sie ist Ihre bedingungslose Bewußtheit, das bedingungslose Gewahrsein, das Superbewußtsein, der Gott in Ihrem Innern.

Das ist die Sphinx oder der Mittelpunkt, um den herum sich alles bewegt. Es ist der ›unbewegte Beweger‹ aller Dinge. Die Welt, die Galaxien des Raumes und die Räder der Personalitäten drehen sich unablässig unterhalb des Einen, der ewig ist. Sie erschaffen das Unerschaffene, indem Sie das beanspruchen, was Sie sein oder haben wollen und es gefühlsmäßig als vollendete Tatsache in Besitz nehmen. Wenn Sie in diesem Mentalbild verharren, werden Sie die Freude der erfüllten Bejahung erleben.

Bande der Liebe

… aber sie wollten nicht erkennen, daß ich sie heilte, sie an mich zog mit Seilen der Huld, mit Banden der Liebe … (Hos. 11:3 – 4).

Um diesen vollkommenen Kreis ziehen zu können, muß Ihr Denken in Übereinstimmung und Harmonie mit der unendlichen Macht und Gegenwart sein. Dieser Zustand wird zuweilen als ›auf das Unendliche eingestimmt sein‹ bezeichnet. Wir sind keineswegs gezwungen, Liebe auszustrahlen, aber wir haben die Freiheit, zu lieben.

Liebe ist eine spontane und freudige Emotion, und wir verfügen über die Fähigkeit, sie zu geben oder zurückzuhalten. Es besteht keinerlei Zwang, zu lieben. Ein Freudegefühl kann nicht wirklich empfunden werden, wenn man nicht auch das Gegenteil kennengelernt hat. Wie könnten Sie sich richtig freuen, wenn Sie nicht auch das Leid kennen würden? Liebe muß frei verschenkt werden. Manch einer mag sich zu einer Art Liebe veranlaßt sehen, aus rein zweckmäßigen Gründen oder aus einem Gefühl der Abhängigkeit, aber das ist natürlich keine Liebe, wie sie hier gemeint ist. Wenn unser Denken auf das Unendliche eingestimmt ist, dann beschreiben unsere Gedanken einen perfekten Kreislauf und kehren zu uns zurück – zusammengefügt, gebündelt und überfließend.

Sind unsere Gedanken jedoch negativer Art, wie sie es beispielsweise sind, wenn wir uns in kritischen Äußerungen ergehen oder uns Gefühlen der Eifersucht oder des Mitleids hingeben – entweder für uns selbst oder für einen anderen Menschen (Mitleid = mitleiden) – dann sind wir nicht auf das Superbewußtsein eingestimmt; somit besteht auch keine Polarität. Der Kreislauf des Guten hat sich nicht gebildet.

Die Abhilfe für jedes Problem liegt in der Erkenntnis, daß der Sitz der Allmacht sich in unserem Innern befindet. Wenn wir unser Gemüt zur Ruhe gebracht haben, werden wir allmählich gewahr, daß alle Macht und Energie, die zur Überwindung einer jeden Situation erforderlich ist – gleichgültig, um was es sich auch handeln mag –, jetzt zu unserer Verfügung steht. Eine Batterie wird gebildet, indem gegenteilige Pole aus Zink und Kupfer miteinander verbunden werden, wodurch ein Stromkreis entsteht, der Energie erzeugt. Ein identischer Vorgang vollzieht sich, wenn wir meditieren. Unsere Gedanken müssen mit Energie aufgeladen sein oder durch Liebe emotionalisiert. In anderen Worten: Wir müssen eins werden mit unserem Ideal, indem wir den begehrten Zustand innerlich fühlen. Das ist die Polarisation des Denkens oder das Rad innerhalb der Räder.

Sie kamen von Eden

In Eden, dem Gottesgarten, warst du, bedeckt von allerlei Edelsteinen ... (Ez. 28:13). Vor Ihrer Geburt befanden Sie sich in Eden, dem paradiesischen Zustand, dem absoluten Zustand der Seligkeit. Ihr Vater und Ihre Mutter berührten während des Zeugungsaktes eine bestimmte Note, und der Geist oder das Absolute relativierte sich als Ihre Gestalt durch Ihre Eltern. Wir alle sind Räder innerhalb eines Rades — dem bewegungslosen Einen —, in dessen Innern sich dennoch alle Bewegung vollzieht.

Was ist ein Tag? Ein Monat? Ein Jahr? Eine Lebensspanne? Tausende Lebensspannen? Der Zeitbegriff endet für den, der sich nach innen wendet, sich dem zeitlosen Einen zuwendet und die Weisheit, die Kraft und die Herrlichkeit im Innern berührt. Tief in uns verankert befindet sich etwas, das uns an unseren Ursprung gemahnt und uns zu ihm zurückdrängt. Unsere Mission und Aufgabe in diesem Leben ist es, dieses Wissen zu hegen, zu erweitern und zu verherrlichen. Es ist an uns, diesem Impuls nach bestem Vermögen zu folgen, bis der Funke durch Kultivieren zu einem Licht wird, das uns erfüllt — mit dem wir uns voll identifizieren.

Eva, des Menschen Unterbewußtsein, entstand aus einer Rippe, während Adam schlief. Das ist selbstverständlich eine allegorische Darstellung. Die wirkliche Bedeutung ist die folgende: Es geschieht während des Schlafes, daß das Unterbewußtsein zutage tritt. ›Sie kam aus der Rippe hervor.‹ Die Symbolik der Rippe ist eine schützende, denn die Rippen schützen die lebenswichtigen Organe des Körpers.

110

Damit wird die schützende Natur des Unterbewußtseins treffend porträtiert.

Während des Schlafes übernimmt Eva das Amt oder die Funktion des Instrukteurs. Das Unterbewußtsein versorgt den Körper und regelt interne Vorgänge, die vom wachbewußten Verstand nicht kontrollierbar sind. Es heißt, daß Eva dem Mann auf Gedeih und Verderb untertan sei. Unser Unterbewußtsein ist dem wachbewußten Verstand auf Gedeih und Verderb untertan – völlig abhängig von ihm. Wir haben es jedoch mehr oder weniger verunreinigt. Ebenso wie wir es entwürdigt und mißbraucht haben, können wir es allerdings auch wieder reinigen, nämlich durch richtige Gedanken und Stimmungen.

Ihr Frauen, ordnet euch euren Männern unter ... (Eph. 5:22). Die Ehefrau steht in der Bibel für das Unterbewußtsein; der Mann ist der wachbewußte Verstand oder Intellekt. Psychologisch gesehen ist das Unterbewußtsein (die Frau) dem wachbewußten Verstand (Mann) untergeordnet oder ›untertan‹. Das Ganze hat also mit den Beziehungen von Eheleuten untereinander überhaupt nichts zu tun. Wir alle betätigen das männliche und weibliche Prinzip in unserem Innern unaufhörlich.*

In den antiken Lehrbüchern des Tarot sagen die alten hebräischen Mystiker: »Unterwürfig war sie ihrem Mann und Gebieter all die Tage ihres Lebens.« Des Nachts übernimmt das Unterbewußtsein die Führung; und je nach Ihrer persönlichen Stimmungslage unmittelbar vor dem Einschlafen, werden Sie Freude erfahren (sofern Ihre Gedanken gut und positiv waren) oder Sie bringen Unerfreuliches in Ihren Erfahrungsbereich, ganz besonders, wenn Sie sich in bedrückter oder gar turbulenter Stimmung zur Ruhe begeben

---

* S. Kap. 16 ›Die Bibel und die Gebundenheit der Frau‹ in meinem Buch *Ihr Weg zu innerer Sicherheit*, Verlag Peter Erd.

haben. Im letzteren Fall macht Eva (Ihr Unterbewußtsein) Ihnen klar, daß Sie die Dinge in verkehrter Weise handhaben und leitet Sie somit an, diese Haltung zu korrigieren.

Wenn Sie Ihr Gemüt mit ewigen Wahrheiten anfüllen und es mit Konzepten des Friedens, der Harmonie, des rechten Handelns und des guten Willens gegenüber jedermann beschäftigen, dann werden Sie damit alle Zweifel, Befürchtungen und andere im Unterbewußtsein lauernde Negativitäten erfolgreich beseitigen — Negativitäten, die sich dort festgesetzt haben, aufgrund vergangener Irrtümer und abergläubischer Vorstellungen. Ihr Unterbewußtsein ist auch imstande, Ihnen im Traum Warnungen zu übermitteln. Wenn Sie sich beispielsweise vor einer bestimmten Krankheit fürchten sollten, dann könnte Ihr Unterbewußtsein diese Befürchtung dramatisieren und Ihnen im Traum eine Situation zeigen, in der Sie sich in einem Klinikbett, umgeben von Ärzten und Schwestern, wiederfinden.

So etwas wie ein unentrinnbares Schicksal gibt es jedoch nicht — das sei hier eindringlich gesagt! Der erwähnte Traum ist ganz leicht zu erklären. Ihr Unterbewußtsein setzt sich nicht mit irgendwelchen Meinungen oder Tatsachen auseinander, sondern reagiert ausschließlich deduktiv — es führt im Grunde nur die Anweisungen Ihres wachbewußten Verstandes aus. Das Unterbewußtsein leitet seine Folgerungen also von Ihrer Krankheitsfurcht ab und verstärkt dieses Furchtgefühl, verpackt in eine Traumhandlung. Solch einen Traum können Sie, wie gesagt, verändern, durch Kontemplation der Schönheit und Vollkommenheit Gottes. Lassen Sie Ihr ganzes Sein davon durchdrungen werden und werden Sie sich bewußt, daß Gott in Ihrer Mitte Sie jetzt heilt. Freuen Sie sich und sagen Sie Dank, daß die unendliche Heilungsgegenwart jetzt in Ihnen tätig ist. Durchtränken Sie Ihr Gemüt mit diesen Wahrheiten unmittelbar vor dem Einschlafen und Ihr Unterbewußtsein wird entsprechend reagieren.

7

Frieden in dieser
sich verändernden Welt

Nach unserer Ankunft in Singapur — auch Kreuzung des
Orients genannt — besichtigten wir den berühmten Hafen,
die herrlichen Tempel, Chinatown, die Tiger Balm Gardens
und das Jadehaus. Es war ein überwältigendes Erlebnis, die
rassische und kulturelle Vielfalt dieser einzigartigen Stadt in
sich aufzunehmen.

Einen geradezu bezaubernden Anblick bieten die pittores-
ken Malayendörfer, die sich harmonisch in die Landschaft
der Kokosplantagen einfügen, wo Malayen, Chinesen und
Inder einträchtig nebeneinander arbeiten. Das Jadehaus
birgt eine der besten Jadesammlungen der Welt.

Das geschäftige Treiben am Singapur-Fluß ist ein unbeschreiblich schöner Anblick mit seinen Dschunken, Sam-
pans und Booten aller möglichen Bauarten und seinen
Dockarbeitern mit der Ladung auf den Schultern.

Bei einer Hafenrundfahrt erfreuten wir uns an den Ge-
betsgesängen unseres alten Bootsführers und seines Enkels.
Während der ganzen Bootsfahrt intonierten sie Gebete aus
dem Koran. Sie schienen völlig versunken zu sein, als sie die
uralten Sprüche aus ihrer heiligen Schrift sangen.

Auch hier hatten wir einen wunderbaren Fremdenführer,
der mit den Gesetzen des Geistes recht gut vertraut war.
Wie er uns erzählte, hatte er in frühester Jugend an seinem
Geburtsort in Indien miterleben müssen, daß dort Unrecht,

Ungesetzlichkeiten und Korruption zur Tagesordnung gehörten und die Bewohner diesem Treiben für eine lange Zeit hilflos ausgeliefert waren. Als jedoch eines Tages ein kleines Mädchen auf dem Schulweg belästigt wurde, empörten sich die Leute und jagten die lokalen Politiker aus ihren Ämtern.

Sein Vater hatte sich dabei besonders hervorgetan – er war sozusagen der erste, der ›seinen Kopf hingehalten hatte‹, getreu dem alten Sprichwort: »Die Schildkröte geht nur vorwärts, wenn sie den Kopf draußen hat.« Die Dinge hatten eben einen Punkt erreicht, an dem sie unerträglich wurden. Die allgemeine Korruption und das Überhandnehmen von Bordellbetrieben in der Nachbarschaft, dazu das Anwachsen der Kriminalität, alles das wollten die Leute nicht länger hinnehmen. Also erhoben sie sich und führten eine Änderung herbei.

Seien Sie sich im Klaren darüber, daß auch Sie imstande sind, größer, nobler und erfolgreicher zu werden, als Sie es jetzt sind. Dieser Fremdenführer war ganz einfach unzufrieden mit dem Mangel an Gelegenheiten in seiner Heimatstadt. Das störte ihn ganz erheblich, deshalb hatte er etwas dagegen unternommen. Er verließ das Land mit dem festen Entschluß, zu reisen, Fremdsprachen zu lernen und sich eine College-Bildung zu erwerben. Sein Entschluß – seine klare Entscheidung – veranlaßte wiederum sein Unterbewußtsein, ihm den Weg zu öffnen. Damit verwirklichte er sich seinen Herzenswunsch und fand seinen Frieden in dieser sich verändernden Welt.

Unzufriedenheit führt zur Zufriedenheit

Von mir selbst kann ich berichten, daß auch ich mich aufgelehnt hatte gegen das, was mir in meiner Jugend zugemutet worden war. Schon als Junge fand ich die orthodoxen Lehren, die man mir eingetrichtert hatte, völlig unbefriedigend, und ich revoltierte dagegen. Ich warf alle diese Lehren meiner frühen Kindheit über Bord und fand Befriedigung in den Gesetzen des Geistes und der Wirkungsweise des Unendlichen. Alle seine Wege sind Freude und seine Pfade sind Frieden. Ich fühlte mich von den falschen Doktrinen, den völlig unlogischen, unvernünftigen und unwissenschaftlichen Dogmen meiner Kirche ganz und gar verunsichert. Ich hatte erkannt, daß ich hier mit falschen Glaubensinhalten konfrontiert war — einem Falschglauben über Gott, das Leben und das Universum.

So entschloß ich mich, Bücher zu schreiben, um über das Leben und seinen Sinn Aufklärung zu vermitteln. Bislang sind es 32 veröffentlichte Bücher, von denen viele in andere Sprachen übersetzt worden sind. Sie sehen also: Es ist manchmal recht gut, sich von Dingen belästigt und herausgefordert zu fühlen. Sie könnten sich nämlich veranlaßt sehen, etwas Konstruktives dagegen zu unternehmen. Damit finden Sie dann inneren Frieden und Satisfaktion.

Weshalb er ein Buch schrieb

Dr. Harry Gaze, Verfasser verschiedener geisteswissenschaftlicher Bücher, erzählte mir, daß er auf seinen weltweiten Vortragsreisen immer wieder auf seine Ansichten über den Tod, das Leben danach und das Jüngste Gericht angesprochen wurde. Einigermaßen inkommodiert von all diesen Fragen, schrieb er ein Buch mit dem Titel *Sie leben ewig*, das zu einem Bestseller wurde. Alle Belastungen und Unannehmlichkeiten hatte er sich, wie er sagte, damit von der Seele geschrieben und letztendlich eine große innere Befriedigung verspürt. Er konnte anderen Menschen begreiflich machen, daß es so etwas wie den Tod nicht gibt — sondern nur Leben — und daß Gott Leben ist und nicht sterben kann. Sein Leben ist Ihr Leben jetzt.

Sie können Frieden finden

Im Matthäusevangelium lesen wir: *Meinet nicht, daß ich gekommen sei, Frieden auf die Erde zu bringen. Ich bin nicht gekommen, Frieden zu bringen, sondern das Schwert. Denn ich bin gekommen, einen Menschen mit seinem Vater zu entzweien und eine Tochter mit ihrer Mutter und eine Schwiegertochter mit ihrer Schwiegermutter, und des Menschen Feinde werden die eigenen Hausgenossen sein* (Mat. 10:34 – 36).

Vor längerer Zeit hatte ich in einem Vortrag dargelegt, daß die Jungfrau Maria das ›ICH BIN‹ in uns repräsentiert, das zu unendlichen Konzeptionen seiner selbst befähigt ist – und buchstäblich genommen eigentlich ›Reines Meer‹ bedeutet. *Mare* heißt das Meer; das Wort *Jungfrau* in der Bibel bedeutet rein und unbefleckt – ich erklärte, daß es sich hier um die gleiche Versinnbildlichung handelt, wie bei Isis, der Göttin der 10 000 Benennungen; Maya, der Mutter des Buddha; der Sophia der Perser – und daß dieses Wort älter als das Christentum ist. Diese Feststellung ging einigen Zuhörern ganz offensichtlich auf die Nerven. Sie zeigten sich ziemlich verärgert darüber.

Ich konnte sie überzeugen, daß die Wahrheit zuweilen recht schmerzhaft sein kann, weil sie den Menschen wachrüttelt und ihn aus den Trübsinnigkeiten toter Dogmen und theologischer Verworrenheit herauswuchtet. Das wiederum veranlaßte sie, sich für die Gesetze des Geistes zu interessieren und sich mit intensiven Forschungen und Studien auf diesem Gebiet zu befassen. So wurde ihnen bewußt, daß sämtliche Charaktere der Naivität im Innern eines jeden Menschen zu finden sind. Diese Erkenntnis und die konsequente Anwendung der geistigen Gesetze brachten eine völlige Veränderung ihres Lebens mit sich. Wie sie mir später sagten, waren sie sehr froh darüber, daß ich sie aufgerüttelt hatte aus ihrer Trägheit, Lethargie und Selbstgefälligkeit.

Für die meisten Menschen wäre es in der Tat heilsam, wenn man sie aufrüttelte, auch wenn ihnen das auf die Nerven gehen sollte. Sie hätten es dringend nötig, aus der Massenpropaganda und den hypnotischen Suggestionen herausgelöst zu werden — befreit zu werden von falschen Glaubenssätzen, Doktrinen und Glaubensmeinungen, wie sie gerade auf dem Feld der Religion so üppig wuchern. Diese Menschen, von denen hier die Rede war, hatten die Gottesgegenwart in ihrem Innern entdeckt und Frieden gefunden, in dieser sich verändernden Welt.

Beruhigungsmittel bewirken keinen Frieden

Vor einiger Zeit erhielt ich einen Anruf von einer jungen Schauspielerin. Völlig verstört und furchterfüllt berichtete sie mir, ihr sei von einer Handleserin bedeutet worden, daß jemand einen Fluch über sie verhängt habe, den sie jedoch gegen eine Gebühr von 100 Dollar beseitigen könne. Nachdem sie die verlangte Summe gezahlt habe, sei sie dann erst recht mit den Nerven am Ende gewesen, sodaß ihr Arzt ihr ein starkes Sedativum verordnet hatte. Und jetzt ging sie, wie sie mir sagte, »nur noch auf dem Zahnfleisch«.

Ich erklärte ihr, daß es unerläßlich sei, die Ursache ihrer Aufregungen zu beseitigen. Ich wies sie eindringlich auf die Tatsache hin, daß die Verwünschungen anderer nicht die geringste Macht besitzen — daß keine Suggestion irgendeine Wirkung hat und daß die einzige Macht in ihrem Denken liegt. Sie hatte die negativen Suggestionen der Handleserin akzeptiert und sich zu eigen gemacht. Deshalb war die Reaktion, unter der sie jetzt zu leiden hatte, auf ihre eigene Gemütsbewegung zurückzuführen.

Nach meinen Anweisungen meditierte sie über den 91. Psalm, den großen Psalm des Schutzes in der Bibel — ein Psalm, der überall auf der Welt schon Menschen aus

Schiffskatastrophen, Feuerbrünsten, aus unheilbaren Zuständen und scheinbar hoffnungslosen Situationen befreit hat.

Durch stilles, gemächliches und bedeutungsvolles Wiederholen dieses großartigen Psalms begann sie sich einiger einfacher Wahrheiten bewußt zu werden. Sie wußte mit einem Mal, daß die unendliche Macht und Gegenwart — die einzige Macht überhaupt — sie durchströmt, als Harmonie, Frieden, Liebe, Freude, Schönheit und Kraft, wenn sie sich auf sie einstimmt und eingestimmt hält. Dieser einen Macht kann sich nichts entgegenstellen, dann sie ist allmächtig. Diese Erkenntnis vermittelte ihr ein Gefühl tiefen inneren Friedens.

Dann machte sie sich daran, Liebe und Wohlwollen auszustrahlen. Sie segnete die Handleserin und wünschte ihr alles erdenklich Gute. Sie hatte erkannt, daß sie durch bewußtes Ausstrahlen von Liebe, Wohlwollen, Herzlichkeit und Segnungen aller Art sich eine Immunität aufbaut und für niedere Schwingungen unerreichbar macht. Nun war sie befreit. Sie hatte den Frieden gefunden, der jede Vernunft übersteigt. Sie konnte jetzt über die negativen Suggestionen der Handleserin lachen, denn jetzt wußte sie, daß solche Prophezeiungen etwa genausoviel Macht besitzen wie ein Blasrohr, das auf ein Schlachtschiff gerichtet ist. Die Beruhigungspillen warf sie übrigens weg — sie waren nicht länger vonnöten. Sie hatte etwas gegen ihre Plagen unternommen und als Resultat ihren inneren Frieden gefunden.

Sie meinte, sich mit ihrem Leiden abfinden zu müssen

Vor einigen Monaten kam eine Dame zu mir in die Sprechstunde. Man hatte ihr bedeutet, daß ihre Arthritis unheilbar sei und daß sie sich damit abfinden müsse. Zu diesem Zeitpunkt nahm sie bereits 12 bis 14 Aspirintabletten täglich, was wiederum ziemlich unangenehme Nebenwirkungen mit sich brachte. Deshalb hatte sie zu Kodeintabletten Zuflucht genommen, um die Schmerzen zu lindern. Ihre Angehörigen hatten ihr eingeredet, ihr Leiden sei der Wille Gottes, den sie in Geduld und Demut zu ertragen habe. Eine solche Auffassung ist selbstverständlich nichts anderes als eine recht teuflische Pervertierung der Wahrheit, die unter anderem eindeutig feststellt: *Kommt her zu mir alle, die ihr mühselig und beladen seid, so will ich euch Ruhe geben* (Math. 11:28). … *denn ich, der Herr, bin dein Arzt* (2. Mos. 15:26).

Diese Frau hatte die Lüge von der Unabänderlichkeit ihrer Leiden bereits angenommen und war in dumpfe Resignation verfallen. Als ihre Schmerzen jedoch unerträglich wurden, entschloß sie sich zur Anwendung geistiger Heilweisen. Es dämmerte ihr, daß ihre Leiden durchaus ein Segen für sie waren, jedoch entgegen der Auffassung ihrer Angehörigen keineswegs als unabänderliches ›gottgewolltes‹ Schicksal, das es geduldig zu ertragen gilt, sondern als eine versteckte Segnung, die uns vor Augen führt, daß wir die Kräfte unseres Gemüts mißbraucht haben und uns auf der Stelle um eine Korrektur dieses Zustands bemühen sollten. Genau das wollte sie jetzt tun.

Bei unserem Gespräch fand ich dann bald heraus, daß sie ein ›siedender Kessel‹ war und tiefsitzende Haßgefühle und Ressentiments ihrem Ex-Ehemann und dessen Mutter gegenüber hegte. Auf meine eindringlichen Vorhaltungen hin kam sie zu einer definitiven Entscheidung. Sie wollte ein neues Wertgefühl von sich erwerben, deshalb begann sie damit, sich als ein spirituelles Wesen zu schätzen – als Tochter des Unendlichen und als Kind der Ewigkeit. Dreimal täglich setzte sie sich still hin und bejahte 15 oder 20 Minuten lang wissend und fühlend: »Gott ist Liebe und diese Liebe Gottes durchdringt und sättigt meine Seele. Ich erhöhe Gott in meiner Mitte und sage Dank für die wunderbare Heilung, die sich jetzt vollzieht.« Jedesmal, wenn sich Gedanken der Feindseligkeit gegen ihren früheren Ehemann oder ihre Schwiegermutter in ihr Gemüt einschleichen wollten, bejahte sie sofort: »Die Liebe Gottes erfüllt meine Seele.« Damit neutralisierte sie jeden Zornes- oder Haßgedanken — sie schlug damit jedem von ihnen auf der Stelle den Kopf ab.

Nach Ablauf von drei Monaten kehrte die Bewegungsfähigkeit ihrer Gelenke wieder zurück und sie konnte jetzt wieder ohne Stock gehen. Inzwischen ist sie von allen Schmerzen befreit. Vorher schon hatte sie tapfer versucht, sich zu Gefühlen der Liebe und des Wohlwollens für diese beiden Menschen zu zwingen und war damit selbstverständlich nicht weitergekommen. Als sie jedoch begann, ihrem Unterbewußtsein göttliche Transfusionen der Liebe, des Friedens und der Harmonie zu verabreichen, löste die heilende Liebe Gottes alle die kalkhaltigen Ablagerungen in ihren Gelenken auf. Und als sie damit fortfuhr, sich als ein spirituelles Wesen zu sehen und zu schätzen, und dem Sonnenschein der Liebe Gottes Einlaß gewährte, verschwand aller Haß und jede Feindseligkeit. Diese Gefühle wurden von ihrem Unterbewußtsein ausradiert. Jetzt konnte sie an ihre früheren sogenannten Feinde denken, ohne dabei einen Stachel zu fühlen. Sie hatte inneren Frieden.

Er sagte: »Selbstverständlich bin ich angespannt«

Ein bekannter Musiker sagte mir kürzlich während einer Unterhaltung: »Ich fühle mich vor jedem Konzert sehr angespannt. Wenn ich nicht voller Anspannung bin, bevor ich spiele, dann kommt keine herausragende künstlerische Leistung zustande.« Wie er weiter sagte, habe er zu Anfang auf Anraten eines Bekannten ein Beruhigungsmittel genommen, um seine nervliche Anspannung zu mildern; daraufhin habe er nur eine mittelmäßige künstlerische Leistung erbracht. Das brachte ihn zu der Einsicht, daß diese Anspannung die notwendige Voraussetzung für ein hervorragendes Konzert war.

Er sagte: »Jetzt bin ich bis zu einem gewissen Punkt angespannt — etwa vergleichbar mit einer aufgezogenen Uhr. Wenn ich spiele, lasse ich die überschüssige Energie frei. Ich achte sehr genau darauf, mich nicht zu sehr anzuspannen und die Uhr nicht zu weit aufzuziehen, damit die Feder nicht zerspringt.«

Dieser Künstler ist ein weiser Mann. Er setzt seine musikalische Darbietung in Beziehung zu der aufgezogenen Feder seiner Armbanduhr. Die Feder gibt die angespannte Energie allmählich frei und hält damit das Uhrwerk in Gang. Dieser Virtuose hatte eingesehen, daß Sedativa oder Beruhigungspillen nicht das richtige für ihn waren. Andererseits war seine gewaltige Anspannung nichts anderes als eine Akkumulation göttlicher Energie, die ihn befähigte, die eingeschlossene Herrlichkeit freizusetzen, die er in sich trug. Er hatte die Anspannung völlig unter seiner Kontrolle und ließ sie in seine Musik einströmen, in göttlicher Ordnung. Das gab ihm Frieden und Serenität.

Wie er sich von starker Anspannung befreite

Ein junger Medizinstudent erzählte mir, daß er sich über seine Verwandten, bei denen er während seines Studiums wohnte, oft dermaßen ärgerte, daß er ihre Gesichter in der Sporthalle der Universität auf den Sandsack, die Boxbirne und den Punchingball gemalt habe und sie täglich eine halbe Stunde lang mit den Fäusten bearbeitet und daß er dabei jedem einzelnen seiner Verwandten etwa fünf Minuten ›widmet‹.

Er behauptete, dadurch von seinen aufgestauten Zorngefühlen befreit zu werden und daß er nur so vermeiden könne, bei nächster Gelegenheit dort mal auf den Tisch zu hauen. Ich wies ihn jedoch mit aller Eindringlichkeit auf die Tatsache hin, daß er mit jedem Schlag auf den Trainingsball die negativen Emotionen in seinem Innern nur noch verstärkt. Je mehr Zorngefühl und Feindseligkeit er mit dem Verprügeln des Trainingsgeräts auf seine Verwandten schleudert, desto schlimmer würde er sich im Endeffekt selbst fühlen.

Wenn es wahr ist, daß man Emotionen wie Zorn und Ärger nicht in sich hineinfressen, sondern sie zum Ausdruck bringen soll, um sich ihrer zu entledigen, dann ist das Gegenteil natürlich ebenso wahr: Um Liebe, Frieden, Herzlichkeit und Wohlwollen ›loszuwerden‹, muß man sie ausdrükken. Der einzige Unterschied besteht in dem Umstand, daß wir dabei an Liebe, Frieden, Harmonie und gutem Willen zunehmen. Je mehr wir von diesen Qualitäten zum Ausdruck bringen, desto gottgleicher und spiritueller werden wir. Es sind ja schließlich Gottes Eigenschaften und je mehr wir davon ausgeben, desto mehr werden wir besitzen. Je mehr Weisheit Sie anderen zuteil werden lassen, desto mehr werden Sie haben.

Eine geradezu teuflische Pervertierung der Wahrheit ist es jedoch, einem von Zorngefühlen fast aus den Nähten platzenden Menschen zu erzählen, daß er sich von solchen Emotionen nur befreien könne, wenn er sie zum Ausdruck bringt. Damit macht er sich nämlich in Wirklichkeit daran, Liebe, Frieden, Harmonie und Einsicht umzubringen. Und wenn er derartige Praktiken dann etwa noch beibehalten sollte, können diese Emotionen einen bestimmten Sättigungsgrad erreichen und ihn schließlich zerstören. Glücklicherweise konnte ich den jungen Mann überzeugen. Er verlor keine Zeit — er übergab seine Verwandten der göttlichen Macht und segnete jeden einzelnen von ihnen mit dem

Gedanken: »Ich preise den Gott in deinem Innern.« Nachdem er sich diese Gemütshaltung zur Gewohnheit gemacht hatte, gewann er inneren Frieden und seine Verwandten konnten ihn nicht länger irritieren. Er hatte erkannt, daß er sich im Grunde selbst irritiert hatte.

Machen Sie es dem Baum nach

Sie werden bemerkt haben, wie standhaft der Baum ist. Er biegt sich im Wind, aber er widersteht zumeist dem Sturm. Er bricht nicht so leicht auseinander. Ebenso sollten wir uns eine gewisse Biegsamkeit und Flexibilität in den Wechselfällen des Lebens aneignen. Lernen Sie, sich den Windstößen anzugleichen, in dem Bewußtsein, daß alles vorübergeht und Sie das Problem bei den Hörnern packen können. Machen Sie sich bewußt, daß Sie durch das Superbewußtsein — die schöpferische Intelligenz in Ihrem Innern — imstande sind, das Problem zu lösen.

... Haltet stand, so werdet ihr sehen, wie der Herr euch heute helfen wird (2. Mos. 14:13).

Die Ursache der Revolution

Ein international bekannter Korrespondent veranschaulichte neulich abends die eigentliche Ursache für die ständigen Unruhen und Bürgerkriege in einem mittelamerikanischen Land. Er wies nach, daß Geld die eigentliche Ursache war. Gewisse Leute in der Staatsführung waren durch und durch korrupt, Unredlichkeit war an der Tagesordnung, der Mann an der Spitze hatte seine ganze Verwandtschaft auf der Gehaltsliste und erhob für alle in das Land eingeführten Güter eine besondere Steuer. Verständlicherweise wollte die Oppositionspartei auch etwas von dem Kuchen abhaben. Als ihr das verweigert wurde, fingen ihre Führer einen Bürgerkrieg an.

Unermeßliche Verschwendung, Bestechung, hohe Steuern, sowie unredliches Gebaren beunruhigen die Gemüter zahlloser Männer und Frauen überall auf der Welt. Wenn diese Beunruhigung dann einen gewissen Sättigungsgrad erreicht hat, kommt es zur Explosion.

Einer unserer Mitreisenden fragte mich, wie es käme, daß die Reichen hierzulande den unbeschreiblichen Schmutz, die grassierenden Krankheiten, die entsetzliche Armut und die halbverhungerten Kinder in den Straßen ganz offensichtlich zu ignorieren scheinen. Die Antwort darauf lautet, daß dieser Anblick für sie nichts Außergewöhnliches ist, sondern zur Alltäglichkeit gehört. Sie schreiben den jämmerlichen Zustand dieser Kinder dem Karmagesetz zu. Sie sind überzeugt, diese Kinder hätten für Sünden in einem früheren Leben zu büßen — ein geradezu heimtückischer Glaube, der ihnen zudem die wirksame Ausrede für ihre Untätigkeit liefert. Solche äußeren Zustände stören diese Leute nicht im geringsten. Ihr religiöser Falschglaube beruhigt ihr Gewissen voll und ganz.

Lauschen nach innen

Emerson sagte: »Durch Lauschen nach innen können wir das Flüstern der Götter hören«, was bedeutet, daß wir alle eine Stimme der Intuition in uns haben, die uns veranlaßt, das Richtige zu tun. In uns befindet sich etwas, das uns anweist uns zu erheben, zu transzendieren und zu wachsen. Es offenbart uns, daß da etwas Größeres, Höheres und Herrlicheres auf uns alle wartet.

Diese innere Stimme zeigt einen Kontrast auf, zwischen unseren äußeren Gegebenheiten und unserem Herzenswunsch; damit erzeugt sie eine gewisse Anspannung und bewirkt für uns ein Gefühl des Unbehagens. Wir leben in einer inneren und in einer äußeren Welt. Diese Dualität unserer Natur ist recht einfach zu erklären: Das, was ICH BIN und das, was ich zu sein begehre, verursacht einen Widerstreit in meinem Gemüt. In anderen Worten: Sie und Ihr Wunsch. Ihr Wunsch nach Reichtum, Wohlergehen, Erfolg und den guten Dingen des Lebens kann in krassem Gegensatz zu Ihrer Umgebung, Ihrem häuslichen Leben und Ihrem finanziellen Status stehen.

Es ist Ihr Begehren nach den besseren Dingen und einem besseren Leben, das den inneren ›Drive‹ in Gang setzt — das Sie veranlaßt, sich aufzuraffen und sich im Leben vorwärts zu bewegen. Sie sind hier, um zu wachsen, sich auszudehnen und höher zu steigen — in allen Bereichen Ihres Lebens! Wenn Sie erst einmal aufhören zu träumen, emporzustreben und zu wachsen, und der Welt mehr von sich selbst — von Ihren Talenten und Fähigkeiten zu geben, dann stagnieren Sie und sterben spirituell.

Das Schwert

Wenn die Bibel sagt: *Ich bringe das Schwert*, dann bedeutet das ganz einfach, daß das Schwert trennt. Es trennt symbolisch das Falsche vom Richtigen, es trennt die Wahrheit von der Lüge — den falschen, irrtümlichen Überzeugungen der Welt. Mit dem Schwert der Wahrheit trennen Sie sich ab; Sie trennen sich ab von schädlichen Anhaftungen an falsche Gottesvorstellungen und sind nunmehr imstande, einen Gott der Liebe in Ihrem Gemüt zu inthronisieren.

Die Wahrheit verursacht einen Widerstreit in Ihrem Gemüt, weil sie einen Konflikt schafft, zwischen dem, was Ihnen einmal beigebracht worden ist und der tatsächlichen Wahrheit des Seins. Das Schwert der Wahrheit löst diesen Widerstreit jedoch auf, sobald Sie das ICH BIN — die innere Gottesgegenwart, das Superbewußtsein — als die alleinige Gegenwart, Macht, Ursache und Substanz erkennen. Wenn Sie diesem lebendigen allmächtigen Geist in Ihrem Innern Ihre ganze Treue und Loyalität angedeihen lassen, dann fallen alle die falschen Götter von Ihnen ab und Frieden hält Einzug in Ihr Gemüt und in Ihr Herz.

Ein Mensch mag sich mit seinem Vater entzweit haben, insofern, als er sich außerstande sieht, dessen antiquierte, möglicherweise groteske und haarsträubend absurde Religion weiterhin zu praktizieren. Es ist ihm beim besten Willen nicht mehr möglich, an einen Rachegott, an Höllenfeuer und Schwefel, an arme Sünder in den Händen eines erzürnten Gottes, an stellvertretende Erlösung, an die Erbsünde, an einen Erlöser, an einen See aus Feuer und einen ganzen Schwarm anderer Erkennungszeichen zu glauben — Schibboleths, zu absurd für Worte.

Das Gleiche würde auf Menschen zutreffen, die von der Wahrheit hören, die sie frei macht. Lassen Sie es mich mit aller Deutlichkeit sagen: Jede Religion, die dem Gemüt Furcht einflößt, muß eine falsche sein. ... *ich fürchte kein Unglück; denn du bist bei mir* ... (Psalm 23:4). *Fürchte dich nicht, du kleine Herde! Denn es hat eurem Vater gefallen, euch das Reich zu geben* (Luk. 12:32). Ihre Religion sollte Ihnen Freude, Glücksgefühl, Frieden und Sicherheit vermitteln. ... *Ich bin gekommen, damit sie Leben und reiche Fülle haben* (Joh. 10:10).

Viele Menschen leben in einem Zustand, den man am treffendsten als einen ›Pseudo-Frieden‹ bezeichnen könnte. Sie sind denkfaul, selbstgefällig und träge. Sie haben das Schwert der Wahrheit dringend nötig, um sich aus ihrem Zustand der Lethargie aufzurütteln.

Ich bin nicht gekommen, Frieden zu bringen, sondern das Schwert ist eine profunde Wahrheit. Das Gewahrsein der Gottesgegenwart in Ihrem Innern verändert Ihr ganzes Leben. Zu diesem Zweck hat es von Ihrem Gemüt Besitz ergriffen. Ihre innere Stimme fordert Sie auf: »Komm höher, ich brauche dich.« Sie will Sie erwecken, munter machen – aus Ihrem geistigen Schlaf rütteln.

Das Schwert der Wahrheit ist göttliche Aufklärung, mittels derer Sie alles in Ihrem Gemüt zurückweisen, das nicht mit den ewigen Wahrheiten und Prinzipien des Lebens einhergeht. Sie urteilen und folgern nur noch aus der Sicht der unveränderlichen Wahrheitsprinzipien – Prinzipien der Harmonie, der Liebe, des Friedens, des rechten Handelns und der Wirklichkeit. Sie weisen alle Irrtümer und Irrlehren zurück als völlig ungeeignet für das Haus Gottes. In anderen Worten: Sie folgen der biblischen Weisung: *Richtet nicht nach dem Anschein, sondern übt ein rechtes Gericht* (Joh. 7:24).

Er schob die Wahrheit beiseite

Vor einiger Zeit erhielt ich einen Anruf von einer ziemlich aufgebrachten Frau. Sie war mit einer Anfechtungsklage gegen das Testament ihres verstorbenen Mannes konfrontiert. Wie sie mir sagte, habe ihre Schwägerin falsche Angaben gemacht und ihr Anwalt habe die Wahrheit einfach vom Tisch gefegt, obgleich er genau wußte, daß seine Mandantin die Unwahrheit sagte. Sie sagte, dieser Anwalt stützte seinen Fall auf ein Gebäude von Lügen und falschen Behauptungen.

Ich empfahl ihr dringend, sich zusammenzunehmen und kühl und gelassen zu bleiben, damit das Gott-Selbst in ihrem Innern den Prozeß für sie gewinnen kann. Es war für sie unerläßlich, den Gedanken, ihre Schwägerin oder deren Anwalt verfügten über irgendwelche Macht, völlig fallen zu lassen. Dann würde ihre erhobene Vision sich durchsetzen.

Demgemäß bejahte sie wie folgt: »Die Wahrheit Gottes setzt sich durch. Göttliche Gerechtigkeit herrscht vor in den

Gemütern und Herzen aller Beteiligten. Es ist Gott in Aktion.« An diesem erhobenen Gemütszustand hielt sie fest. Jedesmal, wenn sich ein Furchtgefühl einschleichen wollte oder wieder falsche Versicherungen abgegeben wurden, bejahte sie still: »Gott ist am Werk.« Das Verfahren wurde daraufhin zu ihren Gunsten entschieden und die testamentarischen Verfügungen im Sinne ihres Mannes abgewickelt.

Die Gottesgegenwart in uns allen erscheint gegürtet mit einem Schwert und treibt uns vorwärts, aufwärts und gottwärts. Das Superbewußtsein spornt Sie immer an, vorwärts zu schreiten, versehen mit der Lampe der Wahrheit und dem Balsam des Friedens.

Die spirituellen Gewänder

Ziehet ein durch seine Tore mit Danken, in seine Vorhöfe mit Lobgesang ... (Psalm 100:4). Sie sollten die richtigen spirituellen Gewänder des Glaubens, des Vertrauens, des Wohlwollens und des Geistes der Vergebung und in freudiger Erwartung des Besten leben. Wenn Sie das tun, dann wird das Beste mit unfehlbarer Sicherheit zu Ihnen kommen.

Ein bekannter Psychiater erzählte mir einmal, daß einige Patienten seiner Klinik sich unentwegt die Kleidung vom Leib rissen und darauf bestanden, nackt herumzulaufen. Eine solche Neigung offenbart, daß es sich hier um mental und spirituell nackte Patienten handelt. Sie verfügen über keine Bekleidung für ihr Gemüt, wie Liebe, Frieden, Harmonie und Weisheit. Sie sind nicht mehr imstande, ihren Intellekt oder ihr Unterscheidungsvermögen zu gebrauchen und zu urteilen, daher setzt bei ihnen ein rapider Verfallsprozeß des Gehirns und anderer Organe ein.

Einer von ihnen behauptete, Cäsar zu sein, ein anderer Lincoln, ein anderer George Washington. Es waren Räuber, die in ihren Gemütern die Herrschaft übernommen hatten — die Räuber Haß, Eifersucht, Neid und Vergeltung. Sie beraubten sie ihres Friedens, ihrer Harmonie, ihrer Gesundheit. Ihre irrationalen Emotionen waren die Verursacher ihrer Geistesgestörtheit.

Wie der Arzt mir weiter berichtete, erhielt einer dieser sogenannten Wahnsinnigen täglich Besuch von seiner Schwester. Jedesmal sprach sie eindringlich auf ihn ein; sie sagte ihm, das Licht Gottes würde die Dunkelheit in seinem Gemüt vertreiben und er würde wieder völlig genesen. Die meiste Zeit hatte er sie garnicht erkannt und deshalb kaum beachtet. Wie sie dem Arzt sagte, hatte sie an ihrem Bruder Fernbehandlung praktiziert und dabei ständig bejaht: »Das Licht Gottes scheint im Gemüt meines Bruders und bewirkt die restlose Heilung.«

Drei Monate vergingen; dann, eines Morgens sprach er sie an. Er sagte, daß er das Licht gesehen habe — ein strahlendes Licht habe sein Gemüt überflutet — und er sei jetzt geheilt. Und tatsächlich ergab eine gründliche Untersuchung durch die Psychiater, daß hier eine vollständige Heilung stattgefunden hatte, sodaß er als völlig gesund entlassen werden konnte. Er hatte Frieden gefunden in dieser sich verändernden Welt. Der unerschütterliche Glaube seiner Schwester an die Heilkraft des Superbewußtseins wurde seinem Unterbewußtsein übermittelt und er wurde geheilt.

»Mehr Dinge wurden durch Gebet zustandegebracht, als diese Welt sich träumen läßt.«

8

Die wahre Bedeutung von
›Sie sind, was Sie essen‹

Eine Reise nach Hongkong ist etwas Unvergeßliches. Es war mein nunmehr vierter Besuch in dieser malerischen britischen Kronkolonie am Rande des chinesischen Festlandes. Beim Landeanflug bietet sich dem Reisenden ein unbeschreiblich schönes Bild — der Blick auf einen der schönsten Hafen der Welt.

Hongkong ist eine faszinierende, farbenfrohe Stadt, wimmelnd von Menschen — eine Stadt mit vielen Vorzügen, hingestreckt entlang der Felsenküste. Das Flüchtlingsproblem scheint man dort inzwischen in den Griff bekommen zu haben. Jedenfalls erschien mir die Situation besser als beim letzten Besuch einige Jahre zuvor. Inzwischen hat die Regierung für angemessene Unterkünfte gesorgt und auch Schulen sowie Lehrmittel sind in ausreichender Menge vorhanden.

Wir unternahmen auch eine Rundfahrt durch Kau-Lun und die neuen Stadtteile. Wir fuhren durch pittoreske alte Dörfer bis dicht an den Bambusvorhang. Eine Hafenrundfahrt an Bord einer chinesischen Dschunke ist ein Erlebnis ganz besonderer Art.

Das Fischerdorf Sherdein, ein früherer Piratenunterschlupf, hat eine ganz besondere Atmosphäre. Unsere Mahlzeit auf dieser Rundfahrt nahmen wir in einem schwimmenden Restaurant ein.

Ihr seid Kinder des Herrn, eures Gottes. Ihr sollt euch nicht Einschnitte machen, noch euch kahlscheren über der Stirn um eines Toten willen.

Denn du bist ein dem Herrn, deinem Gott, geweihtes Volk, und dich hat der Herr aus allen Völkern, die auf Erden sind, für sich erwählt, daß du sein eigen seiest.

Du sollst nichts Abscheuliches essen.

Dies sind die Tiere, die ihr essen dürft: Rind, Schaf und Ziege, Hirsch, Gazelle, Dammhirsch, Steinbock und die Antilopenarten, und alle Tiere, die gespaltene Klauen, und zwar zwei ganz durchgespaltene Klauen, haben und Wiederkäuer sind unter den Tieren, die dürft ihr essen.

Doch dürft ihr von denen, die wiederkäuen, und von denen, die ganz gespaltene Klauen haben, folgende nicht essen: das Kamel, den Hasen, den Klippdachs — denn sie sind zwar Wiederkäuer, haben aber keine ganz gespaltenen Klauen; als unrein sollen sie euch gelten.

Und das Schwein; denn es hat zwar gespaltene Klauen, und zwar ganz durchgespaltene Klauen, ist aber kein Wiederkäuer; als unrein soll es euch gelten. Von seinem Fleisch dürft ihr nicht essen, und seinen Leichnam dürft ihr nicht berühren.

Dies ist's, was ihr essen dürft von allem, was im Wasser lebt: Alles, was Flossen und Schuppen hat, dürft ihr essen. Was aber keine Flossen und Schuppen hat, dürft ihr nicht essen; als unrein soll es euch gelten.

Alle reinen Vögel dürft ihr essen. Diese aber sind es, von denen ihr nicht essen dürft: der Adler, der Lämmergeier, der Bartgeier, die Weihe und die Falkenarten, alle Rabenarten, der Strauß, die Ohreule, die Möwe und die Habichtarten, das Käuzchen, der Uhu und die Eule, der Pelikan, der Aasgeier und der Sturzpelikan, der Storch, die Reiherarten, der Wiedehopf und die Fledermaus. Und alles geflügelte Geziefer soll euch als unrein gelten; es darf nicht gegessen werden.

Alle reinen geflügelten Tiere dürft ihr essen.

Von irgendeinem Tierleichnam dürft ihr nicht essen; dem Fremdling, der an deinem Ort wohnt, magst du es zum Essen überlassen oder es einem Ausländer verkaufen; denn du bist ein dem Herrn, deinem Gott, geweihtes Volk. Du darfst ein Böcklein nicht in der Milch seiner Mutter kochen (5. Mos. 14:1—21).

Die Idee zu diesem Kapitel kam mir während des Essens in diesem hübschen schwimmenden Restaurant. Auch diese Mahlzeit war ein Erlebnis ganz besonderer Art. Wir hatten ein Menü gewählt, das aus verschiedenen Fischarten bestand. Eine Arzthelferin an unserem Tisch sagte: »Wir sind, was wir essen.« Wenn etwas wahr ist, dann ist es in einer bestimmten Hinsicht wahr. Wenn es im Vaterunser heißt: *Unser täglich Brot gib uns heute* (Luk. 11:3), dann ist damit selbstverständlich nicht das Brot auf dem Tisch gemeint, sondern vielmehr das Brot des Himmels, also das Brot des Vertrauens, des Glaubens, des Wohlwollens und des Lachens.

Der Mensch sollte sich von Stimmungen und Emotionen nähren, die ihn animieren, stärken und erhalten. Selbstverständlich benötigen wir Nahrung für unseren Körper wie Proteine, Vitamine und Mineralien, um ihn in guter Verfassung zu erhalten, aber ... *Der Mensch lebt nicht vom Brot allein* ... (Luk. 4:4). Er muß auch nährende Gedanken haben — Gedanken, die heilen, segnen, inspirieren und seine Seele erheben und veredeln. Wie könnte ein Mensch leben ohne ein Mindestmaß an Frieden, Harmonie, Liebe, Glaube an Gott und alles Gute?

Unser Gemüt muß ernährt werden. Wenn unser Gemüt mit Negativitäten angefüllt ist, wie Furcht, Anspannung, Besorgnis und bösen Vorahnungen, dann ziehen solche Emotionen alle Arten von Behinderungen und Leiden nach sich. Es ist daher unerläßlich für den Menschen, immer in freudiger Erwartung des Besten zu leben. Dann wird er sehr bald feststellen, daß das Beste mit unfehlbarer Sicherheit zu ihm kommt. Wir bekommen im Leben immer das, was wir erwarten. Erwarten Sie deshalb immer das Höchste und Beste. Geben Sie sich auf keinen Fall mit dem Zweitbesten zufrieden.

Wie oft sind sie schon von einer festlichen Tafel aufgestanden — einer Tafel, angefüllt mit den delikatesten Leckerbissen — und fühlten sich dennoch hungrig — hungrig nach Liebe, Frieden, innerer Freude oder einer anderen Sättigung, die keines der leckeren Gerichte auf der Tafel herbeizuführen vermochte? *Selig sind, die hungern und dürsten nach der Gerechtigkeit; denn sie werden gesättigt werden* (Mat. 5:6). Bedenken Sie, daß Sie durch Ihr spirituelles Erbteil mit allen Kräften und Fähigkeiten ausgestattet sind, um zu siegen und ein Leben des Triumphes zu führen.

Besser ein Gericht Gemüse mit Liebe als ein gemästeter Ochse mit Haß (Spr. 15:17). Sie können die erlesensten Speisen essen; wenn Sie jedoch zornig, voller Ressentiments oder mit Haßgefühlen angefüllt sind, dann verwandeln diese Speisen sich in ein verheerendes Gift. Nichts ist gut oder schlecht — erst das Denken macht es dazu.

Einer meiner Tischnachbarn — ein japanischer Arzt — erzählte, daß die Japaner seit dem Zweiten Weltkrieg eine Menge Weizen verzehrt hätten und die Menschen dort seither eine Zunahme an Körpergröße verzeichneten, aufgrund der im Weizen enthaltenen Vitamine und Mineralien. Unsere Körper bestehen ja nicht nur zu 75 — 80% aus Wasser, sondern zugleich aus Chemikalien in beträchtlicher Anzahl, die aus Gemüse und Salaten bezogen wurden, sowie aus Proteinen, die wiederum aus Fleischnahrung stammen. Jeder Soldat auf einem Gewaltmarsch an einem heißen Tag weiß, wie wichtig Sodiumchlorid oder Salz für den Körper ist. Ebenso sind Potasche, Iodin und andere Chemikalien für das reibungslose Funktionieren unseres Organismus erforderlich.

Nahrung ist also wichtig für uns, jedoch durchaus nicht vorrangig. Wir dürfen dabei nicht den Ursprung aller Nahrung vergessen — das Lebensprinzip in unserem Innern — das Prinzip, das alle Dinge erschafft. Blicken Sie auf den Schöpfer; nicht auf das Erschaffene. In anderen Worten: Wir sollten nicht nur die physische Nahrung als Quelle unserer Gesundheit ansehen. Wir sollten erkennen: ... *denn ich, der Herr, bin dein Arzt (2. Mos. 15:26)* und ... *euch geschehe nach eurem Glauben* (Mat. 9:29).

Kürzlich sprach ich mit einer Dame, die als Diätexpertin für eine große Klinik tätig ist. Diese Dame war promovierte Ernährungswissenschaftlerin, dennoch litt sie unter chronischer Arthritis und Gebärmutterkrebs. Sie gab freimütig zu, daß ihre Mentalnahrung in der Hauptsache aus Ressentiments, Feindseligkeit und unterdrückten Zorngefühlen ihrem Ex-Ehemann gegenüber besteht. Als sie jedoch begann, sich als spirituelles Wesen zu sehen und ihr göttliches Erbteil beanspruchte, kehrte die Biegsamkeit ihrer Gelenke plötzlich zurück — sie wurde wieder voll bewegungsfähig und auch der bösartige Tumor löste sich völlig auf. Ihre Bejahungen erstreckten sich auch auf ihren Arzt, der daraufhin seine Behandlungsmethode revidierte, was ebenfalls erheblich zu ihrer Heilung beitrug.

Ihre hauptsächliche Bejahung war: »Gott in meinem Innern heilt mich jetzt. Seine Liebe erfüllt jedes Atom meines Seins.« Diese einfache Bejahung wandte sie sehr oft innerhalb ihres Tagesablaufs an. Jedesmal, wenn sich Groll- oder Zorngefühle in ihr Gemüt einschleichen wollten, sagte sie sich sofort: »Gottes Liebe erfüllt meine Seele und er macht mich jetzt gesund.« Dabei machte sie nicht den Versuch, sich zu Gefühlen der Liebe für ihren Ex-Ehemann zu zwingen — das wäre ein verhängnisvoller Fehler gewesen — sondern sie erfüllte ihr Unterbewußtsein mit der Liebe Gottes, in dem Wissen, daß dadurch alle Ressentiments, Feindseligkeiten und Haßgefühle aufgelöst würden (und selbstverständlich wurden sie es auch). Die Liebe treibt alles aus, was ihr nicht gemäß ist. Nach einigen Wochen dieser spirituellen Therapie konnte sie an ihn denken, ohne dabei einen Stachel zu fühlen. Sie hatte inneren Frieden und ist von Krebsleiden und Arthritis befreit.

So, wie auf den Körper eingewirkt wird, so reagiert er. Diese Frau entschied sich für eine Melodie der Liebe anstatt einer des Hasses, mit der sie auf ihren Körper einwirkte, und ihr Körper reagierte entsprechend. Geist und Materie sind eins. Ihr Körper ist die Manifestation des Geistes oder Gottes — das Superbewußtsein. Ihre Gedanken — Ihre Denkmuster — fungieren als Mittler zwischen dem unsichtbaren Geist und dem manifestierten Zustand.

Im 5. Buch Mose (Deuteronomium), Kapitel 14, das wir hier näher betrachten, finden wir einige der wichtigsten Feststellungen in der Bibel. Im ersten Vers wird erklärt, daß Sie ein Kind des Unendlichen sind und sich keine Einschnitte machen sollen. Das bedeutet: Sie sollten sich kein mentales Trauma aufbürden, wie etwa Selbstverurteilung, Haß, Furcht, Ressentiments etc., da alles das Verwundungen Ihrer Seele (oder Ihres Unterbewußtseins) sind, die zu schwärenden Eiterherden in den geheimen Winkeln Ihres tieferen Bewußtseins werden und Ihr ganzes System psychisch verseuchen.

Denn du bist ein dem Herrn, deinem Gott, geweihtes Volk ... (5. Mos. 14:2). Der heilige Eine befindet sich in Ihrem Innern. Und weil dieser Eine vollkommen ist, heil, die Allharmonie, vollkommener Frieden, grenzenlose Liebe und unendliche Intelligenz, deshalb laufen alle seine Aufgaben und Funktionen in Ihrem Körper synchron und arbeiten in perfekter Harmonie zusammen. Gott — das Superbewußtsein — lebt in Ihnen, es ist das Lebensprinzip in Ihrem Innern. Es ist in sich heil, vollständig und perfekt. Heilig bedeutet Heilsein, d. h. wir sollten harmonisch, ruhig und friedvoll funktionieren, in allen Bereichen unseres Lebens.

Das Lebensprinzip wirkt mit uneingeschränkter Perfektion durch uns, sofern wir es ungestört wirken lassen und nicht durch falsche Anwendung des Gesetzes behindern.

Moses repräsentiert das Gesetz des Gemüts, das da lautet: *... denn wie er in seinem Herzen denkt, so ist er* (Spr. 23:7). In einfacher Sprache ausgedrückt heißt das: Was immer ein Mensch seinem Unterbewußtsein aufprägt, das wird in seinem Erfahrungsbereich zum Ausdruck kommen.

Du sollst nichts Abscheuliches Essen (5. Mos. 14:3). In anderen Worten: Du sollst keine negativen und destruktiven Ideen und Meinungen zu dir nehmen — sie nicht vereinnahmen, absorbieren und innerlich verarbeiten. Das ist mit dem Begriff ›essen‹ in der Bibel gemeint. Er bezieht sich also auf ein mentales oder spirituelles Annehmen. Wir alle werden durch unsere fünf Sinne gespeist, morgens, mittags und abends. Den ganzen Tag lang sehen, hören, fühlen, schmecken und berühren wir irgendetwas. Tag für Tag sind wir allen möglichen Eindrücken ausgesetzt, von denen nur zu viele höchst destruktiv sind. Unsere wirkliche Mentalnahrung und Mentaldiät sollte aus ewigen Wahrheiten zusammengesetzt sein — aus den Wahrheiten Gottes, die uns heilen, segnen, fördern und inspirieren. Wir sind das, was wir den ganzen Tag lang essen (denken).

Allein im Verlauf eines einzigen Tages empfangen wir eine Unmenge von Ideen, Meinungen, Überzeugungen und auch einige Wahrheiten. Sie alle imprägnieren unser Unterbewußtsein. Und alle diese Impressionen kommen aus den unbewußten Tiefen wieder zum Vorschein und stellen sich dar als Erfahrungen und Begebenheiten in unserem täglichen Leben. Unser Bewußtseinszustand umfaßt die Art unseres Denkens, Fühlens, Glaubens und alles, dem wir geistig zustimmen. Unser Bewußtseinszustand ist unser Herr und Meister. Unsere Idealnahrung sollte daher aus der Kontemplation aller Qualitäten, Attribute und Schöpferkräfte Gottes bestehen, denn wir werden zu dem, was wir kontemplieren. Unsere mentale Verfassung, die Beschaffenheit unseres Bewußtseins kann möglicherweise gemein, ekelhaft, unbarmherzig, deprimierend und gehässig sein, sie hängt ausschließlich von der mentalen Nahrung ab, die wir zu uns genommen haben.

Wenn die Bibel uns anweist: *Dies sind die Tiere, die ihr essen dürft* (5. Mos. 14:4), dann ist das in Symbolsprache ausgedrückt. Der Begriff *Tier* steht für Emotion, einen animierten Gemütszustand. Ein Tier urteilt nicht kritisch, wie der Mensch. Das bedeutet: Das Tier analysiert nicht, erwägt nicht, zergliedert nicht, untersucht nicht und vergleicht nicht die Pros und Kontras, wie das menschliche Wesen es üblicherweise tut. Wenn ein Hund ein Kind aus dem Wasser rettet oder bei einem Lawinenunglück den Schnee beiseite kratzt, so ist bei dieser Handlung ein gewisser Grad subjektiven Schlußfolgerns im Spiel. Dieses subjektive oder instinktive Schlußfolgern ist auch bei vielen anderen Tieren zu beobachten. Ein Tier verfügt jedoch nicht über den Denkmechanismus eines Menschen. Tiere werden von einem subjektiven Instinkt beherrscht — sie sind nicht imstande, intellektuell zu wägen oder spirituell zu folgern. Sie sind außerstande, ihre Natur zu verändern.

Jeder Alkoholiker, jeder Rauschgiftsüchtige und auch jeder Verbrecher verfügt über die Befähigung zu wählen und kann somit zu einer Entscheidung gelangen. Durch die Kraft des Superbewußtseins kann er ein neues Leben anfangen, das ihn vorwärts, aufwärts und gottwärts führt. Jeder Mensch ist imstande, sein emotionelles Leben umzuändern. Wenn er es wünscht, kann er zu einem gottgleichen Menschen werden und das erfahren, was man gemeinhin als spirituelle Wiedergeburt bezeichnet. Er wird somit zum erneuerten Menschen. Gefühle wie Zorn, Furcht, Haß, Eifersucht, Feindseligkeit etc. werden als irrationale Emotionen bezeichnet — sie gründen sich nicht auf göttliches Urteilen … *Erwählet euch heute, wem ihr dienen wollt* (Jos. 24:15).

Wir sind hier, um zu wählen, d. h. um das Gute anzunehmen und die Negativitäten des Lebens zurückzuweisen. Wenn wir äußeren Zuständen und Begebenheiten Macht zuerkennen und solche Äußerlichkeiten als ursächlich ansehen, dann ruft eine solche Einstellung mißtönende Emotionen in uns hervor, die in unserem Leben verheerende Auswirkungen haben können. Wir sind hier, um zu lernen, daß alle Äußerlichkeiten eine Wirkung darstellen – daß ihnen somit keine ursächliche Funktion zugeschrieben werden kann – und daß infolgedessen andere Menschen, Zustände und Begebenheiten, die uns das Gegenteil suggerieren wollen, über keinerlei Macht verfügen, sich querzulegen oder uns in unserem Weiterkommen zu behindern.

Die Wahrheit ist vielmehr: Die Allmacht befindet sich in unserem Innern. Wenn wir uns daher mit dem Vater in uns verbinden, in dem Wissen, daß die Gottesmacht uns durchströmt, dann halten wir unser Gedanken- und Gefühlsleben friedvoll und harmonisch. Das Massengemüt wirkt unentwegt auf uns alle ein. Das ist der Grund, weshalb wir ständig positiv ›aufgeladen‹ sein müssen. Betrachten wir einen Moment lang die falschen Glaubensmeinungen, Dogmen und Gottes- und Jenseitsvorstellungen, die uns eingetrichtert wurden, als wir klein waren. Diese eingeimpften Ängste und Befürchtungen lauern möglicherweise nach wie vor in geheimen Winkeln unseres Unterbewußtseins. Das sind – in der Sprache der Bibel – die unreinen Tiere.

Wir sind jedoch glücklicherweise imstande, den Inhalt unseres Unterbewußtseins zu verändern, indem wir unser Gemüt mit den unveränderlichen Wahrheiten Gottes anfüllen, die alles hinausdrängen, das nicht gottgleich ist. Und wird in diesem biblischen Kapitel gesagt, wir dürften das Rind, das Schaf und die Ziege essen, … *und alle Tiere, die gespaltene Klauen, und zwar zwei ganz durchgespaltene Klauen, haben und Wiederkäuer sind unter den Tieren, die dürft ihr essen.*

Es ist natürlich unumgänglich, sich der symbolischen Bedeutung dieser Worte bewußt zu werden. Die große Weisheit der Bibel kann nur verstanden werden durch korrekte Interpretation ihrer Symbolik.

Das Rind und das Schaf spalten die Klauen, was bedeutet, daß von Ihnen erwartet wird, die Dinge zu durchdenken — die Spreu vom Weizen zu trennen, das Falsche vom Wahren. In anderen Worten: Sie müssen die Dinge aus spiritueller Sicht und von den Prinzipien des Lebens ausgehend beurteilen, und alles Falsche und Unwahre zurückweisen. Sie müssen hinsichtlich der Lebensprinzipien zu einer Entscheidung kommen und die Wahrheit erwählen — die Wahrheit, die sich niemals verändert. Sie dürfen nicht länger nach den Erscheinungen urteilen, sondern ausschließlich den ewigen Wahrheiten gemäß — so, wie der Mathematiker zu den Schlüssen aufgrund der Prinzipien der Mathematik gelangt.

Bei der Wahrheit angelangt, müssen Sie sodann ›wiederkäuen‹, was bedeutet, daß Sie über die Wahrheit meditieren müssen, sie durchdenken, assimilieren und sich einverleiben, und sie damit geistig absorbieren und verarbeiten, sodaß sie sich Ihrem Unterbewußtsein aufprägt und zu einem Teil Ihrer Selbst wird, ganz so wie ein Apfel, nachdem er verzehrt und verdaut wurde, zu einem Teil Ihres Blutstromes wird.

Denken Sie über die großen Wahrheiten des Lebens nach. Wenn Sie sie nähren und aufrechterhalten, dann werden Sie zu dem, was Sie kontemplieren. Das ist die Bedeutung des ›Wiederkäuens‹. Kühe grasen auf der Weide; wenn sie gesättigt sind, dann legen sie sich nieder zum Wiederkäuen. Das Gras, das sie gefressen haben, gelangt damit von einem Magen in den anderen. Durch den Prozeß des Wiederkäuens wird die unvollständig aufgelöste Nahrung erneut verarbeitet, bis sie zu einer weichen Masse wird, die dann leicht geschluckt werden kann.

Und genau das tun auch Sie, wenn Sie wirklich meditieren. Sie essen geistig von den Ideen, die Sie kontemplieren.

Dann finden Sie sich genötigt, das zum Ausdruck zu bringen, was sich in Ihrem Unterbewußtsein gefestigt hat. Sie könnten bei einem Examen über Metaphysik oder Philosophie glänzend abschneiden mit einer Dissertation, die auf einem rein intellektuellen Erfassen des Ganzen beruht; das würde noch nicht bedeuten, daß Sie die Wahrheitsprinzipien auch absorbiert und in Ihrem Herzen verankert haben. Dann haben Sie es versäumt, darüber zu meditieren, was bedeutet, daß Sie der Wahrheit nicht genügend Aufmerksamkeit gewidmet haben. Sie haben sie nicht lange genug reflektiert, um zu einem glasklaren Verständnis zu gelangen und sie zu einem lebendigen Teil Ihrer selbst werden zu lassen.

Lippen und Herz müssen übereinstimmen. Gehirn und Herz müssen sich vereinigen. Ihr wachbewußter Verstand muß mit Ihrem Unterbewußtsein synchron laufen und übereinstimmen. Dann haben Sie die Klaue gespalten und wiedergekaut — bildlich gesprochen. Dann geschehen Wunder in Ihrem Leben.

In Vers 7 des hier erörterten Kapitels heißt es, man solle nicht vom Kamel, dem Hasen und dem Klippdachs essen, denn sie seien zwar Wiederkäuer, hätten aber keine ganz gespaltenen Klauen. Das ist einfach zu verstehen: Millionen Menschen auf der ganzen Welt ›kauen‹ an allen Arten von Philosophien, Lehren und religiösen Kulthandlungen, aber sie haben dabei niemals die ›Klauen gespalten‹, d. h. sie haben die Dinge niemals in der Stille durchdacht und die Spekulationen des Massengemüts mit seinen Glaubensbekenntnissen, Dogmen und Theorien von der eigentlichen Wahrheit getrennt — der Wahrheit, die immer gleich bleibt, heute, morgen und in Ewigkeit.

Es gibt nur eine Wahrheit, ein Gesetz, ein Leben, ein Gott, den Vater aller; und die Grundlage aller religiösen Überzeugungen, gleichgültig, um welche es sich handeln mag, ist diese: *Wie er in seinem Herzen denkt, so ist er* ... (Spr. 23:7). In anderen Worten: Alle als wahr empfundenen

Gedanken, Ideen und Überzeugungen werden dem Unterbewußtsein aufgeprägt und kommen in der äußeren Welt zum Vorschein als Erfahrung, Zustand und Begebenheit.

Dieses Gesetz wirkt durch den gesamten Weltraum – es ist für uns alle gleichermaßen wirksam. Nicht auf den Gegenstand unserer Überzeugung kommt es an, sondern auf die Überzeugung selbst. Sie werden deshalb in jedem Fall Resultate erzielen, ob der Gegenstand Ihrer Überzeugung nun richtig ist oder falsch. Wenn Sie also fest davon überzeugt sind, daß die Knochen eines Heiligen oder seine Reliquien Sie von Ihrem Leiden heilen, dann wird diese unterbewußte Überzeugung selbstverständlich Resultate zeitigen. Es ist jedoch die in Ihrem Unterbewußtsein verankerte Überzeugung, die das Resultat herbeiführt und nicht irgendwelche Knochen oder Reliquien. Dasselbe positive Resultat würden Sie nämlich auch herbeiführen, wenn Sie die Knochen eines sogenannten Heiligen mit denen eines Hundes vertauschen. Wenn die heilungssuchende Person diese Knochen berührt in dem festen Glauben, es handele sich hier um die Knochen des St. Soundso, die ihr die ersehnte Heilung bringen, dann werden die Resultate mit mathematischer Sicherheit diesem blinden Glauben entsprechen.

Dann wiederum gibt es viele Menschen, die auf andere Weise Wiederkäuer sind. Diese Menschen behaupten, die Wissenschaft des Gemüts und die innere Bedeutung der Bibel zu studieren, dessen ungeachtet vertiefen sie sich in ihre Ouija-Bretter, befragen die Zahlen, machen den Einfluß der Sterne verantwortlich, suchen Antworten von abgeschiedenen Geistern zu erhalten etc. Sie alle sind verwirrt und durcheinander, weil sie niemals wirklich die Klauen gespalten haben und zu der glasklaren Erkenntnis gelangt sind, daß die Wahrheit Eine und zudem unteilbar ist.

Die Wahrheit ist: Ihr Denken und Fühlen bestimmt Ihr Schicksal. Ihre Zukunft ist die Manifestation Ihres gegenwärtigen Denkens und Fühlens. Das Gesetz des Lebens ist das Gesetz des Glaubens. Glauben Sie an Gottes Führung, Gottes Güte, Gottes Überfluß und Gottes Liebe. Glauben Sie an göttliches rechtes Handeln, göttliches Gesetz und göttliche Ordnung. Glauben Sie an die Prinzipien des Lebens und die Reaktion der unendlichen Intelligenz.

Wenn Sie Weisheit begehren und Lösung für Ihre Probleme suchen, dann wenden Sie sich an Gott; holen Sie sich keine Antworten von Zahlen, Ouija-Brettern, Horoskopen, Karten oder abgeschiedenen Geistern. *Wenn aber jemand von euch an Weisheit Mangel hat, erbitte er sie von Gott, der allen ohne weiteres gibt und nicht schilt, und sie wird ihm gegeben werden* (Jak. 1:15).

Die unreinen Tiere in der Bibel repräsentieren falsche religiöse Glaubenslehren, die Ihr geistiges Wachstum hemmen und Sie in Fesseln und Knechtschaft halten. Die Gemüter nur zu vieler Menschen werden von falschen Impressionen beherrscht, konsequenterweise ist ihr emotionales Leben sehr negativ. Weisen Sie alle Irrlehren und alle falsche Propaganda der Welt zurück; Sie sind der Tempel des lebendigen Gottes. Weigern Sie sich daher, etwas zu akzeptieren, das dieses Tempels unwürdig ist! Weisen Sie ungenießbare Nahrung zurück — ungenießbare Suggestionen jeglicher Art! Die Suggestionen anderer verfügen über keinerlei Schöpferkraft. Die schöpferische Kraft befindet sich in Ihnen — es sind Ihre eigenen Gedanken.

Äschern Sie alle negativen Gedanken ein mit dem Feuer der göttlichen Liebe. Dann spalten Sie die Klauen und dann wiederkäuen Sie. Dann meditieren Sie richtig und bewirken Gutes. Wir sind Wiederkäuer, wenn wir uns die großen Wahrheiten des Lebens hernehmen, sie eingehend betrachten und völlig darin aufgehen, bis zu dem Punkt, da sie sich unserer Mentalität völlig eingliedern und zu einem Teil unseres Selbst werden. Deshalb können Sie, wie Moses sagt, das Rind essen, weil das Rind beides tut — die Klauen spaltet und wiederkäut — und somit rein ist.

Das Schwein hat gespaltene Klauen, ist aber kein Wiederkäuer; deshalb gilt es als unrein. Viele Menschen kennen die Wahrheit; sie absolvieren Lehrgänge und hören Vorträge bei Unity, Science of Mind, Divine Science, CSA, Seicho-No-le etc., sie studieren Psychologie; und dennoch haben sie nichts davon in ihr System aufgenommen. In anderen Worten: Es handelt sich hier um ein rein theoretisches Wissen, mehr oder weniger um Lippenbekenntnis, das nicht in die Praxis umgesetzt wurde. Sie reden viel darüber, aber wenden nichts davon in ihrem täglichen Leben an. Die Wahrheiten Gottes müssen jedoch dem Unterbewußtsein einverleibt werden, dann sind wir gezwungen, ihnen Ausdruck zu geben. Das Gesetz des Unterbewußtseins ist die Kompulsivität (Zwang).

Das Kamel und der Hase sind unrein, weil diese Tiere zwar wiederkauen, aber nicht die Klauen gespalten haben. Hier sind Menschen gemeint, die auf alle mögliche Propaganda hören, die fast jede Religion ausprobieren und die verschiedensten Philosophien studieren. Sie mixen das Gute mit dem Schlechten durcheinander und sind ständig verwirrt, unsicher und neurotisch. Ängste und Befürchtungen sind mit Glauben vermischt, guter Wille mit ausgesprochener Bösartigkeit; und ebenso natürlich Frieden mit Schmerz.

Dann wird uns gesagt, daß wir Fische mit Schuppen und Flossen essen dürfen. Hier treffen wir auf eine der großen Allegorien der Bibel — auf eine profunde Wahrheit. Schuppen stehen für Schutz; wenn Sie sich bewußt machen, daß Sie von der alles überstrahlenden Gegenwart Gottes beschützt werden und zu jeder Zeit von der ganzen Rüstung Gottes umgeben sind, dann führen Sie ein zauberhaftes Leben.

Eine Flosse ist ein häutiges flügel- oder ruderartiges Anhängsel des Wassertieres, das zur Fortbewegung dient. Fische mit Schuppen und Flossen sind imstande, sich selbst zu steuern und sind nicht den Gezeiten und den Wogen des Meeres ausgesetzt, wie die hilflosen Seetiere ohne diese Vorrichtung. Letztere werden oftmals an den Strand gespült, wo sie dann verenden.

Wenn Sie sich auf Gott — das Superbewußtsein — als Ihren Führer und Berater im Leben verlassen, dann treiben Sie nicht mehr hilflos, denn Ihr alles beherrschender Gedanke an Gottes Führung hat die Kontrolle, und Sie werden auf die Wege der Freude und die Pfade des Friedens geleitet. Es ist allgemein bekannt, daß der Lachs immer an seinen Geburtsort zurückkehrt — und das trotz der größten Schwierigkeiten und gegen die stärksten Strömungen. Er hat Schuppen und Flossen.

Wenn negative Suggestionen über mögliche Niederlagen, Fehlschläge und Gedanken der Entmutigung in das Gemüt eines Menschen dringen, der ansonsten voller Glauben und Vertrauen ist, dann ringt dieser Mensch mutig mit diesen Problemen und kämpft gegen den Strom der Depression und Beklemmung an. Er richtet seine Gemütstätigkeit einzig und allein auf sein Ziel, seinen Herzenswunsch und erreicht sicher und unversehrt das rettende Ufer. Er muß siegen, denn das Unendliche in ihm versagt niemals.

Alle reinen Vögel dürft ihr essen bedeutet symbolisch, daß wir wie Vögel mit zwei Flügeln sind — den Flügeln des Denkens und Fühlens, den Elementen der schöpferischen Imagination. Mit ihnen können wir oberhalb aller Stürme der Welt dahingleiten — oberhalb allen Zankes und aller Streitigkeiten — und an dem geheimen Ort ruhen, wo alles Frieden, Harmonie und Glückseligkeit ist. Hier können wir verweilen, jenseits der Begrenzungen von Zeit und Raum, fern von den Meinungen und Auffassungen der Welt und unser Gutes beanspruchen. Der Geist löst den Scheck ein, den wir ihm präsentieren. Alles, was wir imaginieren und als wirklich empfinden, wird sich in der objektiven Welt verwirklichen.

Dann wird uns bedeutet, nicht vom Adler, vom Geier, dem Raben, der Eule und dem Habicht zu essen. Die genannten Tiere sind Raubvögel. Der Mensch soll seinen Mitmenschen nicht berauben. Er soll andere nicht bestehlen, betrügen oder übervorteilen, denn einen anderen zu bestehlen heißt, sich selbst bestehlen und damit Mangel und Begrenzung heranziehen. Solche Verluste können auf vielfältigste Weise in Erscheinung treten, als Verlust von Gesundheit, Prestige, Förderung, Liebe, von Freunden etc.

Vögel, die sich von totem Fleisch ernähren, sind gleichfalls von Moses geächtet. Lassen Sie die Vergangenheit ruhen. Die Vergangenheit ist tot. Viele Menschen verweilen geistig bei altem Verdruß, Groll, bei früheren Fehlschlägen, Verlusten, Rechtsstreitigkeiten etc., und infizieren sich mit solchen Gedanken immer wieder aufs neue. Sich Gefühlen der Eifersucht, des Hasses hinzugeben heißt, eine verdorbene Speise zu sich zu nehmen, die Sie Ihrer Gesundheit, Vitalität und Ihres Enthusiasmus beraubt und Sie zu einem physischen Wrack machen kann. Eine solche Mentalnahrung ist giftig. Deshalb sagte Moses, *Ihr sollt nicht von dem Geier, dem Falken ... essen ...*

Und alles geflügelte Geziefer soll euch als unrein gelten ... Viele Menschen kriechen geistig nur durch ihr Leben. Dabei ernähren sie sich ausschließlich von den Ansichten und Überzeugungen der Welt und versäumen es, sich zu erheben, zu transzendieren und zu wachsen. Wir müssen die verunreinigten und verstaubten Denkweisen der Welt hinter uns lassen und uns über sie erheben, indem wir erkennen, daß wir Kinder Gottes und damit Erben aller seiner Reichtümer sind. Es hat wenig Sinn, Flugversuche anzustellen, wenn Schlamm an unseren Flügeln klebt. Wir müssen spirituell erhoben werden, durch Kontemplation der Gegenwart Gottes.

Du darfst ein Böcklein nicht in der Milch seiner Mutter kochen ist eine biblische Feststellung von tiefsinniger Bedeutsamkeit. Das Böcklein ist ein Symbol des Opfers und Milch ist ein Symbol der Nahrung und ein universelles Lebensmittel. Das Böcklein — wohlgenährt — wächst heran und wird zu einem ausgewachsenen Ziegenbock, und niemand hat das Bedürfnis, ›einen Ziegenbock zu reiten‹. Wenn Sie sich beispielsweise tiefsitzenden Grollgefühlen hingeben oder etwas übelnehmen, dann nähren Sie damit ein Mentalgift, das sich ausdehnt und sich zu einem Tumor auswachsen kann. Sie können es sich nicht leisten, innerlich zu kochen, denn dann werden Sie zu diesem ›Ziegenbock‹, und bekommen die Resultate dieser mentalen Nahrung zu spüren. Nähren Sie sich geistig von allem, was liebenswert und gut ist, und Wunder werden geschehen in Ihrem Leben.

9

›Die fremde Frau‹
in ihrer biblischen Bedeutung

Dies ist meine dritte Reise nach Japan, dem Ursprungsland der Seicho-No-Ie-Bewegung, der größten Neugeist-Organisation in Fernost. Seicho-No-Ie heißt auf deutsch: ›Heimstätte des allumfassenden Lebens, der Wahrheit und der Fülle.‹ Gegründet wurde Seicho-No-Ie von Dr. Masaharu Taniguchi, dem Gandhi Japans, wie er zuweilen liebevoll genannt wird. Seine grundlegenden Lehren sind identisch mit denen aller Neugeist-Institutionen in den USA. Die Neugeist-Allianz in den Vereinigten Staaten setzt sich unter anderem zusammen aus Divine Science, Science of Mind, Churches of Truth, Center for Spiritual Awareness, Unity etc.*

Mit dem Düsenclipper ging es zunächst nach Osaka und dann nach Kioto, einer der Hauptstädte des antiken Japan. Hier verbrachten wir eine herrliche Zeit mit Besuchen der berühmten Tempel, Gärten und Paläste. Von dort fuhren wir nach Nara, der wohl altertümlichsten Stadt Japans, wo wir den Totaji-Tempel mit dem größten Buddha der Welt und den Kasuja-Schrein besichtigten. Wir fuhren auch mit der ›Geschoßbahn‹, der schnellen Magnetbahn durch die

---

* Anmerk. d. Übers.: In den deutschsprachigen Ländern existieren bislang die folgenden neugeistigen Gruppierungen, die der International New Thought Alliance (INTA) angeschlossen, resp. deren Leiter Mitglieder der INTA sind (in der Reihenfolge ihres Bestehens): Unity, CSA Europa, Science of Mind, der Murphy-Freundeskreis und Seicho-No-Ie.

pittoreske japanische Landschaft zu dem Ferienort Stami und hatten auch Gelegenheit, den gewaltigen Buddha von Kamakura zu sehen, ein Kunstwerk aus dem Jahre 1252.

Tokio bietet dem Besucher viele Sehenswürdigkeiten, wie den Platz vor dem Kaiserlichen Palast, das Parlamentsgebäude und den Meiji-Schrein. Wir alle erfreuten uns an der Tee-Zeremonie und an den Blumen-Arrangements im berühmten Teehaus.

In Tokio war es, wo ich die Idee zu diesem Kapitel bekam. Ein Schüler von Dr. Taniguchi, zur Zeit mit dem Studium der esoterischen Bedeutung der heiligen Schriften der Welt befaßt, stellte mir zwei Fragen, die das alte Testament betrafen. Er fragte: »Weshalb spricht die Bibel im 7. Kapitel der Sprüche Salomos von der ›fremden Frau‹, ›dem Weib des anderen‹, sowie von Huren und Dirnen? Und weshalb heißt es im 5. Buch Mose (Deutoronomium) 23:2: ›Ein Bastard soll nicht in die Gemeinde des Herrn eintreten‹…?«

Ich denke, daß Sie mit den Erklärungen, die ich Ihnen in diesem Kapitel gebe, etwas anfangen können. Es ist in seiner Essenz auch das, was ich diesem jungen Mann zur Antwort gab, der eines Tages Wahrheitslehrer in Tokio sein wird: Der Begriff Ehe oder Vermählung steht in der Bibel für die geistige und emotionale Vereinigung mit den ewigen Wahrheiten. Es ist also die Vereinigung im Denken und Fühlen mit allem, ›was liebenswert und wohllautend‹ ist. Eine falsche Annahme, ein falscher Gedanke, aus der Vermählung von Denken und Fühlen hervorgegangen, ist der Sohn einer Hure — der Sprößling undisziplinierter oder negativer Emotionen. Eine Bastard-Idee ist ein Falschglaube oder die geistige Annahme einer Unwahrheit über Gott.

Wenn Sie meditieren, müssen Sie Vater und Mutter Gott als zu Ihnen gehörend erkennen; oder in psychologischer Sprache ausgedrückt: Sie müssen die Wechselwirkung Ihres wachbewußten Verstandes (Vater) und ihres Unterbewußtseins (Mutter) kennen. Wenn diese beiden sich in Harmonie und Frieden vereinigen, gegründet auf den Wahrheiten Gottes, dann sind die daraus hervorgehenden Kinder Gesundheit, Glück, Wohlergehen, Weisheit und Verständnis. Die Formel ist immer: Denken und Fühlen; das Resultat ist gut oder schlecht, je nach der Art Ihres Gedankens.

... denn fünf Männer hast du gehabt ... (Joh. 4:18). Im Buch Jesaja 54:5 wird uns gesagt: *... denn der dich geschaffen, ist dein Gemahl ...* Diese fünf Ehemänner sind Ihre fünf Sinne. Wenn Sie es zulassen, von den irrigen Ideen, der falschen Propaganda und den Befürchtungen der Massen imprägniert zu werden, dann ist das — offen gesagt — recht töricht. Der Sprößling dieser Lawine optischer und akustischer Eindrücke — der mannigfaltigen Propaganda der Medien und des Massengemüts ist alles andere als gesund und auf jeden Fall denkbar ungeeignet für das Haus Gottes (Ihr Gemüt).

Der dich geschaffen ist Gott und das bedeutet, daß Sie Ihr Gemüt und Unterbewußtsein mit gottgleichen Gedanken anfüllen sollten — mit edlen, erhebenden, gottgleichen Gedanken. In anderen Worten: Denken, sprechen und handeln Sie aus der Sicht der ewigen Prinzipien — so, wie ein Chemiker aus der Sicht der Prinzipien der Chemie heraus denkt und handelt. Dann haben Sie Gott zum Gemahl, weil Sie von ewigen Wahrheitsprinzipien ausgehend denken und handeln.

Wenn Sie ›das Lied der jubilierenden Seele singen‹, also einen Bewußtseinszustand erreicht haben, in welchem Sie sich der Gegenwart Gottes in Ihrem Innern bewußt sind, bestehen keine weiteren Gefahren, falsche Gedanken zu erzeugen, geboren aus dem Wissen der fünf Sinne. Sie sind dann an einem Punkt angelangt, wo Sie die Wahrheiten Gottes vom höchsten Standpunkt aus kontemplieren.

Sage zur Weisheit: »Du bist meine Schwester«, und heiße die Einsicht deine Vertraute, daß sie dich bewahre vor dem Weibe des anderen, vor der Fremden, die glatte Worte gibt.

Da sieht sie unter den Einfältigen einen Jüngling, bemerkt einen Unverständigen unter den Jungen, der an einer Ecke in die Gasse einlenkt und gegen ihr Haus zuschreitet in der Dämmerung, bei der Neige des Tages, zur Zeit der Nacht und des Dunkels. Siehe, da läuft ihm das Weib entgegen, im Aufzug einer Dirne und verschmitzten Herzens. Aufgeregt ist sie und unbändig, ihre Füße finden im Haus keine Ruhe. Bald ist sie auf der Gasse, bald auf den Plätzen, an allen Ecken lauert sie. Sie faßt ihn und küßt ihn, und mit frecher Miene spricht sie zu ihm:

Mit Teppichen habe ich mein Lager bedeckt, mit feinen Tüchern von ägyptischem Linnen. Ich habe mein Bett mit Myrrhe besprengt, mit Aloe und mit Zimt. Komm, wir wollen uns an Wollust berauschen bis zum Morgen, wollen miteinander schwelgen in Liebe.

Denn viel sind der Erschlagenen, die sie gefällt, und die sie gemordet, sind zahlreich. Ihr Haus ist der Weg zur Hölle, der hinabführt zu den Kammern des Todes. (Spr. 7:4 — 5, 7 — 13, 16 — 18, 26 — 27).

Ohne Allegorie (gleichnishafte Darstellung) kann man das Leben nicht verstehen ... *ohne Gleichnis redete er nicht zu ihnen* (Mat. 13:34). Wir müssen den inneren Sinn dieser Verse erfassen, um ihre profunde Bedeutsamkeit in ihrer ganzen Fülle zu verstehen. Es handelt sich um nichts weniger, als um die rechte Anwendung der Gesetze des Lebens. Zugleich müssen wir mehr und mehr lernen, die Symbole zu interpretieren, denn das größte und wirksamste Studium der Wahrheit ist das Studium der Symbole.

Im äußeren Wesen nach erzählen die Verse aus den Sprüchen Salomos von einem jungen Mann, der von einer lüsternen Frau verführt wurde — also durchaus nichts Neues, denn schließlich passiert das jeden Tag überall auf der ganzen Welt. Verständige Examination der Bibel befähigt uns jedoch, die Weisheit aufzuspüren, die der Verfasser der Sprüche vermitteln wollte. Ehebruch im biblischen Sinne ist

Götzendienst, ein Huldigen falscher Götter. Wenn Ihr Gemüt sich mit Negativitäten anfüllt — mit Übel jeglicher Art ›den Beischlaf vollzieht‹ —, dann begehen Sie damit Ehebruch. Sie führen dann vergiftete Gedanken und falsche Ideen in das Heiligtum in Ihrem Innern ein.

Ehebruch

Wenn Sie die Sterne anbeten und ihnen Macht über Ihr Geschick zugestehen und behaupten, von ihren Konstellationen abhängig zu sein und sie für Ihr Mißgeschick verantwortlich machen, dann begehen Sie Ehebruch, denn Sie gestehen dem erschaffenen Ding mehr Macht zu als dem Schöpfer. Sie verkuppeln Ihr Gemüt mit Oppositionsgedanken zum Unendlichen, das allmächtig ist.

Übelnehmen, hassen, eifersüchtig oder neidisch sein, heißt also ›mit dem Übel Beischlaf zu pflegen‹. Das Gemüt kann zuweilen ebenso launisch sein wie der Körper. Wir begehen einen geistigen Ehebruch, wenn wir uns mit falschen Überzeugungen jeglicher Art verbinden.

Geistige Vermählung

Wir alle vollziehen eine geistige Vermählung, wenn wir uns geistig und emotionell mit einer Idee verbinden — sei sie nun gut oder schlecht — und selbstverständlich gehen aus einer solchen Verbindung Kinder hervor, die entsprechenden Kinder, wie Gesundheit oder Krankheit, Reichtum oder Armut, Freude oder Traurigkeit. Und alles das dem Gesetz der Entsprechung gemäß, was bedeutet, daß für alles, was uns wiederfährt, ein mentales Äquivalent (eine geistige Entsprechung, ein geistiges Denkmodell, ein geistiger Gegenwert) in unserem Unterbewußtsein vorhanden ist.

Die Gefahren der Propaganda

Der Mensch ist heutzutage Propagandaeinflüssen ausgesetzt, die unentwegt auf ihn einwirken. Es erfordert pausenlos Wachsamkeit, diesen Suggestionen zu widerstehen. Ständig sind irgendwelche Kampagnen im Gang gegen Krebsleiden, Herzkrankheiten etc., die uns via Bildschirm oft genug zu beeinflussen suchen. Viele Menschen, die es nicht gelernt haben, Ihre Gemüter zu disziplinieren, erschaffen sich somit genau das Übel, das sie so sehr fürchten. Das ist das Resultat einer unheiligen Vermählung. Ihr Denken und Fühlen bringen ein Kind hervor – die Manifestation dieser Vereinigung.

Wir müssen also darauf bedacht sein, uns nicht ›mit der fremden Frau einzulassen‹. Die fremde Frau umfaßt Negativitäten, wie Furcht, Haß, Eifersucht, Neid oder Groll, die allesamt zu Leiden, Mangel und Begrenzung aller Art führen.

Sind Sie ein Opfer von Suggestionen?

Die Angstkampagne vor der asiatischen Grippe, die kürzlich von Küste zu Küste über unser Land fegte, ist eine weitere ›fremde Frau‹, die viele Menschen angelockt und verführt hat. Pressemeldungen zufolge brachten die durchgeführten Impfungs-Vorsorge-Maßnahmen zum Teil beträchtliche Nebenwirkungen mit sich, wie Lähmungen und ähnliches. Die mit Furchtsuggestionen durchsetzte Propaganda über die Grippeepidemie hat als solche nicht die geringste Macht, Ihnen etwas anzuhaben. Erst Ihr Denken gibt ihr Wirksamkeit oder auch nicht. Sie sind durchaus imstande, sie entschieden zurückzuweisen und die uralte Weisheit zu bejahen: »ICH BIN strahlende Gesundheit. Gott ist meine Gesundheit.«

Akzeptieren Sie die Wahrheit dieser Feststellung und Sie machen sich immun gegen propagierte Ängste dieser Art. Übrigens wurde das gesamte Projekt von namhaften Medizinern heftig kritisiert.

Die wahre Gemahlin

Ihr wahrer ›Ehepartner‹ ist Ihr Konzept, das Sie von sich haben, Ihre Selbsteinschätzung. Damit sind Sie verheiratet. Bejahen Sie das Höchste und das Beste, machen Sie sich bewußt, daß Sie eins sind mit Gott – dem Superbewußtsein, daß Gott Ihr Vater und Ihre Mutter ist, und daß Gott Sie liebt und für Sie sorgt. Wenn Sie ein Mann sind, bejahen Sie kühn: »ICH BIN ein Sohn des lebendigen Gottes und ICH BIN Erbe aller seiner Reichtümer.« Als Frau bejahen Sie gleichfalls tapfer: »ICH BIN eine Tochter des lebendigen Gottes und ICH BIN Erbin aller seiner Reichtümer.« Dann werden Sie erleben, daß in Ihrem Leben Wunder geschehen.

Sie heiraten, d. h. Sie vermählen sich immer mit einer Idee. Sie tun das praktisch jedesmal, wenn Sie eine Idee akzeptieren. Das Resultat dieser mentalen und emotionellen Verbindung kommt zum Vorschein als Form, Erfahrung, Zustand oder Begebenheit.

Verlieben Sie sich!

Verlieben Sie sich in (resp. vermählen Sie sich mit) Ideen, die heilen, segnen, fördern, führen, inspirieren, stärken und Ihnen Auftrieb geben. Halten Sie Ihr Gemüt mit solcherart Konzepten beschäftigt, dann lassen Sie keinen Raum mehr für die falschen Propagandaparolen und Glaubensmeinungen der Welt. Vermählen Sie sich mit der Wahrheit, die sich niemals verändert, dann werden Ihre Sprößlinge Gesundheit, Wohlergehen, Vitalität, Weisheit und Verständnis heißen.

Sage zur Weisheit: »Du bist meine Schwester«, und heiße die Einsicht deine Vertraute (Spr. 7:4). Ihre Schwester ist Weisheit und Weisheit wiederum ist ein Gewahrsein der Gegenwart und Macht Gottes in Ihrem Innern. Einsicht heißt fest auf dem Boden der Wahrheit stehen, in dem Bewußtsein, daß alles, was Sie beanspruchen und als Wirklichkeit empfinden, von Ihrem Unterbewußtsein hervorgebracht wird. Dann haben Sie Ihren wahren Gemahl gefunden — Ihre wahre Gemahlin.

Fasten und beten

Ist nicht das ein Fasten, wie ich es liebe: daß du ungerechte Fesseln öffnest, die Stricke des Joches lösest? Daß du Mißhandelte ledig lässest und jedes Joch zerbrichst? (Jes. 58:6).

Die Mißhandelten sind Ihre unerfüllten Wünsche und Ihre unerreichten Ideale im Leben. Wir lassen sie frei (ledig), wenn wir erkennen, daß Gott uns durchströmt und alle leeren Gefäße unseres Lebens füllt. Für Gott ist das ebenso leicht, wie die Erschaffung eines Grashalms.

Das Joch, das wir zerbrechen, bezieht sich auf Befürchtungen und Limitationen, die wir im Unterbewußtsein festhalten. Wenn wir das Unterbewußtsein mit den unveränderlichen Wahrheiten Gottes anfüllen, dann entfernen wir dieses Joch und bewirken eine gründliche Reinigung in göttlicher Ordnung.

Das Fasten, von dem in der Bibel gesprochen wird, bezieht sich auf den Verzicht alles dessen, was nicht mit den ewigen Wahrheiten zu vereinbaren ist. Es bedeutet nicht weniger, als von allen Gedanken, Ideen und Konzepten Abstand zu nehmen (zu fasten), die nicht auf der gleichen Wellenlänge mit den Wahrheiten Gottes sind.

Lernen Sie es, sich von dem vergifteten Gelage der Welt abzuwenden und zu ›fasten‹. Richtiges Fasten ist auch ein psychologischer Vorgang. Sie wenden sich ab von falschen Suggestionen und fehlerhaften Gottesvorstellungen und laben sich stattdessen an den ewigen Wahrheiten — an Wahrheiten, die heilen, segnen und Ihre Seele zieren und erheben. Werden Sie zu einem wirklichen Pionier und erschließen Sie sich Neuland durch spirituelles Denken und Imaginieren auf dem Feld Ihrer ureigenen Mentalität.

Den Nackten bekleiden

Daß du dem Hungrigen dein Brot brichst und Arme, Obdachlose in dein Haus führst? Wenn du einen Nackten siehst, daß du ihn kleidest …? (Jes. 58:7).

Die Hungrigen und Armen repräsentieren Ihre Hoffnungen, Wünsche, Ideale, Pläne und Vorhaben — alles, was Sie noch nicht realisiert haben. Sie begeben sich in den Tempel Ihres Gemüts, um angenommen und verwirklicht zu werden. Alles, was von Ihrem Gemüt akzeptiert wird, gelangt als Form, Zustand oder Begebenheit in Ihren Erfahrungsbereich. Machen Sie Ihr Gemüt zu einem Tempel der Herrlichkeit und sättigen und kleiden Sie dort Ihre Ideale mit Glauben und Vertrauen.

Die ›Nackten‹ versinnbildlichen Ihre Ideale, die Sie bislang weder genährt, noch behandelt haben. Verbinden Sie sich emotionell mit Ihrem Ideal und es wird sich verwirklichen. Was immer Sie geistig und gefühlsmäßig in Besitz nehmen, das wird sich in göttlicher Ordnung verwirklichen.

Und der Herr … wird deine Gebeine stärken. Du wirst sein wie ein wohlbewässerter Garten … (Jes. 58:11). Die Gebeine repräsentieren die Struktur in Ihrem Gemüt — das Mentale Abbild. Es muß sich mit Fleisch bekleiden und lebendig werden. In anderen Worten: Sie müssen die Idee (das

Gebein) in Ihr Bewußtsein aufnehmen und ihr wirkliches Vorhandensein — ihre Greifbarkeit auch tatsächlich fühlen. Schließlich sind es auch die Knochen (Gebeine), die Ihrem Körper Halt und Struktur geben.

Vergleichsweise wird der Plan, die Idee, das Begehren, nachdem sie mit Glauben, Gewißheit und Vertrauen bekleidet sind, in Ihrem Unterbewußtsein deponiert. Letzteres macht sich sogleich an die Arbeit, um die Verwirklichung herbeizuführen. Unsere mentale und spirituelle Ernährung ist ebenso notwendig wie die physische. Erkennen Sie Ihr höheres Selbst und bejahen Sie Ihr Einssein mit ihm.

Die Besserung schreitet schnell voran

Dann wird dein Licht hervorbrechen wie die Morgenröte und deine Besserung schnell voranschreiten; deine Gerechtigkeit wird vor dir hergehen, und die Herrlichkeit des Herrn wird deine Belohnung sein (Jes. 58:8).

Dies ist ein sehr wichtiger Abschnitt und für jeden Studierenden von eminenter Bedeutsamkeit. Er zeigt nämlich einen wesentlichen Bestandteil der wissenschaftlichen Bejahung auf: Nachdem Sie von negativem Denken jeglicher Art Abstand genommen (gefastet) haben, und sich von der unendlichen Heilungsgegenwart durchströmen lassen, die Ihnen Gesundheit, Schönheit und Vollkommenheit vermittelt, sollte Ihre Besserung schnell voranschreiten. Sollte das etwa nicht der Fall sein, dann sollten Sie das Nächstbeste tun: konsultieren Sie einen Arzt, je nach Lage der Dinge. Es wäre töricht, hier zu warten und das Leiden schlimmer werden zu lassen.

Bedenken Sie: Wenn Sie spirituell noch nicht so weit entwickelt sind, daß Ihnen auf der Stelle ein neuer Zahn nachwächst, ist es am sinnvollsten, einen Zahnarzt aufzusuchen und ihn zu segnen. Wenn Sie ein Gewächs oder einen

Tumor noch nicht beseitigen können, dann lassen Sie das von einem Chirurgen besorgen und segnen Sie ihn. Auch er ist Gottes Werkzeug. Jegliche Heilung ist spirituell, denn es gibt nur eine einzige Heilungsgegenwart ... *Ich, der Herr, bin dein Arzt* (2. Mos. 15:26).

Wenn Sie schon so weit sind, daß Sie sich allein durch spirituelle Kraft von Laguna Hills nach New York City versetzen können, dann brauchen Sie kein Flugzeug, Auto, Pferd, oder sonst irgendein Fortbewegungsmittel. Bevor Sie eine solche Entfernung jedoch zu Fuß zurücklegen, würde ich Ihnen raten, doch lieber das Flugzeug oder die Bahn zu nehmen. Das bedeutet jedoch keineswegs, daß Sie nicht imstande wären, sich allein durch Anwendung von Geisteskraft dorthin zu begeben — allerdings ist dazu eine hohe Stufe des Gewahrseins die Voraussetzung.

Wenn Sie Ihren Körper dematerialisieren können und seine Elektronen veranlassen, sich in New York City wieder zusammenzusetzen — na großartig! Dann benötigen Sie kein Transportmittel. Es hat im Verlauf der Zeiten bekanntlich Menschen gegeben, die über diese Fähigkeit verfügten. Sie konnten nach Belieben erscheinen und auch wieder verschwinden. Wie wir alle wissen, machte sich auch Jesus inmitten der Volksmenge unsichtbar.

Ihr Körper ist keine festgefügte Materie. Er setzt sich vielmehr aus Lichtwellen zusammen. Ein Wissenschaftler bemerkte kürzlich, daß unsere Körper aus mehr als einer Oktillion von Atomen bestehen. Eine Oktillion besteht aus einer Eins (1), gefolgt von 18 Nullen.

Stufen des Glaubens

Wenn Sie nicht imstande sind, durch Bejahung einen Tumor zur Auflösung zu bringen, dann haben Sie noch nicht die Bewußtseinsstufe und den Glauben, die dafür die erforderliche Voraussetzung sind. Aus diesem Grunde ist es notwendig, hier sofort das Nächstbeste zu tun. Wenn Sie eine starke Blutung zum Stillstand bringen können — wunderbar! Dann brauchen Sie keine Hilfe. Hören die Blutungen jedoch nicht auf — trotz Ihrer Bejahungen —, dann legen Sie besser einen Notverband an und begeben sich zum Arzt oder in die Klinik.

Wenn Sie ein Kind vor dem Ertrinken retten können, indem Sie das Wort sprechen — großartig! Andernfalls wäre es selbstverständlich besser, sofort mitsamt Ihrer Kleidung ins Wasser zu springen und das Kind zu retten. Wenn Sie allerdings über den absoluten Glauben verfügen, dann würde das Kind aus dem Wasser gehoben, ohne daß Sie hineinspringen müßten.

Ein sich Sehnen nach Glauben ist kein Glaube. Die Bejahung ›Gott heilt mich jetzt‹ kann natürlich keinerlei Resultate bringen, wenn eine unterbewußte Furcht vor Krankheit oder etwa Unheilbarkeit vorherrscht. Solche Befürchtungen müssen samt und sonders aus dem Gemüt entfernt werden. Handeln sie genau so, wie es der Stufe Ihres Gewahrseins entspricht. Schließlich wachsen wir alle täglich in unserem Gewahrsein — weshalb sollten Sie es dann nicht tun? Sie können in Ihrem Gewahrsein ebenso wachsen und mit den Prinzipien des Geistes ebenso vertraut werden, wie mit den Gesetzen der Mathematik, der Chemie, oder jedem anderen Prinzip im Leben.

Das Massengemüt oder das Gesetz des Durchschnitts

Halten wir fest: Wenn Sie unentwegt aus dem Gewahrsein von Gottes Liebe und Frieden heraus denken und handeln würden, dann wären Sie immun gegen jegliches Ungemach, gegen jede Krankheit und gegen jede Schwierigkeit. Wir alle sind jedoch ständig den Einwirkungen des Massengemüts ausgesetzt. Ganz gleich, wie wachsam und umsichtig wir auch sein mögen — einige dieser negativen Schwingungseinflüsse können eindringen. Das ist dann das Unkraut, von dem die Bibel spricht — das Unkraut, das mit dem Weizen wächst. Der Begriff ›Unkraut‹ steht für negatives Denken — die Befürchtungen und falschen Überzeugungen des Massengemüts, die in unser Bewußtsein dringen können, wenn wir die Dinge achtlos treiben lassen.

Das ist der Grund, weshalb wir ständig auf dem *Quivive* sein und uns positiv aufgeladen halten müssen; dann wird es in unserem Gemüt keinen Platz mehr geben für die subjektiven Emanationen von vier Milliarden Menschen auf dieser Welt. Unterbewußt sind wir alle eins und in telepathischer Verbindung miteinander. Deshalb wird uns geraten, an dem geheimen Ort des Höchsten zu verweilen und im Schatten des Allmächtigen zu ruhen. *Es wird dir kein Übel begegnen, keine Plage dieser Hütte sich nahen* (Psalm 91:10).

Wachsen im Glauben

Wenn wir uns darin üben, die Gegenwart Gottes zu praktizieren, werden wir an Glauben und Verständnis zunehmen. Nach und nach werden wir zu einer anwendbaren Überzeugung von Gottes Gegenwart gelangen, so daß wir effektiv sagen können: »… *Strecke deine Hand aus*« … (Mat. 12:13), und alles geschieht nach ›dem Wort‹.

Lassen Sie Ihre Wahrheitsbejahungen zu einer überzeugenden Demonstration des Geistes werden. Ihren Glauben beweisen Sie durch die Anwendung der Gesetze des Geistes und die entsprechenden Resultate. Die greifbaren Resultate sind es, die Sie fest in Ihrem Wissen um die Wahrheitsprinzipien etablieren werden — dem Wissen um die Wahrheit, die Sie frei macht.

Dann wird dein Licht hervorbrechen wie die Morgenröte und deine Besserung schnell voranschreiten … (Jes. 58:8). *Siehe, die Hand des Herrn ist nicht zu kurz, um zu helfen, und sein Ohr nicht so taub, daß er nicht hörte* (Jes. 59:1).

Der Mensch neigt sehr dazu, diese Möglichkeit auszuschließen. Er kann sich nicht restlos dazu durchringen, an die Wunder Gottes zu glauben. Zumeist sagt er: »Nun ja, aber schließlich leben wir jeder in einem physischen Körper; und wenn ich mit einem zu kurzen Arm auf die Welt gekommen bin, dann kann ich eben nichts dagegen tun.« Zur gleichen Zeit leistet er unbekümmert Lippendienst: … *Mit Gott sind alle Dinge möglich* (Mark. 10:27).

Harry Edwards, der berühmte englische Geistheiler, hatte aufsehenerregende Heilungen allein durch Handauflegen vollbracht. Er hatte Arme und Beine begradigt und alle Arten von Krankheiten und Beschwerden geheilt. Obgleich er ein ›Laie‹ war, glaubte er fest daran, daß mit Gott alle Dinge möglich waren.

Sie brüten Natterneier aus und weben Spinnfäden. Wer von ihren Eiern ißt, der stirbt … (Jes. 59:5). Der Konflikt der Überzeugungen wird hier anschaulich beschrieben. Widerstände gegen Heilungen und die guten Dinge des Lebens scheinen vorzuherrschen, um nicht zu freveln. Solche Auffassungen sind mit dem ›Weben von Spinnfäden‹ gemeint.

Millionen Menschen heutzutage sind psychologisch überstimuliert, ohne dabei spirituelle Erfolge zu erzielen. Tausende sind Anhänger der verschiedenen Richtungen, sie folgen Kulten wie Satanismus, Hexerei, Magie, Voodoo etc., die Jesaja als ›Natterneier‹ bezeichnete.

Es besteht ein dringender Bedarf für eine mentale und spirituelle Renaissance, um den Wolken der Bosheit zu entgehen, die uns umhüllen. Wir müssen wieder Frieden finden durch Gewahrsein der inneren Gottesgegenwart und uns weiter vorwärts und aufwärts bewegen − von Herrlichkeit zu Herrlichkeit.

10

Spirituelle Kräfte,
die Sie anwenden können

Als wir Honolulu erreichten, freuten wir uns alle, nach längerer Zeit wieder Fuß auf amerikanischen Boden zu setzen. Für einige unserer Reisegefährten war dies bereits die fünfte oder sechste Reise nach Hawaii. Eine Rundfahrt auf der Hauptinsel Oahu bringt dem Besucher die landschaftliche Schönheit nahe und vermittelt unvergeßliche Eindrücke. Auch die bekannten Attraktionen wie der Sealife Park sind sehenswert, das größte und farbenprächtigste Meeresareal der Welt. Auch Pearl Harbor ist sehr interessant und informativ.

Die faszinierendste und farbenprächtigste der Hawaii-Inseln ist jedoch die große Insel Hawaii, wo wir einige Tage verbrachten, bevor wir den Pazifik überflogen, Richtung San Francisco. Hier ruhten wir uns noch eine Nacht aus und dann ging's heimwärts. Heimwärts heißt bei mir: 3242-2H San Amadeo, Laguna Hills, California 92653 USA.

Eine spirituelle Botschaft

Bereits in der ersten Woche an meinem neuen Wohnort Leisure World (Freizeitwelt) in Laguna Hills suchte mich ein Mann auf und bat mich, einen Traum zu interpretieren, der ihm sehr wichtig zu sein schien. In drei aufeinanderfolgenden Nächten hatte er den gleichen Traum. In der Psychologie spricht man in einem solchen Fall von einem ›wiederkehrenden Traum‹ − einer sehr ernst zu nehmenden Angelegenheit, denn hier wird uns bedeutet: ›Stopp, nachdenken!‹

In jedem dieser Träume nun war ihm ein Mann erschienen und hatte gesagt: »Zum drittenmal komme ich jetzt zu euch. Auf Aussage von zwei oder drei Zeugen wird jede Sache festgestellt werden.« Diese Worte sind aus dem 2. Korintherbrief 13:1. *Stellt euch selbst auf die Probe, ob ihr im Glauben seid; prüfet euch selbst! Oder erkennt ihr euch selbst nicht, daß Jesus Christus in euch ist? Ihr müßtet denn unbewährt sein* (2. Kor. 13:5) ... *Freuet euch, lasset euch zurechtbringen, seid gleichgesinnt, haltet Frieden, so wird der Gott der Liebe und des Friedens mit euch sein* (2. Kor. 13:11).

Dieser Mann kannte die Bibel recht gut, daher reagierte sein Unterbewußtsein auf sein Problem mit diesen Worten, mit deren profunder Bedeutsamkeit er wohl vertraut war. Um den esoterischen − den verborgenen − Sinn der Bibelverse erfassen zu können, muß man begreifen, daß hier jeweils Prinzipien als Charaktere personifiziert werden, um die Verbildlichung und Wechselwirkung lebhaft und kraftvoll zu gestalten.

Die Bedeutung der dritten Visite, von der Paulus hier spricht, sowie der zwei oder drei Zeugen kann also nur erklärt werden, wenn wir uns darüber klar sind, daß Personen, Namen, Orte, Reisen und Begebenheiten jeweils Symbole für Veränderungen sind, die sich samt und sonders in unserem Gemüt vollziehen. ›Paulus‹ bedeutet ›der kleine Christus‹, oder der erwachende Mensch, der sich der Kraft Gottes in seinem Innern bewußt wird. Er erscheint zu drei Visiten und sagt dem Menschen, was er tun soll. Der erste Besuch steht für eine Konzeption, einen Wunsch, ein Begehren, eine Idee in seinem Gemüt. Dieser Mann nun hatte eine Erfindung gemacht und weiterentwickelt, hatte versucht, Interessenten zu finden und bislang nur Ablehnungen erhalten. Keine der angesprochenen Firmen zeigte sich interessiert. Er begann am Ausgang der Sache zu zweifeln und entwickelte beträchtliche Furchtgefühle.

Ich erklärte ihm, daß der erste Schritt zur Erfüllung in der restlosen Erkenntnis der Tatsache bestehen müsse, daß seine Erfindung etwas Gutes und eine echte Bereicherung darstellt. Die unendliche Gegenwart — das Superbewußtsein — hatte ihm die Idee zu dieser Erfindung eingegeben und würde ihm auch den vollkommenen Plan für ihre Auswertung offenbaren. Sodann wies ich ihn an, sich allabendlich vor dem Einschlafen vorzustellen, daß seine Frau ihm zur Annahme seiner Erfindung gratulierte. Um präzise zu sein: Er sollte das glückliche Ende imaginieren, die göttliche Lösung. Eine der besten Techniken hierzu ist es, sich in einen schläfrigen Dämmerzustand zu versetzen und damit ein Zutagetreten des Unterbewußtseins zu bewirken. Dann sollte er seine Frau vor sich sehen und ihre Stimme hören — er sollte tatsächlich hören, wie sie ihm zu seinem Erfolg gratulierte.

In diesem subjektiven, passiven Zustand kann er sein Unterbewußtsein imprägnieren. Nach mehrmaliger Wiederholung dieses Vorgangs sinkt die Idee in sein Unterbewußtsein und wird zu einer Überzeugung. Resultate folgen dann unausweichlich. Es ist dies das Stadium des zweiten Zeugen — hier beginnen wir, die Realität unseres bereits erfüllten Begehrens zu spüren.

Der dritte Besuch: Der dritte Zeuge muß noch erscheinen, was bedeutet, daß die Manifestation des Begehrten in der äußeren Welt sich vollziehen wird, als unausweichliche Folge der inneren Siegesgewißheit — der inneren Überzeugung, ›daß es vollbracht ist‹.

Diese Erklärung konnte ihn restlos überzeugen. Nach etwa einer Woche begegnete ihm auf einer Party ein japani-

scher Wissenschaftler, Repräsentant eines großen Industrie-
konzerns. Der Ankauf seiner Erfindung wurde arrangiert,
die Bedingungen waren für alle Beteiligten vorteilhaft.
Heute bezieht er von der Auswertung seiner Entdeckung
Lizenzgebühren, die seine Erwartungen noch übertroffen
haben.

Die innere Bedeutung von Jesus Christus

Paulus sagt: *Oder erkennt ihr euch selbst nicht, daß Jesus
Christus in euch ist? Ihr müßtet denn unbewährt sein*
(2. Kor. 13:15). Der innere Sinngehalt ist der folgende: Eine
der Bedeutungen von Jesus oder Josua ist ICH BIN, Je suis.
Der Begriff Christus bezeichnet die Gegenwart Gottes in
uns. Symbolisch ausgedrückt ist das, was Paulus sagt:
»Jesus Christus, Ihre ICH BIN-heit, ist die Gegenwart und
Macht Gottes in Ihrem Innern.« Psychologisch gesehen
sind Sie Jesus Christus in Aktion, jedesmal dann, wenn Ihr
wachbewußter Verstand und Ihr Unterbewußtsein synchron sind und gemeinsam mit den ewigen Wahrheiten des
Lebens übereinstimmen. Ihre Bejahung ist immer erfolgreich, wenn nicht der geringste Widerstreit zwischen Gehirn
und Herz besteht. Wenn Ihr Gehirn und Ihr Herz einig
gehen und sich in dieser Einmütigkeit verbinden, dann
bringt dieses vermählte Paar die Freude der erfüllten Bejahung hervor.

Sie sind dann nicht mehr länger ›unbewährt‹, weil Sie wissen, daß die Lösung für alle Ihre Probleme in Ihrem Innern
zu finden ist. Von jetzt an gibt es für Sie keine andere Macht
als der lebendige allmächtige Geist in Ihrem Innern, der jede
Antwort kennt. Jesus (der erleuchtete Verstand) bekleidet
sich mit dem Christus (der Weisheit des Unterbewußtseins)
und wird damit, voll integriert, zu Jesus Christus, dem
Wahrhaft-Menschen!

Einstimmen auf das Unendliche

Ein kleiner Junge setzte einmal seinen Vater in Erstaunen, weil er eine zu einem Puzzle zerschnittene Weltkarte in wenigen Minuten zusammensetze und nicht in mehr als einer Stunde, wie die geplagten Eltern eigentlich gehofft hatten. Auf die Frage, wie er das denn so schnell zuwege gebracht hätte, antwortete das Kind: »Ganz einfach, Pappi, die Weltkarte zusammenzusetzen hätte recht lange gedauert, da habe ich einfach den Mann zusammengesetzt, der auf der Rückseite war. Ich habe mir gedacht, wenn der Mensch in Ordnung ist, dann ist die Welt auch in Ordnung.« Das stimmt genau! Wenn der Mensch in Ordnung ist, dann ist die Welt – seine Welt ebenfalls in Ordnung. Die Moral des Ganzen ist: Der Mensch muß sich mit seinem Gott-Selbst vereinigen und völlig aufgehen im Gefühl des Einsseins mit der Göttlichkeit, um seinem Begehren Form und Gestalt zu verleihen.

Lernen Sie, sich spirituell instandzusetzen

Denken, sprechen und handeln Sie aus Ihrem göttlichen Zentrum heraus und nicht aus der aufgepfropften Einstellung der Furcht, der Unwissenheit und des Aberglaubens. Bejahen Sie ständig: »Gott denkt, spricht, handelt und reagiert durch mich.« Denken, reden und handeln Sie ausgehend von den Prinzipien der Harmonie, der Gesundheit, des Friedens, der Freude, der Liebe, der Schönheit und des rechten Handelns.

Wenn Sie Mathematiker sind, dann denken Sie ja auch aus der Sicht mathematischer Prinzipien; ebenso sollten Sie nicht anders denken und handeln, als den Prinzipien des Lebens gemäß, die immer gleich sind – so wie gestern, so auch heute, morgen und in Ewigkeit.

Lernen Sie, sich spirituell instandzusetzen — sich auf die Wahrheiten Gottes auszurichten. Lauschen Sie auf ihren Widerklang in der Stille Ihrer Seele, dann werden Sie nicht vom Lärm, Getöse und Propagandaschrei der Welt verwirrt. Damit sichern Sie sich den Sieg über alle Negationen der Welt.

Was wir von Pferden lernen können

Ein bekannter Pferdetrainer erzählte mir einmal, auf welche Weise Pferde dazu gebracht werden, auf den Ton von Signalhörnern zu reagieren. Es gibt da nur eine einzige Möglichkeit. Viereinhalb Tage lang bekommen sie weder Futter noch Wasser. Danach werden Reaktionen in den verschiedensten Situationen ausschließlich durch den Ton von Signalhörnern erzielt. Das ist ein Konditionierungsverfahren, das verläßlich wirkt.

Auf gleiche Weise müssen wir uns das ›Futter‹ der Welt versagen — das Propaganda-Futter der Furcht vor Krankheit, Krieg und vorhergesagten Katastrophen. Stattdessen müssen wir das Wasser des Lebens trinken, nämlich Inspiration, Liebe, Freude, Frohsinn und Vertrauen in Gottes Güte.

Was ist Erziehung?

Das Wort ›Erziehung‹ bedeutet ›herbeiziehen‹. Es ist ein Beziehen der Weisheit, Intelligenz und Macht aus unseren subjektiven Tiefen, das uns letztendlich befähigt, ein volles, glückliches und ausgeglichenes Leben zu führen. Ich habe schon mit vielen hochintelligenten Universitätsstudenten gesprochen, die zwar fähig waren, sich hervorragende Kenntnisse anzueignen, deren persönliches Leben jedoch ein einziges Chaos war. Was sie gelernt hatten, stand ganz offensichtlich in keinem Verhältnis zu ihren täglichen Aktivitäten und ihrem Lebensausdruck.

Erziehung soll den Charakter bilden und einen Sinn für ethisches Verhalten aufbauen. Wissen ist notwendig — man sollte es jedoch weise gebrauchen. Der Faktor, der den Erfolg in der Lebenskunst ausmacht — Leistung und Vitalität — ist keineswegs bloßes Wissen, sondern Inspiration, Weisheit, Begeisterung, Freundlichkeit und Wohlwollen. Wenn sogenannte fortschrittliche Erzieher behaupten, es sei grundfalsch, bestimmte Impulse und Instinkte gegebenenfalls zu zügeln, dann begehen sie einen verhängnisvollen Fehler, der sich letztlich für den Betroffenen sehr negativ auswirken wird, was seine Charakterbildung und soziale Existenz anbelangt.

Junge Menschen dürfen keineswegs zur Hemmungslosigkeit erzogen werden. Der junge Mann, das junge Mädchen müssen ein Gefühl für rechtes Handeln entwickeln und sich, wenn nötig, auch gewisse Sperren setzen können. Die Welt ist angefüllt mit hochgebildeten Gestrandeten. Viele davon können Sie in den Gossen aller Großstädte antreffen. Ihr negatives, destruktives Denken hat sie dorthin gebracht. Ihre mentalen Investitionen kann man nur armselig nennen.

Neulich abends konnte man auf dem Bildschirm einen jungen Mann von 18 Jahren sehen, der gerade den Hauptschulabschluß hinter sich gebracht hatte. Er mußte eingestehen, daß er nicht einmal imstande war, sein Abschlußdiplom zu lesen. Seine Eltern beabsichtigen, die New Yorker Schulbehörden zu verklagen.

Weisheit ist in Ihrem Innern

Ein älterer Mann, mit dem ich mich im Hilton Hotel in Honolulu unterhielt, zeigte mir eine Wünschelrute, mit deren Hilfe er Wasseradern aufspürt, in Gegenden, wo es angeblich kein Wasser geben soll. Er verfügt über natürliche Weisheit und ist fest davon überzeugt, daß die Intelligenz seines Unterbewußtseins ihn jeweils zu der richtigen Stelle führt.

Er betonte die Tatsache, daß auch sein Vater und sein Großvater Rutengänger waren — eine Bezeichnung für Menschen mit der außergewöhnlichen Begabung, Öl, Wasser und Mineralien im Boden aufzuspüren. Ihre Dienste wurden oft und gern von den größten Gesellschaften Amerikas in Anspruch genommen.

Das Vertrauen in diese Befähigung wurde ihm in frühester Jugend von seinem Vater und Großvater übertragen, und er hatte das alles bedingungslos akzeptiert. Sein Unterbewußtsein reagierte entsprechend. Wie er bemerkte, konnte er an dem ›Zug‹ der Wünschelrute erkennen, ob sich Wasser an der betreffenden Stelle im Boden befand, ohne Rücksicht darauf, wie dürr und unfruchtbar er sich dem Auge darbieten würde. Seine Prognosen haben sich ausnahmslos als richtig erwiesen.

Es war ihm nie in den Sinn gekommen, das Verhalten der Wünschelrute etwa als seltsam oder außergewöhnlich anzusehen. Er war sich völlig im Klaren darüber, daß die Wünschelrute als solche über keinerlei Kraft oder außerordentliche Fähigkeit verfügte. Er wußte selbstverständlich, daß es sich hier lediglich um eine besondere Technik handelte, das Unterbewußtsein anzuzapfen. Die Weisheit seines Unterbewußtseins wirkte auf die Wünschelrute ein, die ihm die gesuchte Antwort enthüllte. Er war auch in der Lage, genau Aufschluß darüber zu geben, wie tief gegraben werden mußte, um auf Wasser zu stoßen. Seine Angaben wurden dann jedesmal von den Geologen bestätigt.

Die Weisheit aller Zeitalter ist in Ihren subjektiven Tiefen verborgen. Fangen Sie jetzt an, das gewaltige Reservoir in Ihrem Innern zu erschließen. Nehmen Sie dazu das Werkzeug des Glaubens und Vertrauens. Dann werden Wunder geschehen in Ihrem Leben.

Sein Name ist wunderbar

Kürzlich unterhielt ich mich in Reno, Nevada mit einer Witwe. Sie hatte recht Interessantes zu berichten. Für eine lange Zeit war alles schiefgelaufen in ihrem Leben — Finanzen in Unordnung, Aufruhr zu Hause, Familienprobleme etc. Dann, eines Tages, hatte sie sich hingesetzt und etwa eine halbe Stunde lang still bejaht: »Es ist wunderbar!« Sie hat sich nicht gefragt: »Was ist wunderbar?« Für sie hatte diese Bejahung den Sinn, daß Gott — das Superbewußtsein — in allen Bereichen ihres Lebens Wunder vollbringt und daß dieses ›Wunderbar‹ alle Wünsche ihres Herzens in sich einschließt.

Diese halbstündige Meditationstechnik praktizierte sie dreimal täglich. Am dritten Tag verspürte sie ein starkes Verlangen, ein Spielkasino aufzusuchen. Dort gewann sie eine beträchtliche Summe und war mit einem Schlag alle ihre finanziellen Sorgen los. Sie konnte sämtliche Rechnungen bezahlen und hatte noch eine Menge Geld übrig für Investitionen. Ihr erfolgreiches Spiel erregte Aufmerksamkeit, in einen ihrer Bewunderer verliebte sie sich — ein Gelehrter. Alles in ihrem Leben hatte sich zum Guten gewandelt.

›Es ist wunderbar‹ schließt alle Dinge ein, die Sie sich wünschen können … *und er wird genannt wunderbarer Rat, der mächtige Gott, der ewige Vater, der Fürst des Friedens* (Jes. 9:6).

Er wollte schreiben

Ein Gymnasiallehrer, der sich als Schriftsteller betätigte, erzählte mir vor einiger Zeit, was seine positiven Bejahungen für ihn bewirkt hatten. Er dachte nicht daran, sich damit abzufinden, daß alle Verleger ihm seine Manuskripte — zumeist ungelesen — zurückschickten, mit dem Vermerk, es bestünde kein Interesse. Also begann er damit, sich bildhaft vorzustellen, daß die Verleger ganz wild auf seine Arbeiten waren. Ihre Zusagen, ihre Angebote und die Verlagsverträge sah er greifbar vor sich. Soweit es ihn betraf, war alles in bester Ordnung.

Diesem schöpferischen Imaginationsvorgang widmete er sich etwa zwei Wochen lang jeden Abend für 10 oder 15 Minuten. An einem Morgen überkam ihn ein starkes Verlangen, etwas ganz Neues und Originelles zu schreiben. Nach seiner Fertigstellung schickte er es an einen der Verlage, die seine Arbeiten bislang abgelehnt hatten, und das Manuskript wurde mit Begeisterung angenommen. Er hatte nicht im geringsten an seinem schriftstellerischen Talent gezweifelt, und er hatte sich bildhaft vorgestellt, auch die Kanäle für dessen Verwertung zu öffnen. Deshalb versorgte ihn sein Unterbewußtsein mit allem, was dazu erforderlich war, und er wurde ein erfolgreicher Schriftsteller. Er war sich bewußt, daß die plötzliche Bereitschaft dieses Verlegers, seine Arbeiten herauszubringen, der Beweis für seine Fähigkeit war, seine inneren Schöpferkräfte voll für sich tätig werden zu lassen.

Wie er zu einer Beförderung kam

Ein junger Verkäufer, der mein Buch *Die Macht Ihres Unterbewußtseins* gelesen hatte, setzte sich jeden Abend still hin und begab sich in einen dämmrigen Halbschlafzustand. Dann stellte er sich plastisch vor, wie sein Chef ihm zu seiner erfolgreichen Arbeit gratulierte und ihm sagte, daß er dafür befördert worden sei. Er fühlte die Echtheit und Gegenwart des Ganzen derart greifbar, daß es für ihn zu lebendiger Wirklichkeit wurde. Er vermochte den imaginären Händedruck wirklich zu spürten. Diese seine schöpferische Imagination hatte er selbstverständlich nicht etwa in die Zukunft projiziert, sondern als gegenwärtiges, jetzt in diesem Augenblick sich vollziehendes Ereignis gesehen und gespürt.

Er wußte, daß dieser Handlungsablauf in seinem Gemüt als eine subjektive Begebenheit *jetzt* stattfindet, die sich früher oder später im äußeren Leben objektivieren muß. Er hatte den ganzen Vorgang — ich wiederhole es — nicht in eine ferne Zukunft verlegt, sondern als bereits vollendete Tatsache gesehen und gefühlt. Machen wir uns bewußt: Die zukünftige Begebenheit findet bereits jetzt statt — auf höheren Ebenen Ihres Bewußtseins. Außerdem sehen wir uns bei der schöpferischen Imagination nicht etwa so, wie wir beispielsweise eine andere Person in einem Film auf der Leinwand sehen würden, sondern wir sehen und fühlen uns in Aktion, wie sonst auch. Der junge Verkäufer sah seinen Vorgesetzten regelrecht vor sich und spürte die Wirklichkeit des imaginären Händedrucks. Überflüssig, zu sagen, daß alles so eintraf, wie es seiner bildhaften Vorstellung entsprach. Das ist der Weg zum Erfolg.

Wie man für andere bejaht

Wenn Sie von einem anderen Menschen um geistige Hilfe gebeten werden, sei es, um einen Krankheitszustand, eine unerwünschte wirtschaftliche Situation oder irgendein anderes Problem zu beseitigen, dann müssen Sie den bestehenden Zustand völlig loslassen. Das tun Sie nicht etwa durch Verneinungen (das wären ja nur negative Bejahungen), sondern dadurch, daß Sie den Betreffenden bereits im Besitz dessen sehen, was er zu sein oder zu haben wünscht — also in strahlender Gesundheit, wohlhabend, froh und glücklich oder was auch immer. Das tun Sie in der festen Überzeugung, daß Gott — das Superbewußtsein — jetzt in seinem Leben in voller Aktion ist.

Das Ganze ist eine Art der Vergebung. Sie geben etwas anderes für etwas. Sie ändern Ihr Konzept von diesem Menschen. Völliges Vergessen ist völliges Vergeben. Wenn Sie sein Leiden oder sein Problem nicht vollkommen vergessen, dann haben Sie nicht vergeben. Sie vergeben, wenn Sie vergessen. Wenn Sie eines Menschen ansichtig werden oder an ihn denken und es kommen Ihnen dabei dessen Leiden, Probleme oder Fehler in den Sinn, oder die Tatsache, daß Sie etwas gegen ihn haben, dann haben Sie keineswegs vergeben. Vergebung ist Vergessen.

Sie können Gott nichts geben

Die Idee des ›Opfers‹ geht auf den Wunsch zurück, einem vermeintlich fernen Gott etwas darzubringen. Gott (Ihr höheres Selbst) ist jedoch alles, was ist — in allem und durch alles hindurchwirkend —, und besitzt bereits alles. Weshalb sollte der Mensch Tiere als Opfergaben darbieten, als wenn Gott ein kannibalistischer Moloch wäre, den es zu besänftigen gilt? Einige Menschen versuchen mit Gott zu handeln, etwa indem sie sagen: »Wenn Gott meinen Sohn heilt, dann werde ich das Trinken aufgeben.«

Alles das ist kompletter Unsinn. Gott ist die alles durchdringende Macht und Gegenwart, die alle Dinge belebt, und sieht die Person nicht an. Diese ganze Opfer-Idee ist ein Überbleibsel aus Urwaldtagen, wo primitive Völker versuchten, ihren Gott zu besänftigen, indem sie ihm Opfergaben darbrachten — Opfer von Tieren und sogar von Kindern.

Sie können Gott (dem ICH BIN in Ihrem Innern) nichts geben als Anerkennung, Lob und Dank. Das einzige, was Sie opfern, sind Ihre falschen Glaubensmeinungen, Ihre Befürchtungen, Ihre Zweifel und anderen negativen Konzepte. Lesen Sie den 100. Psalm. Dann haben Sie den richtigen

Zugang zum Unendlichen. Viele Heilungssuchende sprechen zu ihrem höheren Selbst und bejahen: »Danke Vater, für meine wundersame Heilung.« Das wiederholen sie in der Stille immer und immer wieder, bis sie sich in die Stimmung der überfließenden Dankbarkeit versetzt haben. Im Verlauf dieser Behandlung erheben sie ihr Bewußtsein immer höher, bis sie schließlich den Punkt der Annahme erreichen und in dem Augenblick beginnt ihr Unterbewußtsein für sie tätig zu werden. Jeder Mensch beantwortet sein Gebet selbst.

Praktizieren nach den Regeln

Es besteht ein großer Unterschied zwischen einem Behandlungspraktiker, der aus seinem Innern heraus handelt und einem, der sich rein äußerlich an die Regeln hält. Es ist das Gewahrsein der Liebe, das heilt und die Seele aufblühen läßt. Es gibt nicht viele Behandlungs-Praktiker, die wie seinerzeit Phineas Parkhurst Quimby 1847 alle Herausforderungen und Krankheitsgefahren ohne Zögern auf sich nehmen.

Er war imstande, die von seinen zitternden Patienten gefürchteten Dinge in ihren Anfängen aufzuhalten. Er vertrieb den Gedanken an einen strafenden Gott aus ihren Gemütern und konnte die Ursachen ihrer Leiden hellsichtig ausmachen. Er wirkte von einer hohen Ebene des Gottesbewußtseins — des absoluten Gewahrseins — aus. Er bewirkte eine elektronische Induktion in seinen Patienten — eine Induktion des Glaubens und Vertrauens und sie konnten ihm von ihren Segnungen, ihren Heilungen und den vielfältigen Gaben des Geistes berichten, die ihnen daraufhin zuteil geworden waren. Für jeden von uns — ob Mediziner, Psychologe oder Geistheiler — gibt es noch Steigerungsmöglichkeiten.

Die zwei Wissenschaftler

Einer unserer Laboratoriumswissenschaftler bemerkte einmal, die Wissenschaft könne durchaus auf einen Gott verzichten, da man den Menschen auf eine Substanz aus Wasser und Chemikalien reduzieren könnte, dessen heutiger Marktwert kaum einen Dollar fünfzig ausmacht. Diese Masse hätte zudem in einem größeren Reagenzglas ausreichend Platz. Ein chinesischer Chemiker erwiderte jedoch, nur Gott sei imstande, diesen Menschen aus dem Reagenzglas herauszunehmen und wieder zusammenzusetzen. Das war eine sehr gute Entgegnung.

Welches Gewand tragen Sie?

Im 100. Psalm wird uns gesagt: *Dienet dem Herrn mit Freuden, kommt vor sein Angesicht mit Frohlocken! ... Ziehet ein durch seine Tore mit Danken, in seine Vorhöfe mit Lobgesang* (Ps. 100:2,4).

Das Gewand, das Sie tragen, wenn Sie Ihre Bejahungen durchführen, muß das Gewand des Vertrauens, des Lobens und des Dankens sein. Das ist die richtige Stimmung oder wie die Bibel es ausdrückt, das richtige Gewand. Sie müssen empfänglich und aufgeschlossen sein und bereit zum Empfang all der Segnungen, die Ihnen seit Anbeginn der Zeiten gegeben wurden. ›Alle Dinge sind bereit, wenn das Gemüt es gleichfalls ist.‹

Jeden Abend, wenn Sie sich dem Schlaf überlassen, treten Sie vor den König der Könige, den Herrn der Herren, den lebendigen allmächtigen Geist, die Gottesgegenwart in Ihrem Innern. Wenn Sie einem menschlichen König als Diener gegenübertreten, dann werden Ihnen die Pflichten eines Dieners oder Sklaven übertragen, je nach Lage der Dinge. Wenn Sie einem König jedoch in der Uniform eines Generals gegenübertreten, werden Sie mit einer einem General angemessenen Aufgabe betraut.

Wenn Sie mit sehr wichtigen Leuten zusammentreffen, dann werden Sie zu diesem Anlaß wahrscheinlich Ihre beste Kleidung anlegen. Es wird Sie wohl recht wenig kümmern, ob Sie vor den Hausangestellten mit gebügeltem Anzug und korrekt sitzender Krawatte erscheinen, sollten Sie jedoch eine Zusammenkunft mit dem Präsidenten der Vereinigten Staaten haben, dann werden Sie sich Ihres Aufzuges mit einem Mal durchaus bewußt.

Sie besuchen den König der Könige − spirituell gesehen − jede Nacht, wenn Sie schlafen. Tragen Sie dann das Gewand der Liebe, des Friedens, des Wohlwollens und der Erwartung. Das Gewand des Glaubens tragen Sie, wenn Sie sich bewußt sind, daß die unendliche Intelligenz reagiert, wenn Sie es verlangen. Begeben Sie sich niemals zur Ruhe, angetan mit dem Gewand der Depression, des Zornes, des Grolls oder der Selbstverurteilung. Ein solches Gewand ist voller Löcher, Nähte und schmutziger, ausgefranster Stellen. Da Ihr Unterbewußtsein das ihm eingegebene jeweils verstärkt, erzeugen Sie damit nur noch mehr Verdruß.

Reinigen Sie Ihr Gemüt, bevor Sie sich schlafen legen. Vergeben Sie sich und jedem anderen, und wenden Sie sich Gott zu mit einem Lied des Lobes im Herzen. Dann wird Gott − das Superbewußtsein − Sie mit Segnungen überschütten, daß kein Platz sein wird, sie alle zu empfangen. Ihr letzter wachbewußter Gedanke, Ihr letztes wachbewußtes Konzept wird Ihrem Unterbewußtsein aufgeprägt und das Unterbewußtsein − das Buch des Lebens − vermerkt alles, was sie denken, fühlen und für wahr halten.

Gott − das Superbewußtsein − ist vollkommene Liebe und gewährt Ihnen alles, was Sie beanspruchen und als wahr empfinden. Gott ist völlig unpersönlich. *Denn der Herr ist gütig; ewig währt seine Gnade und seine Treue von Geschlecht zu Geschlecht* (Ps. 100:5).

11

Die Antwort ist in Ihrem Innern

Eine etwas korpulente Frau hatte den sehnlichen Wunsch, schlank zu werden. Bei ihren diesbezüglichen Bemühungen imitierte sie jedoch lediglich die Gewohnheiten anderer, die ihren jeweiligen.Diätvorschriften folgen und keinerlei Resultate aufweisen. Während der ganzen Zeit hatte sie den in ihrem Unterbewußtsein vorherrschenden Heißhunger nach Apfeltorte, Eiskrem und Keksen gewaltsam unterdrückt, was zur Folge hatte, daß sie weiter an Gewicht zunahm.

Ich konnte sie überzeugen, daß es absolut keinen Sinn hat, die Gewohnheiten anderer zu imitieren. Statt dessen sollte sie lieber entscheiden, wie ihr gewünschtes Gewicht sein sollte (vielleicht 65 Kilo), und dann bejahen: »Ich wiege 65 Kilo, in göttlicher Ordnung.« Diese Feststellung sollte sie dann oftmals am Tag wiederholen, ganz besonders unmittelbar vor dem Einschlafen. Ich erklärte ihr, daß der Gedanke an die 65 Kilo Körpergewicht schließlich ihrem Unterbewußtsein weitergereicht würde, das ihr dann automatisch jedes Verlangen nach Süßigkeiten entzieht.

Sie machte sich eine konstruktive Gewohnheit zu eigen

Sie war sogleich Feuer und Flamme. Voller Begeisterung ging sie daran, mehrmals am Tag, während der Hausarbeit

– beim Bügeln, Geschirrspülen, Staubsaugen – laut vor sich hin zu singen: »Ich wiege 65 Kilo in göttlicher Ordnung. Es ist wunderbar!« Das tat sie wieder und wieder, bis es ihr zur Gewohnheit wurde und Eingang in ihr Unterbewußtsein fand. Sie war sich bewußt, daß ein ständig wiederholter Gedanke, verbunden mit dem Freudegefühl des bereits erfüllten Begehrens zur rechten Zeit seinen Weg in ihr Unterbewußtsein findet und zum Gesetz wird.

Nach etwa einer Woche verlor sie jeglichen Appetit auf stärkehaltige Nahrungsmittel, die eigentliche Ursache für ihre Korpulenz. Die Worte ›es ist wunderbar‹ bedeuteten für sie, daß Gott in ihrem Leben Wunder wirkt. ... *und er wird genannt wunderbarer Rat* ... (Jes. 9:6).

Er beförderte sich selbst

Ein junger Bankier erzählte mir einmal, daß er sich jeden Abend in einem Sessel entspannt und dann mit geschlossenen Augen vorgestellt hatte, wie der Präsident der Bank ihm zu seiner Beförderung gratulierte. In seiner schöpferischen Imagination spürte er den Händedruck des Präsidenten, hörte seine Stimme – kurz, er machte das Ganze so real in der Empfindung wie irgend möglich. Er lebte in dieser Rolle mit jeder Faser seines Wesens, er erfüllte sie mit Leben und Wirklichkeit. Er sah sich dabei nicht wie eine andere Person, sondern er sah den Präsidenten und sich selbst so, wie er das alles auch sonst sehen würde. Er machte das ›dort‹ zum ›hier‹ und die Zukunft zum Jetzt. Das ganze Geschehen gestaltete er dermaßen real, daß er nach dem Öffnen seiner Augen ganz erstaunt war, den Präsidenten der Bank nicht tatsächlich vorzufinden.

Nach etwa einem Monat derartigen Visualisierens hatte er sein Unterbewußtsein erfolgreich imprägniert und die tatsächliche Beförderung ließ nicht lange auf sich warten.

Gleichzeitig wurde er auf Kosten des Unternehmens zu einem Spezial-Lehrgang geschickt. Heute ist er Vizepräsident der Bank.

Was er gefürchtet hatte

Hiob sagte ... *denn was ich gefürchtet habe, ist über mich gekommen* ... (Hiob 3:25). Vor kurzem sprach ich mit einem Mann, der erst kürzlich damit begonnen hatte, sich mit den Gesetzen des Gemüts zu beschäftigen. Der Anlaß dazu war ein recht handfester, denn er hatte, wie er sagte, drei Jahre lang in konstanter Furcht vor einem Raubüberfall gelebt, bis das so intensiv Gefürchtete sich schließlich auch tatsächlich ereignete. Sein Ladengeschäft wurde von bewaffneten Männern überfallen. Hätte er damals Kenntnis von den Gesetzen des Gemüts gehabt, dann — so versicherte er mir — würde er sein negatives Denken sofort in sein Gegenteil umgewandelt haben. Dann würde er bejaht haben: »Das, was ich so sehr gewünscht und geliebt habe, ist über mich gekommen.« Inzwischen hat er jedoch eingesehen, daß er es hier mit einer Kraft zu tun hat, die das gesamte Universum durchdringt und die Welt in Gang hält. Diese Kraft hatte er auf die falsche Weise angewandt. Alle Macht der Gottesgegenwart findet sich in den Tiefen des Unterbewußtseins.

Jetzt weiß er, daß er selbst es war, der diesen Raubüberfall verursachte. Er hatte ihn sich selbst zugezogen — er hatte dieses Ereignis mit aller Macht an sich gezogen. Er hat jetzt begriffen, daß absolut nichts in unseren Erfahrungsbereich gelangen kann, für das in unserem Bewußtsein kein mentales Äquivalent vorhanden ist. Der Begriff ›Bewußtsein‹ umfaßt Ihre Meinungen und Überzeugungen, bewußt und unbewußt. Es ist die Totalsumme alles dessen, was Sie denken, fühlen, glauben und als wahr akzeptieren. Was sich nicht in unserem Bewußtsein befindet, das können wir auch nicht erfahren.

Dieser Mann war nun darangegangen, regelmäßig den 91. Psalm zu lesen und sich von dessen Wahrheiten tief durchdringen zu lassen, so daß sie schließlich sein Unterbewußtsein erreichten, wo sie dann zu einer effektiven und funktionellen Kraft wurden. Sein Gemüt hat jetzt Frieden und seine abnormen Furchtgefühle sind nicht mehr vorhanden.

Gleiches zieht Gleiches an

Alles, was Sie tief im Herzen als wahr und zutreffend empfinden, das wird sich im Äußeren verwirklichen. Die große Wahrheit lautet: »Wie der Mensch in seinem Herzen (emotionell und unterbewußt) denkt, so ist (handelt, funktioniert und erfährt) er.«

Ein Kriminalbeamter, der meine Vorträge in Laguna Hills besucht, erzählte mir vor einiger Zeit von einer Frau, die ebenfalls ein an ihr begangenes Verbrechen selbst herbeigeführt hatte.

Diese Frau war überfallen und vergewaltigt worden. In ihrer Handtasche fanden sich Zeitungsausschnitte mit Berichten über Vergewaltigungen — Berichte, die einen Zeitraum von mehreren Jahren umspannten. Wie sie dem Beamten bei der Vernehmung sagte, habe sie schon immer gewußt, daß ihr das einmal passieren würde.

Auch hier haben wir ein Opfer, ›das nach seinem Peiniger Ausschau gehalten hatte‹. Diese Frau hatte sich mehrere Jahre lang in den Gedanken an eine Vergewaltigung hineingesteigert.

Alles, was wir unserem Unterbewußtsein einpflanzen — ob gut oder böse —, das werden wir früher oder später auch erfahren.

Weshalb er versagte

Ein junger Geschäftsmann suchte mich zu einer Konsultation auf. Unser Gespräch ergab, daß er sehr hart arbeitete, aufrichtig, fleißig und emsig war und in seinen Ansichten fortschrittlich. Dessen ungeachtet mußte er wiederholt Fehlschläge hinnehmen. Er hatte das Gefühl, vom Pech verfolgt zu sein, er redete sich ein, keinen Erfolg haben zu können, da das Schicksal gegen ihn sei.

Ich erklärte ihm, daß dem durchaus nicht so sei — daß er im Gegenteil zum Erfolg bestimmt sei. Die allmächtige Kraft in seinem Innern — das Superbewußtsein — ist immer erfolgreich in allem, was sie unternimmt, sei es die Erschaffung neuer Sterne oder eines Baumes. Er konnte erkennen, daß er sich sein eigenes Gesetz geschaffen hatte, mit den wiederholten Suggestionen, die er seinem Unterbewußtsein verabreicht hatte. Sein Unterbewußtsein wiederum hatte keine andere Wahl, als auf seinen Glauben an unentwegten Mißerfolg zu reagieren.

Dieser junge Mann hat inzwischen begriffen: Alles, was wir als wahr empfinden, wird von unserem Unterbewußtsein verwirklicht. Deshalb hat er sich ein neues Gesetz gemacht und angefangen, seinem Unterbewußtsein Gedanken an Erfolg und Wohlergehen einzugeben. Er weiß jetzt, daß konstante Repetition dieser beiden Ideen, aufgeladen mit Gefühl, sein Unterbewußtsein veranlassen, sie sich zu eigen zu machen. Seinen Erfolg und seinen Wohlstand machte er sich gegenständlich, indem er sich in diese neue Rolle hineinlebte. Er sah und hörte, wie seine Frau ihm zu seinem Erfolg gratulierte — sein ganzes Wesen atmete jetzt Erfolg und Wohlstand. Das Gesetz des Unterbewußtseins ist kompulsiv (zwanghaft), deshalb wird es unweigerlich veranlaßt, das Bejahte zu verwirklichen.

Innerhalb nur eines Monats veränderte sich sein ganzes Leben, als Folge seiner neuen, im Unterbewußtsein etablierten Gewohnheit. Richtige Bejahung ist eine gute Gewohnheit, Mißerfolg hingegen eine schlechte. Dieser junge Mann durfte die Erfahrung machen, daß sein Gedankenbild und sein Fühlen — seine schöpferische Imagination — sein Leben verändert hatte. Er war auch darauf bedacht, das Bejahte nicht später etwa wieder zu verneinen — ein verhängnisvoller Fehler, der bei einer Reprogrammierung des Unterbewußtseins oftmals nicht beachtet wird.

Die Macht zu wählen

Die Bibel sagt: … *Erwählet euch heute, wem ihr dienen wollt* … (Jos. 24:15). Ein indischer Abwehroffizier erzählte mir einmal von den Gefahren, denen er tagtäglich ausgesetzt war. Durch intensives Studium der Bhagavad Gita und der Psalmen in der Bibel war er jedoch zu der Einsicht gekommen, daß es nur eine einzige Macht und Gegenwart gibt, die ausschließlich gut und vollkommen ist.

Er wußte, daß er sich der schützenden Macht Gottes — des einzigen Einen — nur völlig anheimzugeben brauchte, damit alles gut war. Jeden Morgen und jeden Abend las er die folgenden Verse aus dem 27. Psalm: *Der Herr ist mein Licht und mein Heil, vor wem sollte ich mich fürchten? Der Herr ist meines Lebens Zuflucht, vor wem sollte ich erschrecken? … denn am Tage des Unglücks birgt er mich in seiner Hütte; er verbirgt mich im Schirm seines Zeltes, auf einen Felsen hebt er mich* (Ps. 27:1,5).

Diese Wahrheiten wiederholte er auch jeden Morgen, bevor er seinen Dienst antrat. Während des ganzen Tages behielt er sie im Gedächtnis. Er wußte, daß diese herrlichen Wahrheiten, ständig wiederholt, schließlich sein Unterbewußtsein durchdringen, das auf die ihm eingegebenen Denkmuster unweigerlich reagiert. Er wußte auch, daß er sich damit eine vorteilhafte Gewohnheit zu eigen machte, die sein tieferes Bewußtsein zu automatischen Reaktionen veranlaßte, die im Ganzen gesehen nur zu einem glücklichen Leben führen konnten.

Folgendes war bislang geschehen: In einem Fall hatte ein Mann mit gezogener Pistole auf ihn gefeuert — die Waffe hatte Ladehemmung. In einem anderen Fall wurde ihm eine Bombe in den Wagen geworfen, die nicht explodierte. Bei anderer Gelegenheit hörte er eine innere Stimme, die ihn warnte, die Speisen, die ihm gerade serviert würden, seien vergiftet. Er hatte sie nicht angerührt.

Emerson sagte: »Es gibt Führung für einen jeden von uns, und bei stillem Lauschen werden wir das richtige Wort hören.« Diese innere Stimme bezeichnete er als die Stimme des ›Om‹ oder des ›ICH BIN‹, der Gegenwart Gottes, des höheren Selbst oder des Superbewußtseins. Alle diese Namen bezeichnen das Gleiche. Die göttliche Gegenwart — das Superbewußtsein —, von Emerson auch ›Überseele‹ genannt, befindet sich in den unbewußten Tiefen eines jeden von uns.

Wenn Sie einen bestimmten Gedanken immer wieder repetieren und ihn mit Bedeutsamkeit ausstatten (also mit Gefühl aufladen), dann kommt der Moment, da er zu einer Realität wird — einer unterbewußten Überzeugung. Das wiederum führt zu einer automatischen Reaktion Ihres Unterbewußtseins. Dann werden Sie zu ›grünen Auen und stillen Wassern‹ geleitet.

Falsche Überzeugungen

Ein Gymnasiallehrer hatte sich einreden lassen, daß die Ursache für den unbefriedigenden Heilungsverlauf seiner Beinverletzung im Karmagesetz zu suchen sei. Er würde nämlich jetzt für Missetaten in einem früheren Leben zur Rechenschaft gezogen. Dieser Mann war Oberstudienrat an einer höheren Schule und vom akademischen Standpunkt gesehen hochgebildet.

Ich erklärte ihm, daß es sich hier um eingebildeten Firlefanz handelt, um kompletten Unsinn, eine Beleidigung seiner angeborenen Intelligenz. Außerdem machte ich ihm den Vorschlag, zwei renommierte Psychologieprofessoren aufzusuchen und sich im Hypnosezustand um 100 Jahre vor seiner Geburt zurückversetzen zu lassen. Er hatte mit jedem dieser beiden Professoren separate Konsultationen, keiner wußte vom anderen. Jede der beiden Deutungen stand in völligem Widerspruch zur anderen. Im ersten Fall war er 100 Jahre vor seiner Geburt eine Frau mit vier Kindern, die in Kentucky gelebt hatte. Die Deutung des anderen Psychologieprofessors besagte, er sei im gleichen Zeitraum ein französischer Soldat gewesen, der auf seinen kommandierenden Offizier gefeuert habe und deshalb eine Gefängnisstrafe zu verbüßen hätte.

Es ist offenkundig, daß diese Deutungen seines letzten Erdenlebens nichts anderes waren als fiktionalisierte Dramatisationen aus den Tiefen seines Unterbewußtseins und glatte Einbildungen. Bei der zweiten Deutung sprach er zwar fließend Französisch, aber das tat er sonst auch. Jetzt wollte der Gymnasiallehrer es noch genauer wissen. Er konsultierte noch einen weiteren Psychologen, dessen Deutung erwartungsgemäß die der beiden anderen widerlegte. Dann tat er ein Übriges: Er bat den Psychologen um eine Deutung seines gegenwärtigen Lebens vom Zeitpunkt seiner Geburt an. (Er ist 55 Jahre alt.)

Da alles, was uns im Leben widerfahren ist – von der Wiege bis zur Gegenwart –, vom Unterbewußtsein aufgezeichnet ist, sollte es solchen Experten doch eigentlich ein Leichtes sein, dorthin Zugang zu finden. Das Resultat war jedoch ein Fehlschlag auf der ganzen Linie.

Damit waren ihm die Augen geöffnet. Er erklärte: »Ich bin aufs Kreuz gelegt worden«, was wohl heißen sollte, daß man ihn mit all diesem Unsinn so ziemlich zum Narren gehalten hatte. Ich schickte ihn zu einem Arzt, einem alten Freund von mir, der ihn sofort überzeugen konnte, daß er mit einer neuartigen Behandlungsmethode eine vollkommene Heilung erzielen würde. Diese ärztliche Diagnose wurde von seinem Unterbewußtsein vorbehaltlos akzeptiert und er war hocherfreut.

Es war sein rechtes Bein, das besagte Verletzungen aufwies. Das ›rechte Bein‹ steht psychologisch für die objektive Welt und Bein beinhaltet Bewegung. Er bekannte, daß er einer geplanten Versetzung Widerstand entgegensetzte und daß in seinem Gemüt deshalb heftige Kämpfe tobten. Er hatte unter verdrängten und unterdrückten Zorn- und Grollgefühlen zu leiden.

Diese negativen Emotionen suchten nach einer Ausdrucksmöglichkeit; deshalb reagierte sein Unterbewußtsein mit Beinbeschwerden. Eine solche Reaktion wird als Organsprache bezeichnet.

Der Gymnasiallehrer entschloß sich nunmehr, loszulassen und seine Führung dem Superbewußtsein anheimzugeben. In anderen Worten: Er übergab das Ganze der unendlichen Macht und Gegenwart mit der Bejahung: »Unendliche Intelligenz weist den Arzt an, das Richtige zu tun. Ich überlasse mich der unendlichen Intelligenz und ich werde göttlich geführt, das Richtige zu tun. Ich bin immer an meinem wahren Platz. Ich tue immer das, was ich gern tue, glücklich und göttlich gefördert. Gott in meiner Mitte heilt mich jetzt. Ich sage Dank für die wundersame Heilung, die sich jetzt vollzieht.«

Das Bein des Oberstudienrats ist jetzt völlig geheilt, und er ist an seinem jetzigen Platz sehr glücklich. Er hatte sich dazu durchgerungen, loszulassen und das Superbewußtsein wirken zu lassen und sich seiner Führung anzuvertrauen. Diese Einstellung führt uns alle auf die Wege der Freude und die Pfade des Friedens.

Sie hörte Stimmen

Eine Frau, die sich mit dem Ouija-Brett beschäftigte, kam zu mir, um mir einige der empfangenen Schreibergebnisse zu zeigen. Einige davon waren zu Beginn auch recht gut und positiv und enthielten hin und wieder auch ein Bibelzitat.

Nach einigen Wochen hatte sich jedoch eine Stimme eingeschaltet. Diese innere Stimme beschimpfte sie nun jeden Abend, warf ihr alle möglichen Grobheiten und Obszönitäten an den Kopf, forderte sie zum Selbstmord auf oder verführte sie zum Trinken.

Schon als sie angefangen hatte, mit dem Ouija-Brett zu experimentieren, lebte sie in beständiger Furcht, irgendeine sogenannte üble Wesenheit würde sich einmischen, und wie Hiob sagte: ... *Was ich gefürchtet habe, ist über mich gekommen* ... (Hiob 3:25). In anderen Worten: Ihr Unterbewußtsein wurde ihren ständigen Befürchtungen gemäß tätig und reagierte entsprechend negativ.

Ich gab ihr eine ganz spezielle Bejahung — eine Bejahung, die ich im Verlauf der Jahre an viele Menschen geschickt habe, die sich von üblen Wesenheiten kontrolliert wähnten.

Liebe treibt die Furcht aus. Das Bewußtsein, von der Gegenwart Gottes animiert, geführt und erhalten zu werden, löscht alle negativen Kräfte aus.

Ich wies sie an, diese Bejahung, die ich nachstehend in ihrem vollen Wortlaut anführe, etwa zehn Minuten lang jeweils morgens, nachmittags und abends vor dem Einschlafen zu lesen. Wenn diese Wahrheiten durch konstante Repetition dem Unterbewußtsein eingegeben werden, dann werden dadurch alle Negationen und Befürchtungen ausradiert. Sie begann nun damit, diese Wahrheiten systematisch und regelmäßig zu bejahen und sie dabei mit Gefühl aufzuladen, bis sie zu einem lebendigen Teil ihrer selbst wurde.

Eine spezielle Bejahung

»Gott liebt mich und sorgt für mich. Gottes Liebe erfüllt mein Gemüt und mein Unterbewußtsein. Mit dieser Bejahung entthrone ich alle negativen Einflüsse in meinem Gemüt.

Ich bejahe diese Wahrheiten kühn und mutig. Es ist mir ernst mit jedem Wort, und was ich erkläre, wird wahr werden. Gott lebt in mir. Gott spricht in mir. Gott geht mit mir. Mein Leben ist Gottes Leben, und Gottes Frieden erfüllt mein Gemüt und mein Herz.

Die heilende Liebe Gottes durchtränkt mein ganzes Sein. Weisheit, Wahrheit und Schönheit beherrschen mich. Ich bin heil, ich bin glücklich, ich bin friedvoll, und die Freude des Herrn ist meine Stärke.

Wo Gott ist, da gibt es kein Übel. Ich vermag alles durch die Gotteskraft, die mich mächtig macht. Ich weiß: Alles, was ich dem ICH BIN hinzufüge, zu dem werde ich. Gott sorgt für mich. Ich bin umgeben vom heiligen Kreis der ewigen Liebe Gottes, und die ganze Rüstung Gottes hüllt mich ein.

Sein Licht leuchtet in meinem Gemüt. Ich höre die Wahrheit; ich kenne die Wahrheit; ich höre die leise flüsternde Stimme Gottes sagen ›Friede sei still‹.«

Dieser Bejahung ließ sie mutig und entschieden das Kommando folgen: »Ich verlange jetzt, daß ihr verschwindet. Ich meine es ernst. Ich erkläre es. Macht euch fort. Gott ist und seine Liebe ist jetzt hier. Ihr seid fort. Ich bin befreit. Danke, Vater.«

Nach etwas mehr als einer Woche mit dieser Bejahungstechnik war sie vollkommen befreit, und sie hatte auch aufgehört, mit dem Ouija-Brett herumzuspielen. Sie weiß jetzt, daß es allein Ihr Unterbewußtsein war, das zu ihr gesprochen hatte. In anderen Worten: sie hatte zu sich selbst gesprochen.

Wiedergeboren werden

Immer wieder fragen mich viele Menschen nach der Bedeutung dieser Worte. Fast täglich kann man in den Presseorganen von irgendjemandem lesen, der sich neugeboren fühlt. Allerdings hat das nichts mit einer physischen Geburt zu tun. Wenn Sie ein großer Mathematiker oder ein hervorragender Arzt sind, dann ist das keine spirituelle Erleuchtung. Der Mensch sollte sich der spirituellen Kräfte in seinem Innern bewußt sein und ein Gefühl des Einsseins mit dem Unendlichen haben. Wenn der Mensch also vom göttlichen Mittelpunkt aus denkt, spricht und handelt, wenn göttliche Liebe und göttlicher Frieden seine Seele erfüllten, dann erlebt er eine spirituelle Wiedergeburt und ist damit befreit von Furcht, Unwissenheit, Aberglauben und den falschen Überzeugungen der Welt.

Er betreibt keine konfessionelle Religion, noch gehört er irgendeiner Sekte an, weil er intuitiv erfaßt hat, daß Gott die Person nicht ansieht und daß man den göttlichen Attributen Liebe, Frieden, Harmonie, Freude, Wohlwollen, Inspiration oder rechtem Handeln kein Etikett anhaften kann.

Neugeburt kann sich jetzt vollziehen

Neugeburt ist eine individuelle Erfahrung ... *Wenn jemand nicht aus Wasser und Geist geboren wird, kann er nicht in das Reich Gottes kommen* (Joh. 3:5). Wasser ist das Sinnbild für Ihr Gemüt, das gleich dem Wasser die Form eines jeden Gefäßes annimmt, in das man es gießt. Füllen Sie Ihr Gemüt mit den Wahrheiten Gottes an – morgens, mittags und abends – und wenn Sie Ihr Unterbewußtsein mit den ewigen Wahrheiten durchtränkt haben, dann verwandelt sich Ihr ganzes Leben in das genaue Abbild Ihrer Kontemplation.

»Alle Dinge sind bereit, wenn das Gemüt es gleichfalls ist« (Shakespeare). Jetzt ist der Augenblick! Sie können jetzt Ihr Herz dem Einfließen des Heiligen Geistes öffnen und sich vom Höchsten erneuern und erleuchten lassen.

Er sagte: »Zu gegebener Zeit werden alle wiedergeboren sein«

Ein junger Pfarrer, den ich gut kannte, hing der Illusion nach, daß alle Menschen auf dieser Welt zu gegebener Zeit eine spirituelle Wiedergeburt erfahren würden.

Deshalb wies ich ihn auf das dritte Kapitel des Predigerbuches hin:

Alles hat seine bestimmte Stunde, jedes Ding unter dem Himmel hat seine Zeit.

Geboren werden hat seine Zeit, und Sterben hat seine Zeit. Pflanzen hat seine Zeit, und Ausreißen hat seine Zeit.

Töten hat seine Zeit, und Heilen hat seine Zeit. Einreißen hat seine Zeit, und Bauen hat seine Zeit.

Weinen hat seine Zeit, und Lachen hat seine Zeit. Klagen hat seine Zeit, und Tanzen hat seine Zeit.

Steine wegwerfen hat seine Zeit, und Steine sammeln hat seine Zeit. Umarmen hat seine Zeit, und Sichmeiden hat seine Zeit.

Suchen hat seine Zeit, und Verlieren hat seine Zeit. Behalten hat seine Zeit, und Wegwerfen hat seine Zeit.

Zerreißen hat seine Zeit, und Nähen hat seine Zeit. Schweigen hat seine Zeit, und Reden hat seine Zeit.

Lieben hat seine Zeit, und Hassen hat seine Zeit. Der Krieg hat seine Zeit, und der Friede hat seine Zeit.

Welchen Gewinn hat, wer etwas tut, von dem, worum er sich abmüht?

Ich sah die Plage, die Gott verhängt hat, daß die Menschenkinder sich damit plagen.

Alles hat er gar schön gemacht zu seiner Zeit; auch die Welt hat er ihnen ins Herz gelegt, nur daß der Mensch das Werk, das Gott gemacht, von Anfang bis Ende nicht fassen kann.

Da merkte ich, daß es unter ihnen nichts Besseres gibt, als fröhlich zu sein und es gut zu haben im Leben.

Daß jeder Mensch essen und trinken kann und sich gütlich tun bei all seiner Mühsal, auch das ist eine Gabe Gottes.

Ich erkannte, daß alles, was Gott tut, ewig gilt, man kann nichts dazutun und nichts davontun; und Gott hat es so gemacht, daß man sich vor ihm fürchtet.

Was da ist, das war schon vorzeiten, und was sein wird, auch das ist vorzeiten gewesen; Gott sucht das Entschwundene wieder hiervor (Pred. 3:1 – 15).

Es ist ausgesprochen töricht, anzunehmen, daß Menschen zu gegebener Zeit gottgleich und heilig werden. Das ist lediglich eine Illusion. Es gibt nichts Fehlerhaftes, was die Beschaffenheit der Welt und der Galaxien im Raum betrifft. Alles wird von einer höchsten Intelligenz beherrscht — in unendlicher Ordnung und mit größter mathematischer Präzision. Es heißt, daß Ordnung das erste Gesetz des Himmels ist.

Es sind lediglich die Menschen auf der Welt, die sich ändern müssen, und das ist ein individueller Prozeß. Niemand kann einen Zauberstab heben und damit Menschen verwandeln — und siehe da, sie praktizieren Güte, Wahrheit und Schönheit. So läßt sich das nun einmal nicht herbeiführen. Diese unsere Welt dreht sich gleichmäßig um ihre Achse und läßt auch die Jahreszeiten regelmäßig wiederkehren. Wir alle hier, in dieser dreidimensionalen Welt, bewegen uns durch Gegensätze — Nacht und Tag, Ebbe und Flut, süß und sauer, Gesundheit und Krankheit, Vertrauen und Befürchtungen, Gut und Böse. Wir müssen lernen, die Gegensätze auszugleichen und damit den Frieden zu erfahren, der jede Vernunft übersteigt.

Unsere Lebenserfahrungen sind einem Pendel gleich, einer Art rhythmischen Abwechselns zwischen ihren Gegensätzen. Wir gehen vom Krieg zum Frieden; und, nach einem Intervall, wieder zurück zum Krieg. Das ist so, weil der Mensch nun einmal das ist, was er ist. Wenn negative Emotionen wie Gier, Bosheit, Haß, Neid und Eifersucht im Charakter des Menschen gestorben sind, dann wird es selbstverständlich auch keine Kriege, Krankheiten oder Verbrechen mehr geben.

Eine solche Umwandlung vollzieht sich jedoch niemals auf kollektiver Ebene; sie nimmt nur in dem Maße Formen an, wie der Mensch als Individuum es lernt, die Gegenwart Gottes zu praktizieren — in seinen Gedanken, Worten und Handlungen. Jeder Mensch erschafft selbst, er erschafft sich seinen eigenen Idealzustand. Kein Staat, keine Regierung kann Frieden, Glück, Gesundheit und Wohlstand garantieren. Tausende und Abertausende reisen ständig in der Welt umher, sie kennen sich aus, sie sind mit den entlegensten Flecken und Winkeln vertraut. Was ich bei ihnen aber immer wieder feststellen konnte, war die Tatsache, daß kaum einer von ihnen sich in seinem Innern einigermaßen auskannte. Eine Reise nach Innen hatten sie noch nicht unternommen — dorthin, wo das Superbewußtsein wohnt, die Gegenwart Gottes.

Wenn Sie spirituell reisen, dann begeben Sie sich auf den Berg Gottes in Ihrem Innern und kontemplieren die großen Wahrheiten Gottes. Damit eignen Sie sich mehr und mehr Göttlichkeit an, durch Meditation, Bejahung und Kontemplation. Die Begrenzungen von Zeit und Raum sind für die göttliche Gegenwart in Ihrem Innern nicht existent. Somit hat auch Ihr spirituelles Erwachen überhaupt nichts zu tun mit Zeit und Raum oder der Bewegung der Erde um die Sonne.

Die zeitlose, raumlose, alterslose Eine ist in Ihrem Innern. Ihre Umwandlung kann sich in einem einzigen Augenblick vollziehen. *Was da ist, das war schon vorzeiten, und was sein wird, auch das ist vorzeiten gewesen ...* (Pred. 3:15).

Die Historie wiederholt sich, und was vorzeiten war, soll wieder sein. Dieser Zyklus der Veränderungen wird weder die Vereinigten Staaten von Amerika noch das Universum verändern, es ist jedoch sein Ziel und Zweck, den Menschen zu verändern, damit er zum neuen Menschen wird – dem glücklichen Menschen, dem frohen Menschen, dem Menschen, der Gott als seinen Vater und alle Menschen als seine Brüder erkannt hat.

Das Universum wird von Gott beherrscht. Gottes Wirken ist universell. Der Mensch hingegen ist gesondert – vereinzelt. Damit Gott jedoch auch durch den einzelnen Menschen wirken kann, muß er zu dem Vereinzelten werden. Das bedeutet ganz einfach, daß Sie eine Individualisation Gottes sind. Wenn Gott durch Sie wirken soll, dann kann er das allein aufgrund Ihrer individuellen Denkmuster und Imaginationen.

In Vers 11 dieses Kapitels sagt der inspirierte Schreiber: *Alles hat er gar schön gemacht zu seiner Zeit; auch die Welt hat er ihnen ins Herz gelegt ...* Die Welt, die Sie wahrnehmen, ist die Welt, die Sie ›sind‹. Sie blicken durch den Inhalt Ihrer eigenen Mentalität. Die Schönheit findet sich im Auge des Beobachters, und da erblickt jeder eine andere Welt. Die Wahrnehmung eines jeden unterscheidet sich von der des Anderen. Wenn Ihre Augen – Ihre Wahrnehmung – sich mit dem identifizieren, was lieblich und wohllautend ist, dann werden Sie auch nur das Liebliche und Wohllautende wahrnehmen. »Was du siehst, o Mensch, zu dem sollst du werden. Gott, wenn Gott du siehst und Staub, wenn Staub du siehst.«

Die Plage, von der in Vers 10 die Rede ist, betrifft die verschiedenen Probleme, Herausforderungen, Prüfungen und Schwierigkeiten, deren Überwindung unser spirituelles Wachstum ermöglicht. Die große Freude liegt in der Überwindung unserer Probleme und in der Entdeckung der Kraft in unserem Innern.

Hören Sie doch auf, die Welt verändern zu wollen. Niemand muß verändert werden, außer uns selbst. Die menschliche Natur hat sich im Laufe von Jahrhunderten nicht allzusehr verändert, das beweisen allein die drei letzten großen Kriege. Genau genommen hat es, soweit ich zurückdenken kann, immer irgendwo auf der Welt einen Krieg gegeben. Sie verfügen über keinen Zauberstab, mit dem Sie Krankheiten und Leiden verscheuchen, die ihre Ursache im Bewußtsein des Menschen haben. Und auch Kriege und menschliche Konflikte können Sie nicht wegzaubern.

Das Leben ist eine Schule, wir sind hier, um zu lernen und zu wachsen, und die Göttlichkeit zu entdecken, die uns formt. Alles Leiden auf dieser Welt ist — wie Buddha sagte — die Folge von Unwissenheit. Es ist selbstverständlich ein edler und gottgleicher Wunsch, die Leiden der Menschheit lindern zu wollen, Sie sollten jedoch keinesfalls in den Fehler verfallen, die Verbrechen, Tragödien und Leiden der Welt zu kontemplieren. Das führt nämlich nur zu einem depressiven Gemütszustand. Und zwar bei Ihnen! Erreicht wird damit nur eines: Es trägt zu einer weiteren Verschmutzung des Massengemüts bei. Kontemplieren Sie stattdessen Frieden, Harmonie, rechtes Handeln und Erleuchtung für sich und die gesamte Menschheit. Damit leisten Sie einen konstruktiven Beitrag und segnen das ganze Menschengeschlecht.

Nehmen Sie Ihr Gutes jetzt in Besitz. Nehmen Sie Ihr Glück jetzt. Nehmen Sie Liebe, jetzt. Nehmen Sie Freude, jetzt. Schieben Sie Ihr Gutes nicht auf. Es ist recht töricht zu sagen, Sie würden erst glücklich sein können, wenn alle Kriege aufgehört haben und alle Menschen eine Neugeburt in Gott erfahren. Darauf würden Sie ewig warten müssen. Wenn Sie sich im Gewahrsein der göttlichen Eigenschaften des Friedens, der Harmonie und der Freude bewegen, dann sind Sie zugleich ein Segen für alle Menschen auf dieser Erde, denn Sie verbreiten den Sonnenstrahl göttlicher Liebe über die ganze Welt.

In unserer Reisegesellschaft gab es eine Dame, die sich durch übertriebenes Mitleid auszeichnete. Sie war daher auch unentwegt von irgendwelchen Bettlern umgeben. Sie folgten ihr in Scharen. Einige versuchten sogar, ihr die Handtasche zu entwenden. Sie sagte einmal: »Ich kann heute abend keinen Bissen herunterbringen — ich muß immer an diese armen hungrigen Menschen denken.« Daraufhin setzte ihr ein anderer Mitreisender ziemlich energisch den Kopf zurecht. Sie möge doch endlich aufwachen! Bei einer solchen Einstellung sei es wohl das Beste für sie, sich gleich zu den Bettlern auf die Straße zu legen und mit ihnen zu leiden. Sie begriff, was gemeint war. Es ist für den hungrigen Bettler ganz und gar keine Hilfe, zu sagen: »Sie tun mir ja so leid. Ich haben mich entschlossen, mit Ihnen zu hungern.« Sie kann schließlich nicht alle Bettler sattmachen, die sie ansprechen. Sie würde garnicht über die erforderlichen Geldmittel verfügen, um alle mit Nahrung und Kleidung zu versorgen.

Wenn Sie einen befreundeten Menschen in der Klinik besuchen, dann doch gewiß nicht in der Absicht, sich neben ihn zu legen und mit ihm zu leiden. Sie sind sich vielmehr im Klaren darüber, was Ihr kranker Freund in Wirklichkeit braucht, nämlich eine spirituelle Transfusion des Glaubens, des Vertrauens, der Liebe und des Wohlwollens. Sie können den Kranken aufrichten, indem Sie ihn an die heilende Kraft des Superbewußtseins erinnern und an die vielen Heilungswunder, die jetzt überall auf der Welt vor sich gehen. Das ist Erbarmen — aber kein ›Mit-Leid‹

Im Matthäusevangelium finden Sie die Antwort: ... *Diese Dinge aber sollte man tun und jene nicht unterlassen* (Mat. 23:23). Einem Hungrigen zu essen zu geben ist gut. Aber damit haben Sie ihm noch nicht die andere Hälfte gegeben. Es wird nämlich nicht lange dauern, und er wird erneut hungrig sein. Zeigen Sie ihm deshalb, wie er sein Unterbewußtsein anzapfen kann, wo die Reichtümer des Himmels lagern. Überzeugen Sie ihn, daß Gott all seine Bedürfnisse erfüllt und auf sein Begehren reagiert. Dann haben Sie die andere Hälfte gegeben – die kostbare Perle – und er wird nie wieder Mangel leiden.

Bedenken Sie die große Wahrheit: ... *Daß jeder Mensch essen und trinken kann und sich gütlich tun bei all seiner Mühsal, auch das ist eine Gabe Gottes* (Pred. 3:13).

12

Eine Meditation
über den 23. Psalm

Der Herr ist mein Hirte, mir wird nichts mangeln.

Auf grünen Auen läßt er mich lagern, zur Ruhstatt am Wasser führt er mich.

Er stillt mein Verlangen; er leitet mich auf rechtem Pfad um seines Namens willen.

Und ob ich schon wanderte im finstern Tal, ich fürchte kein Unglück; denn du bist bei mir, dein Stecken und Stab, der tröstet mich.

Du deckst mir den Tisch im Angesicht meiner Feinde; du salbst mein Haupt mit Öl und schenkst mir den Becher voll ein.

Lauter Glück und Gnade werden mir folgen all meine Tage, und ich werde in des Herrn Hause weilen mein Leben lang (Ps. 23:1 – 6).

Viele Menschen meditieren über die großen Wahrheiten dieses Psalms mit geradezu wunderbaren Resultaten. Wenn Sie Ihre ganze Aufmerksamkeit auf diese Wahrheiten richten, sie ganz in sich aufnehmen – sie restlos absorbieren –, dann meditieren Sie im wahrsten Sinne des Wortes, weil Sie sich dann mehr von Ihrer Divinität aneignen – der Gottesgegenwart in Ihrem tieferen Selbst.

Der Herr ist mein Hirte. Der Herr bedeutet Gott, der lebendige Geist in Ihrem Innern. *Mir wird nichts mangeln.* Das bedeutet, daß es Ihnen zunächst einmal nicht an der Erkenntnis mangeln wird, daß Sie Gott zu Ihrem Hirten erwählt haben.

Ein Hirte bewacht seine Herde. Er liebt sie und sorgt für sie. Er untersucht die Felder, wo sie grasen, und entfernt für sie schädliches Unkraut. Er leitet sie in den Schatten und im Gänsemarsch durch steil abfallende Schluchten zum Wasser, wo sie sich erquicken. Zur Nacht untersucht er ihre Nüstern auf irgendwelche Nadeln oder Stacheln und tupft linderndes Öl auf die verletzte Stelle. Er untersucht auch ihre Füße und läßt ihnen bei Verletzungen eine angemessene Behandlung angedeihen.

Der Hirte liebt seine Tiere. Er kennt sie alle und ruft sie beim Namen, und sie folgen ihm. Alles das ist selbstverständlich symbolhaft, aber es zeigt auf, daß wir an nichts Gutem Mangel haben werden, wenn wir Gott zu unserem Hirten erwählen.

Wahrlich, wahrlich, ich sage euch: Wer nicht durch die Tür in den Schafstall hineingeht, sondern anderswo hineinsteigt, der ist ein Dieb und ein Räuber (Joh. 10:1).

Bevor unsere Bejahung wirksam werden kann, müssen wir unser Begehren geistig in Besitz nehmen — es muß für unser Bewußtsein eine bereits vollendete Tatsache sein. Unser Bewußtsein ist die Totalsumme aller unserer Annahmen, Eindrücke und Überzeugungen, bewußt und unbewußt. Unser Bewußtseinszustand umfaßt die Art unseres Denkens und Fühlens — alles, was unsere geistige Zustimmung besitzt.

In anderen Worten: Unser Begehren muß in unserem Unterbewußtsein ›deponiert‹ werden. Ich muß ›sein‹, bevor ich ›haben‹ kann. Ein altes Sprichwort besagt ›sein ist haben‹. Wenn ich das Begehrte allein auf äußeren Wegen zu erlangen suche, bin ich ein Dieb und ein Räuber. Mein Bewußtseinszustand ist die Tür zu allem Ausdruck. Ich muß ein mentales Äquivalent erstellen, für alles, was ich sein oder besitzen will.

Als Illustration ein einfaches Beispiel: Ein Kranker, der Heilung wünscht, bejaht wieder und wieder: »Ich bin geheilt, ich bin geheilt.« Diese rein mechanischen Feststellungen sind nicht genug. Der Betreffende muß sich in die Freude der Erfüllung hineinversetzen. Er muß das Freudegefühl, das mit der erfolgten Heilung einhergeht, echt spüren. Es muß eine tiefe Überzeugung sein, gegründet auf dem stillen inneren Wissen der Seele. Um reich zu werden, muß man sich das Gefühl des Reichseins erwerben, dann wird Reichtum die Folge sein.

Die Schafherde stellt die edlen, erhabenen, gottgleichen Gedanken dar, die uns Gutes bringen. Unsere Überzeugung des Guten ist der Hirte, der die Herde bewacht. Unser dominierender Gemütszustand herrscht jeweils, so, wie ein General eine Armee befehligt. Wir nennen unsere Tiere beim Namen, wenn wir uns in den Bewußtseinszustand des ›Habens, Seins oder Tuns‹ begeben, wenn wir also das Gefühl haben, das zu haben, zu sein oder zu tun, was wir zu haben, zu tun oder zu sein begehren. Wenn wir diese Stimmungen festhalten, dann kristallisieren sie sich in uns. Dann werden diese subjektivierten Einkörperungen zu objektivierten Manifestationen.

Einem Fremden aber werden sie nicht nachfolgen, sondern vor ihm fliehen; denn sie kennen die Stimme der Fremden nicht (Joh. 10:5). Die Fremden sind die Gedanken der Furcht, des Zweifels oder der Anspannungen, die in das Gemüt dringen. Diese Gedanken verzögern unsere Heilung und verschieben die Demonstration. Sie neutralisieren unser Gutes.

Es ist sinnlos, zu bejahen, daß die unendlich heilende Gegenwart Sie wieder gesund macht, wenn Sie gleichzeitig voller Ressentiments sind und voller Befürchtungen, nicht geheilt zu werden. Wenn Sie der Meinung sind, daß Umstände, Begebenheiten, Zustände, Alter, Hautfarbe, Geldmangel etc. Ihre Zielerreichung ausschließen, dann sind Sie in der

Sprache der Bibel ein Dieb und ein Räuber. Deshalb heißt es: *Alle, die vor mir/*mich (die Überzeugung) *gekommen sind, sind Diebe und Räuber* ... (Joh. 10:8).

Meditation hat den Zweck, Ihr Gemüt auf gottgleiche Denkweisen zurückzuführen, damit göttliches Gesetz und göttliche Ordnung alle Ihre Aktivitäten in jedem Bereich Ihres Lebens durchdringen.

Shakespeare sagte: »Alle Dinge sind bereit, wenn das Gemüt es gleichfalls ist.« Die Bibel sagt: ... *Die Werke waren vollendet seit Grundlegung der Welt* (Heb. 4:3). Alles das bedeutet, daß wir unsere Gemüter und Herzen öffnen sollten, um die Gaben Gottes entgegenzunehmen, die uns seit Grundlegung der Welt dargeboten werden. Wir sollten unser Gemüt neu ordnen und uns eine ganz einfache Frage vorlegen: Was ist das für ein Zustand, in Gott zu sein und im Himmel? Die Antwort lautet: Alles ist Glücksgefühl, Harmonie, Freude, Liebe, Frieden, Vollkommenheit und unbeschreibliche Schönheit.

Der all-weise, all-mächtige und all-wissende Eine befindet sich in unserem Innern. Was immer es auch sein mag, das wir suchen, es ist bereits vorhanden. Liebe ist, Frieden ist, Freude ist, Kraft ist, Harmonie ist, und die Antwort auf jedes Problem ist jetzt in uns — jetzt, in diesem Augenblick. Das Superbewußtsein weiß die Antwort.

Wie man Führung erhält

Wenn Sie Führung benötigen sollten, dann bejahen Sie: »Unendliche Intelligenz weiß die Antwort, den Ausweg, noch ehe ich gefragt habe. Wenn ich mich jetzt an diese höchste Weisheit wende, dann weiß ich, daß es ihrer Natur entspricht, darauf zu reagieren.Wenn mir die Führung zuteil wird, werde ich das klar erkennen. Sie wird meinem Verstand klar bewußt — ich werde sie sofort erkennen.«

Nachdem Sie das getan haben, lassen sie jeden weiteren Gedanken daran fallen — entlassen Sie ihn aus Ihrem Gemüt, in dem Wissen, daß Sie Ihr Anliegen der unendlichen Intelligenz in Ihrem Unterwußtsein übergeben haben, und die Antwort mit unfehlbarer Sicherheit kommen wird. Sie wissen es auf jeden Fall, wenn Sie es erfolgreich übergeben haben, denn Sie verspüren dann ein Gefühl des Friedens im Gemüt und Sie neigen nicht dazu, das Bejahte wieder zu verneinen.

Auf grünen Auen läßt er mich lagern

Dieses Kapitel schreibe ich daheim in Laguna Hills, Kalifornien. Gestern erhielt ich ein Schreiben von einer Dame aus Hawaii. Sie berichtete mir darin, daß sie eine Woche lang dreimal täglich etwa eine halbe Stunde lang über die Worte meditiert hatte: *Auf grünen Auen läßt er mich lagern.* Sie hatte ihre ganze Aufmerksamkeit auf dieses Versprechen des Psalms gerichtet. Sie hat es von allen Blickwinkeln aus betrachtet, durchleuchtet, auf seine innere Bedeutung hin abgeklopft und auf seine Anwendung für sie persönlich.

Dabei kam Sie zu dem Schluß, daß diese Passage für sie Gemütsfrieden, Zufriedenheit, Gelassenheit, Überfluß und Sicherheit beinhaltet. Eine im Gras liegende, wiederkäuende Kuh kam ihr dabei als Vision in den Sinn, als Symbol des Meditationsvorgangs in ihrem Gemüt. Mit dem Vorgang des Wiederkäuens absorbiert und verwertet die Kuh ihr Futter und verwandelt es in Milch, Gewebe, Knochen, Muskeln, Blut etc. Auf vergleichbare Weise absorbierte und verwendete sie diese Wahrheiten, so daß sie zu einem lebendigen Teil ihrer selbst wurden.

Ihre Finanzen befanden sich in einem denkbar schlechten Zustand. Sie lief Gefahr, ihr schönes Haus zu verlieren. Das Bergwerksunternehmen, in das sie einen Großteil ihres Vermögens investiert hatte, war plötzlich zusammengebrochen. Ihr Sohn wurde vermißt – niemand vermochte ihn aufzufinden. Nach Ablauf von einer Woche dieser Meditation setzte sich ein Anwalt mit ihr in Verbindung und eröffnete ihr, daß ihr von einem entfernten Verwandten eine größere Geldsumme zusammen mit Aktien und Wertpapieren vermacht worden war. Damit war ihr Finanzproblem gelöst und sie konnte mit allen Beteiligten zu einer zufriedenstellenden Lösung kommen. Ihr Sohn kam wieder zurück. Er war nach Kanada verschwunden, in der Annahme, dort seine grünen Auen vorzufinden. Er hatte etwas dazugelernt und hat jetzt seinen Frieden.

Hier handelte es sich um eine erfolgreiche Meditation sehr konstruktiver Art. Sie hatte sich diese großen Wahrheiten geistig zu eigen gemacht, so daß sie zu einem lebendigen Teil ihres Wesens wurden, so wie eine Banane nach dem Verzehr zu einem Teil ihres Blutstroms wird. Sie hatte ihre Gemütstätigkeit auf eine bestimmte Passage des Psalms gerichtet und über deren Tiefgründigkeit nachgedacht. Sie hatte sich entschlossen, geistig mit diesen Wahrheiten zu ›lagern‹ und in ihrem Leben nur noch Harmonie zu erfahren – Harmonie auf der ganzen Linie.

Zur Ruhestatt am Wasser führt er mich

Der Hirte in der Bibel ist ein Symbol für die führende, heilende und schützende Macht der Gottesgegenwart im Innern. Sie sind ein guter Hirte, wenn Sie sich bewußt sind, daß Gott die einzige Gegenwart, Macht, Ursache und Substanz ist. Wenn diese Überzeugung in Ihrem Gemüt verankert ist, dann werden Sie göttlich geführt und auf vielfältige Weise gefördert.

Das *Wasser* resp. *stille Wasser*, wie es in manchen Bibelausgaben heißt, repräsentiert das friedvolle Gemüt – ein

Gemüt voller Frieden, Gelassenheit, Heiterkeit, Fröhlichkeit und Gleichmut. Sie kontemplieren die Macht, die Weisheit und die Liebe des Unendlichen. Dabei fühlen Sie sich eingetaucht in die heilige Allgegenwart und gebadet im Strom des Friedens, der Freude, der Gesundheit und der Vitalität.

Wenn Ihr Gemüt ruhig ist, dann werden Sie die gesuchte Antwort erhalten. Frieden ist die Macht aus dem Herzen Gottes.

Das Trachten des Geistes ist Leben und Frieden (Röm. 8:6).

Er stillt mein Verlangen

Wenn Sie Gott zu Ihrem Hirten erwählt haben, dann singen Sie das Lied des Triumphes. Oder um es mit den Worten Emersons zu sagen: »Unsere Gemütshaltung ist das Selbstgespräch der liebenden und betrachtenden Seele.« Sie erkennen den unendlichen Geist in Ihrem Innern und wissen, daß Sie immer eine Antwort erhalten, wenn Sie sich an ihn wenden. Des weiteren erkennen Sie diese Kraft als Eine und unteilbar. Damit weisen Sie alle Ängste, Befürchtungen und falschen Überzeugungen der Welt zurück.

Welche Ängste, welche Frustrationen und welche Falschglauben auch immer sich in Ihrem Unterbewußtsein eingenistet haben mögen — sie werden jetzt ausgelöscht und ausradiert, denn Sie bejahen jetzt mutig und tapfer, daß Ihr Unterbewußtsein vom unendlichen Ozean des Lebens, der Liebe, der Wahrheit und der Schönheit durchdrungen und gesättigt wird, was dann eine Reinigung, Heilung und Transformation Ihres gesamten Seins und die göttliche Denkform der Harmonie, der Vollkommenheit und des Friedens mit sich bringt. Wenn Sie die Überlegenheit — die Oberherrschaft — der Einen Heilenden Gegenwart und der

201

Schöpferkraft Ihrer Gedanken anerkennen, dann haben Sie den Herrn oder Gott zu Ihrem Hirten erwählt und Ihr Verlangen gestillt.

Bewährten Sinn bewahrst du in Frieden, weil er auf dich vertraut (Jes. 26:3).

Er leitet mich auf rechtem Pfad um seines Namens willen

Wenden Sie sich nach innen, schließen Sie ruhig und entspannt, und bejahen Sie still und behutsam, daß die Weisheit Gottes Ihren Intellekt salbt und immer eine Leuchte zu Ihren Füßen und ein Licht auf Ihrem Pfad sein wird. Bejahen Sie, daß göttliche Liebe vor Ihnen hergeht und Ihren Weg eben, glückhaft, freudvoll und reich macht. Blicken Sie zu allen Zeiten auf die Gottesgegenwart. Denken, reden, handeln und reagieren Sie immer aus ihrer göttlichen Mitte heraus.

Erkennen, wissen, fühlen und bejahen Sie, daß Gott — das Superbewußtsein — Ihre Führung, Ihr Berater, Ihr Boß, Ihr Partner ist, und daß göttliches rechtes Handeln bei Ihnen allezeit vorherrscht. Bejahen Sie kühn und mutig: »Von jetzt an denke ich richtig, denn ich denke vom Standpunkt ewiger Wahrheiten und Prinzipien des Lebens ausgehend. Ich denke richtig, ich fühle richtig, ich handle richtig, und alles, was ich tue, geschieht in Übereinstimmung mit den ewigen Prinzipien göttlicher Ordnung — dem ersten Gesetz des Himmels. Ich weiß, daß der ›Name‹ Gottes die Natur Gottes beinhaltet und sich auf die Tatsache bezieht, daß Gott der immer lebendige Eine, der allmächtige Eine ist — unendliche Intelligenz, allgegenwärtig, allwissend und grenzenlose Liebe. Ich weiß jetzt, daß Gott und seine Liebe mein gesamtes Sein durchdringt, und was immer ich mir vornehme, wird gelingen.«

Und ob ich schon wanderte im finsteren Tal, ich fürchte kein Unglück; denn du bist bei mir

Wo immer Sie auch sein mögen — gehen Sie Ihren Weg mit einem Bewußtsein des Friedens, der Liebe und des guten Willens für alle. Angenommen, Sie machen einen Krankenbesuch. Wenn Sie dann die Stimmung der Liebe, des Friedens und des Wohlwollens mitbringen, dann wird der Kranke von Ihrer mentalen und spirituellen Atmosphäre profitieren. Sie sind imstande, ihm durch Ihre bloße Gegenwart eine regelrechte Transfusion göttlicher Liebe zu verabfolgen, die ihn mit Glauben, Überzeugung und Vertrauen in die unendliche heilende Gegenwart erfüllt. Gott ist Leben, und er ist Ihr Leben — jetzt!

Gott kann nicht sterben; deshalb gibt es auch keinen Tod. Der sogenannte Tod ist ein Übergang in die vierte Dimension des Lebens. Unsere Reise führt von Herrlichkeit zu Herrlichkeit, von Weisheit zu Weisheit, immer vorwärts, aufwärts und gottwärts. Der Herrlichkeit des Menschen ist kein Ende gesetzt.

Das ›finstere Tal‹ steht auch für die Unwirklichkeit des Todes. (In der engl. Bibel das ›Tal der Todesschatten‹, d. Übers.) Jedes Ende ist ein Anfang; daher ist jedes Verlassen dieser Dimension ein Geburtstag in Gott. Sie werden mit einem neuen, vierdimensionalen Körper bekleidet sein (über den Sie auch jetzt bereits verfügen), von verfeinerter Beschaffenheit, mit dem Sie alle festgefügte Materie durchdringen können. Sie werden Ihre Lieben wiedersehen und dort genau wie hier an Weisheit, Wahrheit und Schönheit wachsen.

An sich begeben Sie sich jede Nacht während Sie schlafen dorthin. Ein Mensch, der seinen Übergang in die nächste Dimension vollzogen hat, wird nur von unwissenden Menschen als ›tot‹ bezeichnet. Und wenn Sie dann gar noch Furcht vor dem Tod empfinden, vor dem Leben danach, dem Tag des Gerichts oder ähnlichen Schrecknissen, die Ihnen angedroht wurden, dann werden Sie von Unwissenheit und Irrtümern beherrscht und keineswegs vom Herrn aller, nämlich dem Gott der Liebe. *Denn Gott hat uns nicht den Geist der Furcht gegeben, sondern den Geist der Kraft und der Liebe und des gesunden Sinnes* (2. Tim. 1:7). ›Tod‹ ist in der Sprache der Bibel immer Ignoranz den Wahrheiten Gottes gegenüber.

Dein Stecken und Stab, der tröstet mich

Der Stecken repräsentiert die Macht Gottes, die Ihnen jederzeit unmittelbar zur Verfügung steht, wenn Sie ihrer bedürfen. Der Stab repräsentiert Ihre Berechtigung und Fähigkeit zu ihrer Anwendung. Meditation über die Allmacht und Allwissenheit der unendlichen Gegenwart versetzt Ihr Gemüt in einen Zustand der Ruhe und Passivität.

Stellen Sie sich einmal einen stillen Bergsee in seiner grandiosen Schönheit vor, wie er des Nachts die himmlischen Lichter der funkelnden Sterne und des Mondes widerspiegelt. Auf gleiche Weise werden Sie die himmlischen Wahrheiten und das Licht Gottes reflektieren, wenn Ihr Gemüt zur Ruhe gekommen ist. Das ruhige Gemüt ›erledigt die Dinge‹. Wenn Ihr Gemüt zur Ruhe gekommen und empfänglich geworden ist, dann kommt Ihnen die göttliche Idee oder die Lösung Ihres Problems in den Sinn. Das ist die Führung, die Ihnen von der unendlichen Gegenwart zuteil wird – die Stimme der Intuition. Wenn der Bergsee dagegen unruhig, wenn er aufgewühlt ist, dann reflektiert er nicht die Lichter des Himmels da droben.

Bejahen Sie, daß Gott Ihnen die benötigte Führung jetzt zuteil werden läßt und sagen Sie Dank für die Freude der erfüllten Bejahung. Sein Stecken und Stab haben Sie getröstet und Sie sind im Frieden.

Du deckst mir den Tisch im Angesicht meiner Feinde

Des Menschen Feinde werden die eigenen Hausgenossen sein (Mat. 10:36). Die ›Feinde‹ sind Ihre eigenen Gedanken – Ängste, Befürchtungen, Selbstverurteilung, Zweifel, Zorngefühle, Ressentiments und Übelwollen. Die wahren Feinde befinden sich immer in Ihrem eigenen Gemüt. Wenn Ihnen Furchtgedanken in den Sinn kommen, dann ersetzen Sie solche Emotionen mit Gottvertrauen und Gedanken an gute Dinge. Wenn Sie geneigt sind, sich in Selbstkritik oder Selbstverurteilung zu ergehen, dann wechseln Sie solche Gedanken sofort aus gegen die große Wahrheit: »Ich preise Gott in meiner Mitte.«

Eine junge Dame hatte einmal falsche Angaben über ihren Onkel gemacht, in der Hoffnung, dadurch eine Testamentsänderung herbeiführen zu können, um auf diese Weise mehr von dem ihm vermachten Geld zu erhalten. Verständlicherweise war er sehr aufgebracht darüber, aber gerade damit fügte er sich schweren Schaden zu. Durch unentwegtes inneres Durchleben der unerfreulichen Angelegenheiten, durch ständige innere Kämpfe machte er sich zu einem nervlichen Wrack. Als er jedoch erkannte, was er sich damit antat, hörte er sofort damit auf, die Sache innerlich zu bekämpfen und begann sich mit den großen spirituellen Wahrheiten aufzuladen. Er kontemplierte Frieden, Harmonie und göttliches rechtes Handeln, und es gab eine Lösung der Angelegenheit in göttlicher Harmonie.

Ein befreundeter Arzt erzählte mir, daß die starke Publizität, die kürzlich den krebskranken Politikergattinnen in Washington zuteil geworden war, eine wahre Lawine der Furcht ausgelöst hatte. Patientinnen kamen scharenweise zu ihm zur Krebsvorsorgeuntersuchung. Er lag vollkommen richtig mit seiner Ansicht, daß eine übertriebene Propaganda, die zur Bekämpfung von Krankheiten oder Seuchen aufruft, mehr Schaden als Gutes bewirkt, denn was wir innerlich bekämpfen, das verstärken wir. Diese beständige Furcht vor Krebserkrankungen würde diesen Frauen im Endeffekt genau das Gefürchtete bringen. *Was ich gefürchtet habe, ist über mich gekommen ...* (Hiob 3:25).

Halten Sie sich im Bewußtsein von Gottes Liebe, Frieden, Vollkommenheit und Ganzheit, und Sie werden sich automatisch über alle falschen Überzeugungen, Ängste und Propagandaparolen des Massengemüts erheben. In Indien gibt es eine Gebetsintonation, die in spirituell orientierten Familien den Söhnen beigebracht wird: »Ich bin All-Gesundheit. Gott ist meine Gesundheit.« Der Junge intoniert diesen Gebetsgesang mehrmals am Tag und entwickelt damit eine Gewohnheit. Damit baut er sich schließlich eine Immunität gegen alle Krankheiten und Leiden auf.

Bedenken Sie, daß es im ganzen Universum nichts zu fürchten gibt. Hören Sie doch auf damit, irgendwelchen erschaffenen Dingen Macht zu verleihen. Geben Sie die Macht allein dem Schöpfer. Das ganze Universum ist für Sie und nicht gegen Sie.

Du salbst mein Haupt mit Öl

Öl ist ein Symbol für Licht, Heilung, Lob und Danksagung. Diese Stelle des Psalms besagt, daß die unendliche Heilungsgegenwart jetzt für Sie tätig ist und Gottes Weisheit Ihren Intellekt salbt. Sie sind mit göttlicher Liebe geweiht. *Du hast mir Freude ins Herz gegeben ...* (Ps. 4:7) *... Herr, dein Gott, hat dich gesalbt mit Freudenöl ...* (Ps. 45:7) *... deshalb hat dich dein Gott gesalbt mit dem Öl der Freude ...* (Heb. 1:9).

Ein wunderbarer Weg, eine Antwort auf ein Gebet zu erhalten, ist die Vorstellung, das Unendliche in der Stille der eigenen Seele anzusprechen. Überlassen Sie sich dem Schlaf mit den Worten: »Danke, Vater«. Tun Sie das wieder und wieder, bis Sie ein Gefühl der Dankbarkeit spüren. Sie danken dem Unendlichen für die Antwort auf Ihr Gebet. Damit leiten Sie die dankbare Gemütshaltung in die Tiefen Ihres Unterbewußtseins. Dann werden Wunder geschehen.

Du schenkst mir den Becher voll ein

Der Becher ist das Symbol für Ihr Herz, das Sie durch Kontemplation mit den großen Wahrheiten Gottes anfüllen können. Durch Kontemplieren der Schönheit, der Herrlichkeit und der Wunder des Unendlichen erzeugen Sie automatisch ein Gefühl der Liebe, des Friedens und der Freude — ein Gefühl, das Ihr Herz mit Ekstase und Entzücken erfüllt. Sie strahlen Liebe, Herzlichkeit und Wohlwollen auf Ihre gesamte Umwelt aus.

Ihr Unterbewußtsein verstärkt alles ihm eingegebene auf ganz außerordentliche Weise. Innenschau wird Ihnen offenbaren, daß Ihr Becher tatsächlich voll eingeschenkt ist — voll eingeschenkt mit den Wahrheiten Gottes. Sie werden entdecken, daß die Liebe Gottes alles Negative von Ihrem Unterbewußtsein völlig aufgelöst hat und daß Sie befreit sind — frei wie der Wind.

Lauter Glück und Gnade werden mir folgen all meine Tage

Wenn Sie Ihre Meditationen fortsetzen und die großen Wahrheiten des 23. Psalms absorbieren, werden Sie feststellen, daß alle Dinge zu Ihrem Guten zusammenwirken. Göttliche Liebe geht vor Ihnen her und macht Ihren Weg glückhaft und freudvoll. Harmonie, Frieden und Freude strömen in Ihr Leben und Sie finden Gelegenheit zu höchstem Selbstausdruck. Sie werden entdecken, daß Sie zu dem werden, was Sie kontemplieren. Wenn Sie über die Wahrheiten Gottes meditieren, dann werden Sie finden, daß alle Ihre Wege freudvoll sind und Ihre Pfade werden Pfade des Friedens sein.

Ich werde im Hause des Herrn weilen mein Leben lang

Sie sind der Tempel des lebendigen Gottes. Gott wohnt in Ihrem Innern − er lebt und spricht durch Sie. Sie weilen im Hause − das Haus ist Ihr Gemüt −, wenn Sie regelmäßig und systematisch sich mehrmals am Tag daran erinnern, daß Gott − das Superbewußtsein − Ihr Führer, Ihr Berater ist, und daß Sie ständig vom Höchsten inspiriert werden.

Sie blicken auf Gott − das Superbewußtsein − als Ihren Vater, die Quelle Ihrer Versorgung, und Sie wissen, daß Sie niemals Mangel haben werden, denn er liebt Sie und sorgt für Sie ... *Die Hütte Gottes ist bei den Menschen; und er wird bei Ihnen wohnen, und sie werden sein Volk sein, und Gott selbst wird bei ihnen sein* (Off. 21:3).

Sie sind jetzt in der Gottesgegenwart verwurzelt − Sie sind daheim bei Gott. Er gibt Ihnen Ruhe und Sicherheit. Sie sind entspannt und von jeglicher Furcht befreit, denn wo Sie sind, da ist auch Gott und Sie weilen bei Gott − für immer. Sie befinden sich auf einer Reise, die kein Ende kennt. Jeden Abend, wenn Sie sich zur Ruhe begeben − an jedem Abend in Ihrem Leben − gehen Sie schlafen mit dem Lob Gottes auf den Lippen.

13

Was ist Ihr Problem?

Die Bibel sagt: *Seid stille und erkennet, daß ich Gott bin ...* (Ps. 46:10). Welch eine wunderbare Erleichterung überkommt Ihr Gemüt, wenn Sie sich diese Worte innerlich zuflüstern – in der Stille Ihrer Seele. Welch eine Befreiung von Druck, Verkrampfung und Anspannungen bringt die Betrachtung der folgenden großen Wahrheit mit sich: ... *Bleibt stehen und seht, wie der Herr euch Rettung schafft* ... (2. Chr. 20:17). *Der Herr wird es für mich vollenden ...* (Ps. 138:8).

Wenn Sie Ihr Gemüt mit diesen Wahrheiten sättigen, dann wird das eine definitive Reaktion der unendlichen Intelligenz zur Folge haben – jener unendlichen Intelligenz, die Ihnen innewohnt, die ständig mit Ihnen ist, wo Sie auch gehen und stehen.

Er hatte alles versucht

Einer meiner Nachbarn, hier in Laguna Hills, ist mit einem schwierigen Rechtsstreit konfrontiert, der sich bereits im fünften Jahr dahinschleppt. Immer wieder hatte er versucht, die Angelegenheit loszulassen, er hatte jeden Abend bejaht: »Ich lasse los und überlasse alles Gott.« Tagsüber jedoch neigte er dazu, diese Bejahung wieder zu verneinen, durch Ungeduld und unruhiges Gebaren. Mehr oder weniger gipfelte seine Haltung in der Frage: »Wie lange denn noch, Gott, wie lange?«

Bei unserem Gespräch zitierte er eine vertraute Bibelstelle: *In der Welt habt ihr Angst; aber seid getrost, ich habe die Welt überwunden* (Joh. 16:33). Er hatte die fixe Idee, irgendwie bestraft zu werden, weil dieser Rechtsstreit auf einer ganzen Kette von nachweislichen Falschbehauptungen einiger Verwandter basierte, die ein Testament anfechten wollten. In anderen Worten: Die Kläger waren gierig und darauf aus, etwas für nichts zu bekommen.

Auf meinen Rat hin kam er jedoch zu einer inneren Klarstellung der Dinge. Anstatt sich tagsüber unnötig zu erregen und über den Prozeßverlauf zu brüten, bejahte er des öfteren: »Ich löse die Angelegenheit und lasse sie gehen. Gott ist in Aktion, und das bedeutet allseitige Harmonie und allseitigen Frieden.« Das war eine Disziplin der Substitution. Jedesmal, wenn ihm ein negativer Gedanke, diese Sache betreffend, in den Sinn kam, ersetzte er ihn auf der Stelle mit dieser Bejahung. Nach einigen Tagen hatten die negativen Gedanken jegliche Wirksamkeit verloren, und er verspürte einen tief innerlichen Frieden.

Er gestand seinen Verwandten nicht mehr die Macht zu, ihn in irgendeiner Weise verletzen oder auch nur beunruhigen zu können. Er war sich jetzt bewußt, daß kein Mensch imstande ist, ihm sein Gutes zu nehmen oder vorzuenthalten. Eine derartige Macht besitzt kein Mensch. In seinen Gedanken hatte er seinen Verwandten diese Macht jedoch verliehen. Nach und nach wuchs sein spirituelles Gewahrsein und Verständnis und er gewann die Überzeugung, daß die Ursache seiner Erfahrungen und Zustände in seinem Bewußtsein zu finden war. Der Begriff ›Bewußtsein‹ umfaßt die Totalsumme unserer bewußten und unterbewußten Überzeugungen und Billigungen. Wie Dr. Phineas Parkhurst Quimby es 1849 ausdrückte: »Der Mensch ist zum Ausdruck gebrachte Überzeugung.«

Diese neue Gemütshaltung bewahrte er sich von da an. Kurz darauf informierte sein Anwalt ihn, daß der Vertreter der Gegenseite seinen Mandanten geraten habe, von einer Klage abzusehen, da der von ihnen geltend gemachte Sachverhalt nicht die geringste Chance hätte, vor Gericht zu bestehen. Das war die Antwort auf seine Bejahungen.

Ändern Sie Ihr Denken und halten Sie es geändert

Bedenken Sie: Es gibt nichts zu ändern, außer uns selbst. Ändern Sie Ihre Einstellung — Ihre Betrachtungsweise. Hören Sie auf mit dem Versuch, die Welt ändern zu wollen. Bei dem erwähnten Mann war es die Erkenntnis, daß es weder der Rechtsstreit noch die damit befaßten Verwandten, sondern allein seine Gedanken darüber waren, die ihm Ungemach verursachten, die ihm letztlich die Lösung seines Problems brachte. Nicht die falschen Behauptungen an sich, sondern seine Bewertung brachte ihm Mißhelligkeiten. Als er seinen Verwandten gedanklich keinerlei Macht mehr zugestand, konnte er alle Anerkennung der göttlichen Gegenwart in seinem Innern zollen — die Gegenwart, die alles weiß und alles sieht.

Es ist für Sie von wesentlicher Bedeutung, mit dem recht seltsamen Aberglauben aufzuräumen, daß andere für Ihr Mißgeschick verantwortlich sind oder Ihren Erfolg vereiteln. Es ist Ihr Glaube an das Superbewußtsein und an alle guten Dinge, der Ihr Geschick ausmacht und den Erfolg in allen Ihren Unternehmungen garantiert.

Vater und Mutter können nichts dafür

Ein Wissenschaftler, aus Pakistan gebürtig, mit amerikanischem Universitätsabschluß, erzählte mir vor längerer Zeit, daß er seinem Vater die Schuld an seinem langsamen und mühevollen Vorwärtskommen geben müsse. Dieser hatte ihm von kleinauf unentwegt eingeredet, er sei ein absoluter Versager, dumm und unfähig, und würde es nie zu etwas bringen.

Mit derartigen Suggestionen hatte sein Vater ihn natürlich völlig eingeschüchtert und ihm zu einem handfesten Minderwertigkeitskomplex verholfen. Andererseits gilt es, die dortigen Sitten und Gebräuche zu berücksichtigen, das Milieu, in dem er aufgewachsen war, sowie die Tatsache, daß sein Vater es nicht besser gewußt und diese Bemerkungen ganz offensichtlich nicht in bewußter Absicht gemacht hatte. Möglicherweise hatte er geglaubt, damit seinen Sohn zu besseren Leistungen motivieren zu können.

Ich erklärte ihm, daß es für ihn als erwachsenen Menschen erforderlich sei, nunmehr auch spirituell erwachsen zu werden und zu erkennen, daß er ganz allein für die Tätigkeit seines Gemüts verantwortlich ist. Und das hat nun einmal nicht das Geringste mit seinen Eltern zu tun.

Er begann einzusehen, daß er seine mentalen Kräfte falsch eingesetzt hatte. Er hatte sie mißbraucht und mißleitet. Er erkannte, daß er selbst für sein gewohnheitsmäßiges Denken und seine bildhaften Vorstellungen verantwortlich ist. Deshalb verlor er keine Zeit — er machte sich sogleich daran, sein Gemüt mit den ewigen Wahrheiten anzufüllen und dadurch alle negativen Denkmuster auszulöschen.

Die folgende Bejahung empfahl ich ihm zur mehrmaligen täglichen Anwendung: »Unendliche Intelligenz leitet mich. Göttliches Gesetz und göttliche Ordnung sind vorherrschend in meinem Leben. Göttliche Liebe erfüllt meine Seele und ich strahle Liebe, Frieden und Wohlwollen auf meine Eltern und auf alle Menschen meiner Umgebung aus. Ich vergebe mir selbst die destruktiven, grollerfüllten Gedanken, die ich in meinem Gemüt beherbergt habe. Ich ersetze sie jetzt durch Gedanken der Harmonie, des Friedens, des rechten Handelns und des guten Willens. Ich bin Gottes Sohn, und Gott ist mein Vorgesetzter, mein Führer, mein Berater und mein Zahlmeister. Wunder geschehen jetzt in meinem Leben.«

Diese Bejahungstechnik zusammen mit seiner neuen Gemütshaltung verändern jetzt sein ganzes Leben. Spirituelle Reife besteht erstens aus der Kenntnis der Gesetze des Geistes und zweitens aus deren konstruktiver Anwendung. Dabei spielt die Vergangenheit überhaupt keine Rolle. Alles, was in der Vergangenheit geschehen ist, kann ausgelöscht werden. Sie können es jetzt — in diesem Augenblick — ändern und für Ihr Denken und Handeln die volle Verantwortung übernehmen.

Er stellte fest, daß er ganz allein es war, der sich auf der beruflichen Leiter unten gehalten hatte. Es war weder sein Vater noch seine Onkel, Tanten, Großeltern oder sonst jemand. Es war nichts weiter als Trägheit von seiner Seite. Das schöpferische Prinzip in seinem Innern war immer vorhanden, aber er hatte es versäumt, den richtigen Gebrauch von ihm zu machen. Das Geistesprinzip ist zeit- und raumlos. Ganz gleich, was in der Vergangenheit auch geschehen sein mag, Sie können es ändern — und zwar *jetzt*!

Löse sie und lasse sie gehen

Eine Chefsekretärin war sehr aufgebracht, weil sie sich von einer Mitarbeiterin gedemütigt fühlte, die sie einem Besucher als ›Kontoristin‹ vorgestellt hatte. Ich erklärte ihr, daß diese Mitarbeiterin über keinerlei Macht verfügte — weder über die Macht, sie zu degradieren, noch sie zu befördern. Deshalb kann eine herabsetzende Bemerkung als solche keine negative Wirkung zeitigen. Die Aufregung wird vielmehr erst durch die eigene Gemütsbewegung verursacht — durch eigene gedankliche Bewertung des Gesagten.

Als spirituell reifer Mensch können Sie sich sagen: »Bin ich eine Kontoristin? Wer bin ich?« Oder Sie können lächelnd erklären: »Ich war Kontoristin, aber ich bin befördert worden, und jetzt bin ich Chefsekretärin.« Spirituell können Sie sich sagen: »Ich bin eine Tochter des Unendlichen und ein Kind der Ewigkeit. Das ist es, was ich wirklich bin.«

Sie lernte es, die Menschen objektiv zu bewerten und nicht emotionell; sie lernte es, die anderen so sein zu lassen, wie sie waren, und niemals die Macht in ihrem Innern anderen zuzuerkennen. Diese junge Frau lernte es, ihre Rechte, Befugnisse und Privilegien zu wahren. Sie wird jetzt von allen Kollegen respektiert.

Es ist relativ leicht, beim Vorgestelltwerden einen falschen Eindruck zu korrigieren, und das ohne jeden Groll oder irgendwelche Bitterkeit; aber es ist selbstverständlich grundverkehrt, sich etwa zu einer Fußmatte oder einem Wurm zu machen. Wenn Sie sich für einen Wurm halten, dann dürfen Sie sich nicht wundern, wenn andere auf Ihnen herumtrampeln. Wenn die Bürokollegin — so sagte ich dieser Frau — auf Sie neidisch und eifersüchtig ist, dann ist das deren Problem, nicht Ihres. Lösen Sie sie und lassen Sie sie gehen, mental und spirituell. Lernen Sie, über sich selbst zu lachen — mindestens sechsmal am Tag.

Sie haben die Herrschaft

Und Gott sprach: Lasset uns Menschen machen nach unserem Bilde, uns ähnlich; die sollen herrschen über die Fische im Meer und die Vögel des Himmels, über das Vieh und alles Wild des Feldes und über alles Kriechende, das auf der Erde sich regt (1. Mos. 1:26).

Das bedeutet, daß Sie der Herr sind und nicht der Sklave. Sie haben die Herrschaft, das müssen Sie akzeptieren und beanspruchen. Hören Sie auf damit, diese Ihre Macht auf äußere Dinge zu übertragen. Nach einem Sonntagmorgen-Vortrag im Saddleback Theatre von El Toro erzählte mir ein Mann, daß er Rosen gegenüber schrecklich allergisch sei — daß sie bei ihm auf Augen, Nase und Hals einwirkten und Entzündungen der Schleimhäute mit sich brachten.

Ich fragte ihn, ob er unter dieser Allergie schon von Geburt an zu leiden hätte, worauf er sagte: »Nein, das Ganze hat vor etwa fünf Jahren angefangen.« Er war mit einem Mädchen verlobt, das sich sehr gern mit roten Rosen umgab. Seine Verlobte hatte ihn eines Tages verlassen und seither assoziierte er rote Rosen unbewußt mit diesem Mädchen, dem er noch immer grollte.

Die Rose ist eine Idee Gottes. Er hat sie geschaffen und seine Schöpfung für gut befunden. Die Rose ist symbolisch für Schönheit, Ordnung, Symmetrie und Proportion. Und auch sie besteht schließlich aus keiner anderen Substanz als beispielsweise Ihr Blutstrom. Ich erklärte ihm, daß er aufhören müsse, den Dingen im Bereich der Wirkungen, wie Rosen, Pollen, Heu etc., die vermeintlich Allergien herbeiführen, irgendwelche Macht zuzuerkennen. Die Rose hat keinerlei Macht.

Er lernte daraufhin, vollkommene Vergebung zu praktizieren, indem er seine frühere Verlobte dem Wirken der göttlichen Macht anheimgab und ihr alle Segnungen des Lebens wünschte. Nachdem er das in aller Aufrichtigkeit getan hatte, ist er jetzt imstande, an sie zu denken, ohne innerlich zu kochen. Jetzt kann er auch den Duft einer Rose einatmen, ihre Schönheit bewundern und zuweilen sogar eine im Knopfloch tragen. Er hat begriffen, daß eine Schöpfung Gottes ihm kein Unbehagen verursachen kann.

Er beanspruchte seine Herrschaft. Die Ursache befand sich in seinem Gemüt — nicht in der Rose. Die Rose ist harmlos. Sie sagt niemandem: »Wenn du mich berührst oder an mir schnupperst, dann verpasse ich dir einen handfesten Heuschnupfen.« Er gab es auf, der Rose Eigenschaften zuzuschreiben, die sie nicht besaß. Die Macht ist in Ihrem Innern, nicht in der Rose.

Billy wollte nicht lernen

Eine Mutter beklagte sich bei mir, weil ihr achtjähriger Sohn Billy nicht lernen wollte und keinerlei Interesse am Unterricht zeigte. Bei einem Gespräch mit Billy fand ich dann sehr schnell heraus, daß die Ursache für seinen Widerstand in seiner Abneigung für seine Lehrerin lag, die ihn kritisiert hatte. Sie hatte gemeint, er sei zu langsam und sollte mal aufwachen und versuchen, etwas zu lernen. Billy hatte das übelgenommen und wehrte sich nun auf seine Weise.

Nunmehr begannen die Eltern, Billy zu loben. Sie ließen ihn wissen, daß sie an ihn glaubten, daß er über einen klugen Verstand verfügte und ganz gewiß eines Tages Außergewöhnliches vollbringen würde. Die Mutter sprach mit der Lehrerin und brachte ihr diplomatisch bei, daß Billy auf etwas Lob und Vertrauensbeweise in seiner Lernfähigkeit mit Sicherheit positiv reagieren würde. Genau das geschah.

Es ist eine altbekannte Tatsache, daß Kinder wesentlich schnellere Fortschritte machen, wenn man ihnen zu verstehen gibt, daß man ihrem Können und ihrer Lernfähigkeit vertraut. Sagen Sie Ihren Kindern, daß Sie ihnen vertrauen; daß die göttliche Kraft in ihrem Innern ist und daß Sie eine großartige Zukunft für sie sehen. Wenn Sie das wiederholt tun, dann konditionieren Sie ihre Gemüter für größere Leistungen. Damit bereiten Sie den Boden für Größe und Sieg. Sie werden unweigerlich darauf reagieren.

Diese Ihre Gewißheit und Überzeugung wird sich ihren beeindruckbaren Gemütern mitteilen und Ihre Erwartungen werden sich erfüllen — in göttlicher Ordnung. Sie grüßen damit die Divinität — die Göttlichkeit — in ihren Kindern und lassen damit die Attribute und Schöpferkräfte des unendlichen Seins in ihnen auferstehen. Sie werden Ihren Erwartungen entsprechen, denn ... *und doch ist die Weisheit gerechtfertigt worden, von ihren Kindern* (Mat. 11:19).

Er war sein eigenes Problem

Ein Besucher meiner Vorträge erzählte mir, daß es früher zu seinen Gepflogenheiten gehört hatte, seine Mitarbeiter im Büro zu kritisieren. Er mißbilligte ihr ganzes Gebaren und ihre Ansichten. Ihre ganze Lebensweise paßte ihm nicht und war ihm ein ständiges Ärgernis. Nachdem er jedoch angefangen hatte, Divine Science zu studieren, kam er zu der Erkenntnis, daß er letztlich seine eigenen Gedanken, Überzeugungen und religiösen Ansichten auf die anderen projiziert hatte und der ganze Ärger in ihm selbst war. Er selbst war die Ursache seiner Magenverstimmungen, weil er sich außerstande glaubte, ihre Lebensweise zu tolerieren, nur weil sie im Widerspruch zu seinen damaligen Ansichten stand.

Das Licht des Wissens wurde ihm somit zuteil. Anstatt sich weiterhin über die Lebensweise und die Ansichten seiner Kollegen — seien sie religiöser oder politischer Natur — zu ärgern, ließ er sie alle gedanklich frei und übergab sie der Obhut des Unendlichen, in der festen Absicht, sie nach ihrer eigenen Façon selig werden zu lassen. Er gestand ihnen das Recht auf ihre vermeintlichen Seltsamkeiten, Absonderlichkeiten und unkonventionellen Gepflogenheiten voll und ganz zu. Er sah ein, daß es hier niemanden gab, der sich zu ändern hätte, außer ihm selbst. Nachdem er darangegangen war, aus diesen Erkenntnissen die Konsequenzen zu ziehen, brauchte er auch keine Medikamente zur Beruhigung seines rebellischen Magens mehr. Seine veränderte Gemütshaltung veränderte auch alles andere in seinem Leben.

Er sagte:
»Eines Tages werde ich gesund sein«

Die Bibel sagt: ... *Der Schwache sage: Ich bin stark* (Joel 3:10). Ich hatte einmal mit einem Mann zu tun, der unentwegt davon redete, daß es ihm gesundheitlich äußerst schlecht ginge — daß er geschwächt und nervös sei — und doch wollte er nichts sehnlicher, als von diesen Leiden befreit sein. Er ließ denn auch kaum eine Gelegenheit aus, darauf hinzuweisen, daß er eines Tages in der Zukunft wieder völlig gesund sein werde. Mit solchen Gedanken blockierte er sein Gutes und verhinderte die Heilung.

Die Erklärung ist oftmals auch das Heilmittel. Ich hielt ihm ein kleines Referat über das ICH BIN. Wenn Sie nämlich ICH BIN sagen, dann ist das erste Person, Präsens. Da es keine Zukunft gibt — im ewigen Jetzt — sagen wir auch nicht: »Eines Tages werde ich gesund sein.« Die unendliche Heilungsgegenwart ist in Ihrem Innern. Sie ist unabhängig von Zeit und Raum. Danken Sie dafür, daß sich die erwartete Heilung JETZT vollzieht. Ihr ureigenstes Bewußtsein ist die Tür zu allem Ausdruck; deshalb müssen Sie beanspruchen und bejahen, jetzt das zu sein oder zu haben, was Sie begehren. Damit erstellen Sie sich nach und nach das mentale Äquivalent für den erwünschten Zustand.

Der Wille des Unendlichen wurde in der Bibel so ausgedrückt: ... *und sie erwiderte: Alles ist wohl* (2. Kön. 4:26). Sie antwortete also nicht: »Alles wird wohl sein.« Wenn Sie sagen: »Ich werde eines Tages gesund sein«, dann sagen Sie damit doch klipp und klar: »Ich bin krank.« Was immer Sie dem ICH BIN auch hinzufügen, zu dem werden Sie. Seien Sie deshalb auf der Hut, was Sie dem ICH BIN folgen lassen. Was Sie dem ›ICH BIN‹ anhängen, das hängen Sie sich an!

Auf meinen Rat hin begann dieser Mann jetzt, sich zu sagen: »Ich bin vollkommene Gesundheit; Gott ist meine

Gesundheit.« Er wußte nunmehr, was er tat und warum er es tat. Resultate traten unmittelbar in Erscheinung. Nach etwa zwei Wochen fand er sich bereits erneuert, revitalisiert und verjüngt — das Werk des Heiligen Geistes in seinem Innern.

Sie müssen bedenken: Gottes Wille ist die Anerkennung dessen, was ist, und nicht dessen, was sein wird. Frieden ist, Freude ist, Liebe ist, Harmonie ist, Vollkommenheit ist, rechtes Handeln ist, Weisheit ist. Gott ist das ewige Jetzt! In keiner Weise begrenzt — weder durch Zeit noch Raum. Beanspruchen Sie Ihr Gutes jetzt! Fühlen Sie seine Wirklichkeit — spüren Sie es tatsächlich und bejahen Sie kühn: »Dein Wille ist jetzt geschehen.«

Der Wille des Unendlichen ist die Natur des Unendlichen, und sämtliche Qualitäten, Attribute und Wirksamkeiten Gottes befinden sich jetzt in Ihrem Innern — jetzt und irgendwann in der Zukunft! Wenn Ihr Wunsch nach Harmonie, Gesundheit, Frieden, Freude oder Überfluß feste Form angenommen hat und zu einer festgefügten Überzeugung in Ihrem Unterbewußtsein geworden ist, dann ist er damit zum Willen Gottes geworden und nicht länger der bloße Wunsch oder das bloße Gutdünken des Menschen. Sie wissen nunmehr recht gut, daß Ihr Entschluß, Ihre Absicht oder Ihr Begehren als bereits wahr und verwirklicht empfunden werden muß, d. h. subjektiviert oder dem Unterbewußtsein aufgeprägt. Wenn das geschieht — also Ihr Wille, Ihr Begehren, Ihr Entschluß dem Unterbewußtsein ›aufgedrückt‹ wurde, wird er sich zwangsläufig im Bereich Ihrer Erfahrungen ›ausdrücken‹.

In biblischer Sprache ist es nicht mehr ›mein Wille‹, der sich in die Wirklichkeit umsetzt — was sich jetzt vollzieht, ist das ›Dein Wille geschehe‹. Ihre Überzeugung verwirklicht sich (der Wille Gottes). Ihr Gebet ist beantwortet. Das ist die einfache und unkomplizierte Erklärung von … *Nicht mein, sondern dein Wille geschehe* (Luk. 22:42).

Sie hatte Angst vor Hunden

Eine junge Frau berichtete mir, daß sie sich vor Annahme einer Einladung jedesmal erkundigte, ob die Gastgeber einen Hund besaßen, denn sie fürchtete sich vor Hunden und haßte sie geradezu. Es war nicht weiter schwierig, den Grund ihrer Abneigung herauszufinden. Als vierjähriges Kind war sie einmal von einem Hund, mit dem sie spielte, gebissen worden. Die unterbewußte Erinnerung an dieses traumatische Erlebnis war die Ursache ihrer Angst.

Liebe treibt die Furcht aus. Deshalb praktizierte sie auf meinen Vorschlag hin die Kunst der konstruktiven schöpferischen Imagination. Sie setzte sich mehrmals am Tag still hin, schloß die Augen, und stellte sich vor, wie sie einen Hund streichelte. Sie sah diesen Hund lebendig vor sich, streichelte ihn liebevoll, und freute sich über seine Reaktion darauf. Sie stellte sich weiterhin vor, daß sie dem Tier Futter und Milch gab. Sie spürte die Wirklichkeit und Greifbarkeit des Ganzen – sie erfüllte ihre Vorstellungen mit Leben und machte sie damit zu ihrer schöpferischen Imagination.

Nach etwa einer Woche fand sie sich von ihrer Furcht völlig befreit. Sie hatte das Gesetz des Gemüts praktiziert und dabei selbst erfahren, daß alles von ihr subjektiv dramatisierte Empfinden in ihr Unterbewußtsein gelangt, das sich seinerseits unverzüglich an seine Verwirklichung macht. Somit fand sie sich veranlaßt, mit einem Mal Hunde zu mögen – sie zu lieben. Liebe treibt die Furcht aus, und Liebe ist die emotionale Zutat, Ihrem Ideal oder Wunsch beigegeben. Sie erfüllt Sie mit Faszination und läßt Sie ganz in dem Gefühl des erreichten Begehrens aufgehen.

Ein wichtiger Bestandteil ihrer Verbildlichung war auch die sprichwörtliche Liebe eines Hundes für seinen Herrn oder seine Herrin und die Tatsache, daß ein Hund schon so manches Mal sein Leben für einen Menschen geopfert hatte. Sie sann auch über die vielen positiven Eigenschaften des

Hundes nach — seine Treue, seine uneingeschränkte Bereitschaft, Kinder aus Gefahren oder Menschen aus Schneelawinen zu retten. Alles das war eine konstruktive Meditation, die von nun an eine aufrichtige Zuneigung zu Hunden in ihrer Mentalität verankerte.

In Stillehalten und Vertrauen besteht eure Stärke
(Jes. 30:15)

Von den heutigen Massenmedien werden wir unablässig mit Negativitäten vielfältigster Art bombardiert. Es ist die Rede von Kriegsgefahr, Hungersnöten, Revolutionen, von Möglichkeiten der Krebsbekämpfung, von Tuberkulose, von Umweltverschmutzung etc. In schöner Regelmäßigkeit findet sich dann auch immer jemand, der den bevorstehenden Weltuntergang prophezeit. Dabei wird dann allerdings wenig oder überhaupt nichts von der Verschmutzung des Gemüts gesagt. ›Wie innen, so außen.‹

Zunächst einmal müssen wir unser Inneres reinigen. Dann müssen wir uns allen Ernstes vergegenwärtigen, daß wir alles, war wir in unserem Gemüt bekämpfen, in Wirklichkeit verstärken. Alles, was unsere Aufmerksamkeit besitzt, besitzt uns. Tatsächlich re-infizieren wir uns mit mehr und mehr Negativität. Der Mensch, der die Slums beseitigen will und sie deshalb erbittert bekämpft, hat völlig vergessen, daß er zunächst einmal die Slums in den Gemütern der Menschen reinigen muß, denn genau dort befinden sich die Infektionsherde. Wenn der Wissenschaftler in der Stille das Gegenmittel kontempliert, dann erhält er die gewünschte Antwort in seinem entspannten, passiven, rezeptiven Gemütszustand. Mit Sicherheit würde er keine Antwort auf sein Problem erhalten, wenn er sich aufregt und damit seine Aufmerksamkeit unentwegt auf das zu beseitigende Problem gerichtet hält. Er weiß, daß er damit die Dinge nur verschlimmert und sich letztendlich selbst besiegt.

Das ruhige Gemüt ist die Voraussetzung

Wer innerlich kocht − voller Zorn auf das Establishment und irgendwelche Institutionen −, der wird die Probleme der Welt nicht lösen. Und verbessern wird er die Welt schon gar nicht. Mit lautstarken Protestdemonstrationen ist da nichts zu machen. Die eindrucksvollsten Slogans und Parolen helfen da nicht im geringsten. Der so arg strapazierte ›gerechte Zorn‹ und offene Feindseligkeit bewirken das genaue Gegenteil. Solche Emotionen sind ausschließlich selbstzerstörerischer Natur und führen daher zu nichts anderem als Fehlschlag und Enttäuschung.

So mancher erfolgreiche Industrielle läßt sich bei seinen Entscheidungen von der Weisheit des Superbewußtseins leiten, indem er still wird und die Weisheit und Macht der göttlichen Kraft in seinem Innern kontempliert. Er ist dadurch imstande, seine Ruhe, sein Vertrauen und seine Zuversicht auf seine Umwelt zu übertragen.

Bedenken wir: Aufregung und Zorngefühle werden Ihrem Unterbewußtsein aufgeprägt und Sie absorbieren Ihre Negativitäten.

Kommen Sie geistig zu einer klaren Entscheidung. Denken Sie ruhig und gelassen über die Lösung, den Ausweg nach. Begreifen Sie: Was Sie kontemplieren, zu dem werden Sie! Ich bin sicher, daß Sie ganz gewiß nicht zu dem werden wollen, was Sie innerlich bekämpfen.

Eine Frau erwähnte einmal mir gegenüber, daß sie eine geradezu panische Angst vor einer möglichen Krebserkrankung hätte. Ich fragte sie daraufhin, ob sie irgendeinen handfesten Grund für ihre Befürchtung hätte. Sie sagte: ›Nein.‹ Darauf empfahl ich ihr dringend, diesen Gedanken fallen zu lassen − ihn völlig loszulassen. Ich gab auch ihr die schon erwähnte Bejahung: »Ich bin vollkommene Gesundheit; Gott ist meine Gesundheit.« Sie machte diesen schädlichen Gedanken unwirksam, indem sie ihn durch einen Gedanken der Wahrheit ersetzte — einen Gedanken über ihr wahres Selbst — das Superbewußtsein.

Bringen Sie mehrmals am Tag Ihr Gemüt zur Ruhe. Denken Sie an das Superbewußtsein — an göttliche Liebe. Beanspruchen Sie für sich Frieden, Harmonie, Freiheit, Freude, Macht, Vollkommenheit und Kraft. Dann werden Sie erleben, wie Ihre Welt sich zu dem genauen Abbild Ihrer Kontemplation formt.

Das verschlossene Gemüt

Ein voller Becher oder ein volles Glas ist nicht mehr aufnahmefähig. Ein Fallschirm ist völlig nutzlos, wenn er sich nicht öffnet. Ihr Gemüt muß immer offen und für neue Ideen empfänglich sein — für die ewigen Wahrheiten des Lebens. Das unflexible Gemüt bildet sich ein, die ganze Wahrheit zu kennen; es wähnt sich im Besitz der Wahrheit, weil es über eine Lehre engstirniger Theologie verfügt oder irgendwelcher Offenbarungen ganz spezieller Art und der Meinung ist, daß es nichts mehr zu lernen gibt. Ein Mensch, der so denkt, ist in einer traurigen Verfassung. Sie leben in der Gegenwart der Unendlichkeit und Sie nehmen mit jedem Tag an Weisheit, Licht und Verständnis zu.

Sie sind genau in der Mitte eines unerschöpflichen Reservoirs unendlicher Reichtümer. Die Herrlichkeit und Weisheit des unendlichen Einen kann sich niemals erschöpfen — nicht in alle Ewigkeit.

Eine alte Legende

Vor Millionen von Jahren hielten die Götter auf dem Berg Olympus eine Geheimversammlung ab. Zweck dieser Konferenz war es, eine Entscheidung darüber zu fällen, ob gewöhnliche Sterbliche mit Kenntnis der Wahrheit betraut werden sollten, um sie zu ermutigen und zu stimulieren, ihr Leben dem der Götter anzugleichen. Der erhabene Entschluß wurde gefaßt, das ›Juwel der Wahrheit‹ sollte dem Menschen zuteil werden.

Einer der jüngeren Götter bestürmte die Älteren, doch ihm Gelegenheit zu geben, der Menschheit das kostbare Juwel zu überreichen, um sich verdient zu machen und des Segens der älteren Götter teilhaftig zu werden. Die Erlaubnis wurde erteilt, und überglücklich machte sich der junge Gott auf den Weg. Als er jedoch gerade im Begriff war, die Erde zu berühren, stolperte er, und das ›Juwel der Wahrheit‹ fiel zu Boden und zersplitterte in tausend Stücke.

Die Götter auf dem Berg Olympus waren ziemlich ungehalten, als sie von diesem Mißgeschick erfuhren und der junge Gott zeigte sich zutiefst beschämt und enttäuscht. Gewiß können Sie den Sinn dieser Legende erkennen: Dieser Sturz brachte eine Menge Ungemach mit sich. Seither hatten so manche einige Splitter des Juwels gefunden und jeder von ihnen meinte, er allein besäße die Wahrheit.

Gott ist die Wahrheit, und Gott wohnt im Innern eines jeden Menschen auf der Welt. Es gibt nur eine Wahrheit, ein Gesetz, ein Leben, eine Substanz, und einen Vater aller. ›Unser Vater‹ – das Lebensprinzip – unser gemeinsamer Schöpfer. Die Wahrheit ist eine und unteilbar. Wenn Sie ›ICH BIN‹ sagen, dann bekunden Sie die Gegenwart und Macht Gottes in Ihrem Innern. Das ist die Wirklichkeit, die für jeden Menschen zutrifft.

… *Gott sieht die Person nicht an* (Apg. 10:34). Wenn du es benennst, kannst du es nicht finden; und wenn du es findet, kannst du es nicht benennen.

14

Verwünschtes Haus
und verwünschtes Gemüt

Das heimgesuchte Haus befand sich
in seinem Gemüt

Kürzlich führte ich ein interessantes Gespräch mit einem
Mann, der behauptete, sein Landhaus würde von Geistern
heimgesucht. Er fährt jetzt nur noch selten dort hin. Die
Fenster sind verriegelt und alle Jalousien heruntergelassen.
Seine wertvollen Perserteppiche werden langsam aber sicher
von Motten und anderen Insekten verspeist. Wie er sagte,
glaubt er selbstverständlich nicht an Spukgeister und der-
gleichen. Aber obgleich er darüber scherzt, hat er dennoch
Angst, dort die Nächte zu verbringen.

Damit ist hinreichend bewiesen, daß jeder Mensch im
Grunde an irgend etwas glaubt — sei es nun eine Religion
oder ein falscher Gott. Mancher Atheist erklärt: »Ich glaube
nicht an Gott« und akzeptiert gleichzeitig einen anderen Be-
herrscher seines Gemüts. Jeder dominierende Gedanke, den
Sie akzeptiert haben und von dessen Richtigkeit Sie überzeugt sind, ist ein Herrscher in Ihrem Gemüt.

In England und auch in vielen Teilen unseres Landes
kann man zuweilen von Spukgeistern und damit zusammen-
hängenden Geräuschen lesen — von an- und ausgehenden
Lichtern, von sich bewegendem Mobiliar, sich selbsttätig
öffnenden Fenstern, eisigen Windstößen, und anderen un-
heimlichen Geschehnissen.

Dieser Mann hatte das Landhaus vor einigen Jahren erworben und zum Anfang manches schöne Wochenende darin verbracht. Nach einigen Monaten hatten ihm dann die Nachbarn von einem Gerücht erzählt, das seit langem in der Gegend herumging. In seinem Haus sollte sich vor langer Zeit eine schaurige Tragödie zugetragen haben. Der frühere Eigentümer, der ihm das Haus verkauft hatte, schien diese Tatsache bewußt verschwiegen zu haben. Jeder dieser Nachbarn hatte dem ursprünglichen Gerücht noch eine kleine Ausschmückung hinzugefügt, aber letztlich basierte das Ganze doch nur auf Hörensagen und eines jeden Vermutung war so gut wie die des anderen.

Nachdem ihm alle diese Berichte zur Kenntnis gebracht worden waren, begannen sich in seinem Haus recht seltsame Dinge zu ereignen, die ihn tatsächlich glauben ließen, es sei von üblen Wesenheiten heimgesucht — von erdgebundenen, unruhevollen Geistern. In Wirklichkeit bildete er sich jedoch nur ein, Dinge der geschilderten Art wahrzunehmen. Da waren zunächst die phantasievollen Erzählungen der Nachbarn — Worte und Redensarten, deren Sinn er nicht wirklich begriffen hatte, die nichtsdestoweniger oder vielleicht gerade deshalb einen tiefen Eindruck in seinem Bewußtsein hinterließen. Spukgeister gehen um, wenn das Gemüt nicht klar ist. Die Geister, die er erlebt zu haben meinte, waren Geschöpfe seiner Ängste und seiner Ignoranz — Geschöpfe der Dunkelheit seines Gemüts.

Das Heilmittel

Oft genug enthält die Erklärung auch bereits das Heilmittel. Ich konnte ihn überzeugen, daß er das Opfer negativer Suggestionen geworden war. Nichts anderes lag hier vor. In den ersten zwei Monaten hatte es überhaupt keine Probleme gegeben. Dann kam das Gerede der Nachbarn ins Spiel. In dem Augenblick, da er die negativen Suggestionen dieser Leute akzeptiert hatte, war sein Unterbewußtsein darangegangen, diese Befürchtungen und abergläubischen Vorstellungen zu dramatisieren. Alles Negative — alles was schadet und verletzt — liebt die Dunkelheit und scheut das Licht. Nun konnte er das einzige wirksame Heilmittel anwenden: Er zog die Jalousien in seinem Gemüt hoch und ließ den Sonnenschein göttlicher Liebe herein.

Alle Dinge der Finsternis pflegen — bildlich gesprochen — in der Nacht umher zu gehen. Schon mancher meinte, Spukgeister oder andere Erscheinungen wahrgenommen zu haben, wenn er des Nachts an einem Friedhof vorbeigekommen war. Solche Menschen unterliegen immer den Illusionen ihres Gemüts, aufgrund ihrer Ängste und ihres Falschglaubens. Ganz besonders geschieht das in der Dämmerung bei Zwielicht, wenn das Tageslicht schwindet und die Schatten fallen.

Um ein Beispiel zu nennen: Ein Mann glaubte des Abends in der Nähe seines Hauses einen Reiter bemerkt zu haben, der mit einem Gewehr auf ihn zielte. Er war vor Schrecken völlig gelähmt, unfähig auch nur eine Bewegung zu tun. Als seine Frau, die ihn erwartet hatte, die Haustür öffnete, wurde die ganze Szene von dem nach außen dringenden Lichtstrahl erhellt. Und siehe da, das Ganze entpuppte sich als eine etwas absonderliche Zweigverästelung der umstehenden Bäume, die sich im Zwielicht als vermeintliches Schreckensbild dargestellt hatten.

Um auf den ›heimgesuchten‹ Landhausbesitzer zurück zu kommen: Dieser Mann war, wie gesagt, erstaunt, daß auf einmal — nachdem in den ersten Monaten alles in bester Ordnung gewesen war — plötzlich das Licht an und aus ging, und die Möbel verrückt spielten. Das Ganze war jedoch nur das Werk seines Unterbewußtseins. Sein Gemüt war das ›heimgesuchte Haus‹, aufgrund der negativen Suggestionen, der er sich zu eigen gemacht hatte.

Ich gab ihm die folgende Bejahung zur mehrmaligen täglichen Anwendung, besonders jedoch am Abend oder des Nachts: »Mein Haus ist dem göttlichen Gemüt bekannt. Seine ganze Atmosphäre ist vom Frieden Gottes erfüllt und durchtränkt. Göttliche Liebe kommt zur Tür herein und geht zur Tür hinaus. Mein Leben ist Gottes Leben, und der Frieden Gottes erfüllt mein Gemüt und mein Herz. Ich vertraue auf Gott und auf alles Gute. Gott sorgt für mich. Ich bin umgeben vom heiligen Kreis der Liebe Gottes. Göttliche Liebe umgibt und umhüllt mich, und ich führe ein wunderbares Leben. Das Licht Gottes leuchtet in mir, die ganze Atmosphäre meines Hauses ist von der Liebe Gottes durchdrungen. Göttliches Gesetz und göttliche Ordnung haben die Oberhand.«

Diese Bejahung neutralisierte alle negativen Suggestionen der Nachbarn, und er hatte ein für allemal gelernt, daß die Spukgeister nur an einem einzigen Ort entstanden waren, nämlich in den düsteren Gängen seines eigenen Gemüts.

Die Vergangenheit ist tot

Viele Menschen — das konnte ich bei Gesprächen immer wieder feststellen — haben bei Ortsveränderungen zwar ihren Körper in eine andere Stadt oder einen anderen Bundesstaat versetzt, niemals jedoch ihr Gemüt. Das befand sich nach wie vor am alten Ort oder in der alten Verfassung. Und darin liegt der gewaltige Unterschied. Diese Menschen haben nicht erkannt, daß sie vor ihrem Bewußtsein nicht weglaufen können. Sie ziehen es vor, in der Vergangenheit zu leben, und das ist tödlich. Es vereitelt ihre Hoffnungen und Aspirationen und beraubt sie Ihrer Vitalität und Ihres Gemütsfriedens.

Viele vermögen nicht zu erkennen, daß sie durch ein Leben in der Vergangenheit — durch unentwegtes Auffrischen vergangener Ereignisse vorwiegend negativer Art solche traumatischen Schockerlebnisse in Ihrem Bewußtsein konservieren. Ein erneutes Durchleben verursacht dann Alpdruck und unerfreuliche Träume. Das sind dann die Geister-Skelette im Schrank des Gemüts, die in jeder Nacht hervorkommen und ihr Unwesen treiben. Sie müssen lernen, jeden Tag vergangen sein zu lassen, ohne das geringste Gefühl des Verhaftetseins – ohne jede Gebundenheit. Sie müssen lernen, ihr Denken zu ändern und es geändert zu halten.

Wie denken Sie von sich selbst? Was denken Sie von der Welt, den Nachrichten? Können Zustände Sie beeinflussen, Sie ärgern? Wenn ja, dann haben Sie einem schlechten Herrscher Gewalt über Ihr Denken eingeräumt. Auch wenn alle Presse-, Funk- und Fernsehjournalisten der Welt im Unrecht wären und Sie ganz allein im Recht – wenn das, was sie zu sagen haben, Sie beunruhigen oder verärgern kann, dann haben Sie einen schlechten Herrscher über Ihren Haushalt bestellt.

Leben ist Gemütszustand. Sie leben nicht, wo Ihr Körper ist. Tatsächlich leben Sie nämlich in genau dem Bewußtseinszustand, der die Totalsumme aller Ihrer Gedanken, Gefühle und Überzeugungen ausmacht.

In meiner Nachbarschaft hier, in Laguna Hills, lebt eine Frau, die den Verlust ihrer Mutter sehr heftig betrauert hatte. Täglich hatte sie das Grab besucht, daselbst Blumen niedergelegt und geweint. Ihre Mutter war jedoch nicht dort. Sie befand sich ja nicht mehr in diesem Körper, der jetzt in der Erde einen Zerfallprozeß durchlief und zu seinen ursprünglichen Elementen zurückkehrte. Traurigkeit, Betrübnis und Melancholie waren die Gemütszustände der Tochter. Sie hatte ein starkes Gefühl des Verlustes. Dadurch wurde ihre Gesundheit in Mitleidenschaft gezogen. Ihre Sehkraft begann rapide nachzulassen. Aus alledem zog sie eine morbide Pseudo-Befriedigung. Sie identifizierte sich mit Verfall, Begrenzung und Endgültigkeit, und alles das wirkte in negativer Weise auf ihr Gemüt ein. Die Folge für sie war schließlich der Verlust von Gesundheit, Wohlergehen, Liebe und allem Guten. Praktisch alles ging jetzt schief in ihrem Leben, weil sie sich in einer ausgesprochenen Verluststimmung befand.

Sie konnte sich jedoch noch rechtzeitig eine andere Gemütshaltung angewöhnen. Sie sah ein, daß ihre Mutter nach wie vor bei ihr war — daß sie jetzt lediglich auf einer anderen Schwingungsfrequenz, ihren fünf Sinnen nicht wahrnehmbar, wirkte. Nunmehr betete sie für ihre Mutter und freute sich über ihren neuen Geburtstag in Gott. Sie strahlte jetzt Liebe, Frieden, Freude und guten Willen aus. Immer, wenn ihre Mutter ihr in den Sinn kam, bejahte sie: »Mutter, deine Reise führt vorwärts, aufwärts und gottwärts.« Nach und nach kehrte ihre Sehkraft zurück. Ihr ganzes Leben hatte sie durch die Bejahung — durch wissenschaftliches Gebet — verändert. Wissenschaftliches Gebet verändert den Menschen, der es anwendet.

Er hatte einen Märtyrerkomplex

Bei einer Konsultation sagte mir ein Ratsuchender, er fühle sich von seiner Firma, für die er mehr als 25 Jahre lang tätig war, schäbig behandelt. Als die Gesellschaft mit einer anderen fusionierte, hatte man ihm ohne weitere Erklärung gekündigt — ein Verhalten, das er als absolut unangemessen und im höchsten Grade unfair befand. Irgendwie schien er es zu genießen, bei jeder sich bietenden Gelegenheit darüber zu rezitieren und geistig immer wieder bei seinem Ungemach zu verweilen. Er hatte sich eine Art Märtyrerkomplex aufgebaut und durch sein morbides Schwelgen in seinen Grollgefühlen hatte er schließlich einen gefährlich hohen Blutdruck entwickelt.

Ich erklärte ihm, daß er das Kommando in seinem Gemüt einem Gangster übertragen habe — einem tyrannischen Herrscher, der es sich angelegen sein lasse, mit seiner Gesundheit und seinen Finanzen Schindluder zu treiben.

Ich erklärte ihm, daß jeder dominierende Gedanke von seinem Gemüt in sein Unterbewußtsein gesenkt wird und als Erfahrung oder Begebenheit zu ihm zurückkehrt.

Das folgende ist die Bejahungstechnik, zu deren Anwendung er sich daraufhin entschloß: »Ich lasse meine frühere Organisation jetzt völlig los, übergebe sie Gott und wünsche ihr alles Gute. Unendlicher Geist öffnet mir eine neue Tür des Selbstausdrucks auf wundervolle Weise. Ich gebe jetzt reichlich von meinen Talenten und Erfahrungen, und ich weiß, daß alles was ich glaube und geistig akzeptiere sich verwirklichen wird. Ich begebe mich jetzt auf die mentale Reise vom Begehren zur Erfüllung. Diese neue Idee, die ich jetzt in Besitz genommen habe, wächst in meinem Innern und kommt als Manifestation zum Vorschein.«

Diese dominierende Idee, die ihn völlig in ihren Bann geschlagen hatte, ergriff auch von seinen weniger bedeutsamen Gedanken, Ideen und Emotionen Besitz. Schließlich wurde sein Unterbewußtsein von dieser neuen Gemütshaltung durchdrungen und als Folge erfuhr er eine Berufung nach Übersee, mit einem größeren Einkommen, als er bislang verzeichnet hatte.

Religion und Wissenschaft

Ihre Religion sollte mit den Erkenntnissen der Wissenschaft einhergehen können, d. h. sie sollte nicht im Widerspruch zu ihnen stehen. Religion und Wissenschaft sind die zwei Bogen eines Kreises, die zusammengefügt diesen Kreis überhaupt erst formen. Religion muß wissenschaftlich sein, und Wissenschaft muß religiös sein, andernfalls kann es keinen gemeinsamen Boden geben, auf dem man sich trifft. Wer geistig bei Negativitäten verweilt, wie Martyrium, Tragödien, traumatischen Begebenheiten, alten Reuegefühlen etc., der macht sein Gemüt damit zu einer Art Spukhaus der schlimmsten Kategorie.

Wenn der Mensch einmal von der Wirksamkeit der geistigen Gesetze überzeugt ist und diese auch anzuwenden gelernt hat, dann wird er die Freude der Gebetsbeantwortung erleben.

Er hörte unheimliche Stimmen

Ein Mann, der jahrelang von einem unbezähmbaren Haß auf seine Frau erfüllt gewesen war, wurde — nachdem sie an Krebs gestorben war — von starken Schuld- und Reuegefühlen geplagt, weil er sie so schlecht behandelt hatte. Er fürchtete, dafür bestraft zu werden. Wie er mir sagte, hörte er jetzt in der Nacht unheimlich kreischende Stimmen und Schritte auf der Treppe. Er glaubte auch, in seinem Schlafzimmer Geistererscheinungen wahrgenommen zu haben. Er hatte das Knarren des Fußbodens gehört und das Klirren von Ketten. Er behauptete, unsichtbare Hände hätten des Nachts nach ihm gegriffen, und zeigte Kratzwunden als Beweis dafür vor. Diese Erlebnisse hatte er des Nachts jeweils zwischen Mitternacht und 3.00 Uhr. Der Arzt hatte ihm Beruhigungsmittel gegeben, die jedoch ohne Wirkung geblieben waren.

Ich hatte mehrere Sitzungen mit diesem Mann und dabei sehr bald herausgefunden, daß er mit dem Ouija-Brett herumgespielt, an Séancen teilgenommen und sein Gemüt mit allem möglichen Unsinn angefüllt hatte. Er glaubte, von üblen Wesenheiten heimgesucht zu sein. Er befand sich in einem Zustand tiefster Depression, verursacht durch seine Schuld- und Reuegefühle.

Machen wir uns doch eines bitte unmißverständlich klar: Im Haus (Gemüt) der Meditation über die ewigen Wahrheiten Gottes gibt es keine Geister, Kobolde, Phantome, Gespenster, unheimliche kreischende Stimmen oder andere abnorme Geräusche. Derartige Phänomene können einfach nicht vorkommen in einem Gemüt, das erfüllt ist von dem Sonnenschein der Wahrheit und der Liebe Gottes. Es waren ausschließlich diese tiefsitzenden Schuld- und Reuegefühle, die, zusammen mit seiner Furcht vor Strafe und seinem Glauben an böse Wesen, das Unterbewußtsein des Mannes veranlaßten, auf diese Art übertrieben dramatisch zu reagieren.

Verständnis bringt Kraft mit sich — es kann als die Sonne bezeichnet werden, die den Nebel und die Verwirrung im Gemüt zerstreut. Ziehen Sie die Jalousien hoch und das Sonnenlicht strömt ein. Wenn Sie sich Ihrer spirituellen Kraft bewußt geworden sind, haben Sie sofort inneren Frieden. Das ist der Frieden, der keine äußeren Feinde kennt, weil auch keine im Innern sind.

Dieser Mann entschloß sich, seine Frau geistig loszulassen und ›Schönheit für Asche‹ zu geben. Er bejahte, daß Gottes Liebe ihre Seele erfüllt und Gottes Frieden in Ihrem Gemüt vorherrscht. Nach etwa einer Woche verspürte er inneren Frieden und hatte keinerlei Schuldgefühle mehr. Dann begann er, sein Gemüt mit den Wahrheiten des 91. und des 23. Psalms anzufüllen und zu sättigen — er las sie mehrmals am Tag und besonders am Abend vor dem Einschlafen.

Durch die Bejahung dieser großen Wahrheiten wurde die Heilkraft Gottes freigesetzt, jetzt konnte sie ungehindert strömen. Sein Gemüt wurde mit Frieden erfüllt und er hörte keine merkwürdigen Geräusche mehr. Er übergab sich und seine Frau der Obhut Gottes. Wenn das Licht und die Liebe Gottes Eingang in die Seele findet, löst sich alle Dunkelheit auf.

Lassen Sie die Weisheit herrschen

Errichten Sie der Weisheit einen Thron in Ihrem Gemüt, durch Gewahrsein der Gegenwart und Macht Gottes. Sinnen Sie nach über das Konzept des Friedens, der Kraft, der Freude und des rechten Handelns. Beschäftigen Sie Ihr Gemüt mit diesen Wahrheiten, dann wird Ihr mentales Haus von Harmonie erfüllt sein und Sie werden Zufriedenheit erfahren. Es ist unsere Aufgabe, die Natur Gottes ›im Fleisch‹ zu demonstrieren. Hiob sagte: ... *in meinem Fleisch werde ich Gott schauen* (Hiob 19:26).

Ein Poltergeist als angebliche Ursache

Bei einem langen Gespräch mit einer Dame aus San Francisco, die sich über die Umtriebe eines Poltergeistes in ihrem Haus beklagte, konnte ich feststellen, daß dieser Poltergeist niemand anderer als ihre Tochter war. Als sie ihre Tochter nämlich zu ihrer Großmutter nach Los Angeles geschickt hatte, ereigneten sich keine Absonderlichkeiten dieser Art – kein Geschirr fiel zu Boden, keine Tische kippten um, keine Bilder fielen von den Wänden, keine Lichter gingen aus, und keine Fenster öffneten sich. Es gab auch keinen eisigen Lufthauch, um das Ganze zu vervollständigen.

Poltergeist-Aktivitäten sind überall auf der Welt bekannt. Es handelt sich hier um ein wirkliches Phänomen des Unterbewußtseins und hat nicht das Geringste zu tun mit Gespenstern und üblen Wesenheiten. Die Ursache hierfür ist allgemein bekannt. Sie ist ganz einfach eine psychokinetische Kraft – latent vorhanden im Unterbewußtsein –, die sich oftmals in Zeiten übermäßiger Anspannung oder in der Pubertät manifestiert.

Das Gespräch mit der zwölfjährigen Tochter ergab, daß sie schwere Ressentiments gegen ihre Mutter hegte, weil letztere ihren Bruder ständig bevorzugte und ihr das auch noch ausdrücklich sagte. Beim Einsetzen ihrer Menstruation hatte sie ihre Mutter um Aufklärung des Geschehens gebeten und als Antwort die bemerkenswerte Erklärung erhalten, sie habe nunmehr das ›schmutzige Alter für Mädchen‹ erreicht. Durch die von ihr ausgelösten Poltergeist-Aktivitäten wollte sie mit ihrer Mutter quitt werden. Diese Phänomene waren Manifestationen der Macht ihres Unterbewußtseins, von ihr auf negative Weise angewandt.

Es gibt nur eine Macht — eine einzige Kraft, und diese Kraft können wir sowohl positiv als auch negativ anwenden. Mit dieser Feststellung begann ich meine Erklärung, die ich der Mutter und der Großmutter gab. Inzwischen ist alles in bester Ordnung: Die Mutter hat sich ihrer Tochter jetzt mehr zugewandt und diese weiß jetzt, daß sie erwünscht, geliebt und geschützt wird. Das kleine Mädchen wiederum lernte, für seine Mutter zu bejahen: »Gott liebt meine Mutter. Ich liebe sie und sie liebt mich.« Diese Bejahung hatte sie zu einem kleinen Lied gestaltet, das sie mehrmals am Tag fröhlich singt.

Die Antwort auf alle Probleme, zwischenmenschliche Beziehungen betreffend, ist in jedem Fall die gleiche: Erblikken und erhöhen Sie den Gott im anderen. Man kann nicht an zwei Dinge zur gleichen Zeit denken. Denken Sie an Gott und seine Liebe und sehen Sie diese Liebe Gottes im anderen manifestiert.

Das Wetter verursachte eine Erkältung

Ein Mann, der aus einem geheizten Raum in die kühle Nachtluft hinauskam, mußte à Tempo niesen, fröstelte und begann schließlich zu husten. Er gab allein dem Wetter die Schuld. Sein Husten und Frösteln schien auch zu bestätigen, daß es an der kühlen Nachtluft liegen mußte. Es dauerte auch nicht allzulange, da fand er, daß seine Temperatur sich erhöhte und er griff zu Nasentropfen und Aspirin.

Ich erklärte ihm, daß die kühle Nachtluft durchaus nicht als Ursache seiner Erkältungserscheinungen anzusehen sei. Die Atmosphäre an sich ist harmlos und unschädlich. Sie verfügt über keinerlei Macht, Krankheiten zu verursachen. Die Erkältung war die Folge seiner Überzeugung und nicht die Auswirkung der Luft. Als er aus dem warmen Raum in die kühle Nachtluft hinaustrat, da spürte er selbstverständlich den Temperaturunterschied, und die Natur suchte einen Ausgleich, und das führte zu seinem Niesen. Das war der Weg der Natur, sich an veränderte Temperaturverhältnisse anzugleichen. Er hatte eine Wirkung zur Ursache gemacht, und damit seine Beschwerden selbst herbeigeführt.

Die kosmischen Gesetze sind auch vorsorglicher Natur und wirken zum Wohl aller. Dieser Mann hatte sein Niesen, das lediglich ein von seinem Unterbewußtsein induzierter Reflex war, um die Körpertemperatur den veränderten Verhältnissen anzugleichen, völlig mißinterpretiert. Für jede Aktion gibt es eine entsprechende Reaktion. Das gilt sowohl für die Physik als auch für die Metaphysik.

Viele Menschen befürchten bereits beim kleinsten Hustenreiz eine handfeste Erkältung, und was sie befürchten, das ziehen sie an. Emotionale Erregung ist die Aktion, und ein Niesen oder Husten ist die Reaktion. Damit schließt sich der Kreis und es gibt kein weiteres Resultat. Wenn wir jedoch der Meinung sind, ein Husten oder Niesen sei das Anzeichen einer kommenden Erkältung, dann bekommen wir selbstverständlich die gefürchtete Krankheit.

Denn was ich gefürchtet habe, ist über mich gekommen ... (Hiob 3:25). Verändern Sie das und bejahen Sie: »Was ich sehr liebe, kommt über mich.« Verlieben Sie sich in Harmonie, Gesundheit, Frieden, Überfluß und die Wahrheiten Gottes − des Superbewußtseins. Dann wird die Wüste Ihres Lebens erblühen wie die Rose.

15

Vertrautwerden mit der Sprache der Bibel

Die zwei Seiten

Es heißt allgemein, es gäbe für eine jede Frage zwei Seiten oder Ansichten, jedoch nur eine richtige. Um die Wahrheit zu kennen, müssen wir lernen, die richtige Seite zu sehen. Emerson sagt in seinem Essay über Kompensation: »... denn es ist ein unausweichlicher Dualismus, der alle Natur zweiteilt, so daß ein jedes Ding eine Hälfte darstellt, das einer anderen Hälfte bedarf, um zu einem Ganzen zu werden; wie Geist und Materie, Mann und Frau, Subjektives und Objektives, Ein und Aus, Unten und Oben, Bewegung und Ruhe, Ja und Nein.«

Wir haben Licht und Dunkelheit, Ebbe und Flut, Ein und Aus, Süß und Sauer. Dunkelheit ist nichts anderes als die Abwesenheit des Lichts. Es gibt Hitze und Kälte, aber vom Standpunkt der absoluten Wahrheit betrachtet, gibt es keine Kälte. Alle Gegensätze vereinen sich im Absoluten. Es gibt Gesundheit und Krankheit – im Absoluten jedoch ist alles Schönheit und Vollkommenheit. Der positive Wert ist Licht, Heil und Liebe. Die Gegensätze spiegeln sich in unseren Erfahrungen, damit wir den Sinn und die Bedeutung des Positiven erkennen lernen. Ohne den Gegensatz zum Positiven wären wir nicht imstande, das Letztere in seiner vollen Bedeutsamkeit zu erkennen.

Wenn jemand fragt: »Weshalb hat Gott uns geschaffen? Damit wir irren? Fehler machen? Krank werden? Weshalb Gut und Böse? Schmerz und Leiden?« — dann ist das oben Angeführte die Antwort. Wir erkennen die Dinge an ihrer Gegensätzlichkeit. Durch Vergleich. Wie sollten wir wissen, was Freude ist, wenn wir nicht hin und wieder eine Träne des Leides vergießen würden?

Wir sind fühlende, empfindende Wesen. Als solche erkennen wir beispielsweise die verschiedenen Farben aufgrund ihrer unterschiedlichen Lichtschwingungen. Unendliche Differenzierung ist das Gesetz des Lebens. Wissenschaftlich fundiertes Denken erkennt die Gegensätzlichkeiten im Leben. Das Gute hat seinen Widerpart, damit wir imstande sind, das Gute zu wählen und das Negative zurückzuweisen. Die Befähigung, das Gute im Leben zu erkennen und zu wählen, wird als Weisheit bezeichnet. Weisheit erkennt, was recht ist und mit der universellen Wahrheit im Einklang steht.

Wir könnten sagen, daß da zwei Sprachen sind. Die Bibel ist in geheimer Sprache — in Parabeln, Allegorien, Metaphern und Sinnbildern — abgefaßt. Die Welt hingegen spricht eine andere Sprache, und deshalb interpretieren Millionen die Bibel wortwörtlich — buchstabengetreu. Die Gesetze unseres Landes sind in englischer Sprache abgefaßt, dennoch gibt es in Juristenkreisen ständige Kontroversen über ihre Bedeutungen. An unserem obersten Bundesgericht, dem Supreme Court, sind die Meinungen über Teile unserer Verfassung durchaus geteilt, obgleich sie in englischer Sprache abgefaßt ist. Die Politiker in Kalifornien sprechen davon, daß sich das Blatt für sie jetzt wendet. Sie meinen das nicht wörtlich, obwohl ich das Gefühl nicht los werde, daß einige es durchaus so meinen.

Diese zwei Sprachen werden in der Bibel ganz besonders deutlich und sie sind deshalb ständiger Anlaß zu Verwirrung und Falschinterpretation. Sie müssen die Bedeutung der

Symbole verstehen lernen, um die Bibel verstehen zu können. Wenn Paulus von ... *Christus in euch, die Hoffnung der Herrlichkeit* (Kol. 1:27) spricht, so meint er damit nicht Christus als Person. Christus ist kein Mann. Diese Feststellung bezieht sich vielmehr auf die Gegenwart Gottes in jedem Menschen. Wenn Sie diese Macht anwenden, dann kommen Sie zu einem neuen Verständnis von sich selbst. Christus — die göttliche Kraft im Innern — ist die Bezeichnung für die Weisheit, die Jesus gefunden hatte und die ihn zu großen Dingen befähigte. Diese Kraft und Weisheit ist der Verursacher von Gesundheit und Glück. Wenn Sie sich bewußt sind, daß Gedanken Dinge sind, und alles von Ihnen als wirklich empfundene sich in Ihrem äußeren Leben verwirklicht — daß Sie zu dem werden, was Sie imaginieren —, dann verfügen Sie über einen Teil der Weisheit, Christus genannt.

›Christus in euch‹ bedeutet ganz einfach das Praktizieren der Gegenwart Gottes. Es hat nicht das Geringste mit einer Person zu tun. Die Gottesgegenwart sieht die Person nicht an. Der Durchschnittsmensch weiß nichts von dieser göttlichen Gegenwart in seinem Innern und meint daher, von äußeren Gegebenheiten — zumeist gegen seinen Willen — beeinflußt zu werden.

Diese Einstellung wird in der Bibel ›Sohn der Verdammnis‹ genannt und beinhaltet ein Gefühl von Verlust und Begrenzung.

Unter Wissen versteht man das Wissen des Menschen, und das ist im allgemeinen leider nicht das Wissen um seine innere Göttlichkeit. Gott ist ein Synonym für ›das Gute‹, und die Kontemplation über alle guten Dinge bringt Gesundheit und Wohlergehen.

Fragen Sie sich, ob das, was Sie fürchten, wirklich oder nur illusionär ist. Wenn Sie für sich rechtes Handeln bejahen, Schönheit, Liebe, Frieden, göttliche Inspiration und Harmonie, und wenn diese Wahrheiten, Kräfte und Qualitäten Gottes in Ihrem Leben zum Ausdruck kommen, dann ist das der Christus in Ihrem Innern, die Hoffnung der Herrlichkeit.

Kürzlich wurde ich gefragt, was Paulus gemeint habe mit ... *Tag des Herrn* ...(2. Thess. 2:2). Meine Antwort: Paulus spricht hier keineswegs von einem Millenium, da alle Menschen plötzlich und auf wundersame Weise durch das Licht von Oben transformiert werden. Erleuchtung kommt auf eine solche Weise nicht zustande. Sie kommt nur zum Individuum, und zwar durch Meditation, Bejahung und mystisches Schauen. Niemand kann sie Ihnen einfach so geben. Erleuchtung ist nicht etwas, das Ihnen übertragen werden kann, ohne Ihre ureigenste Beteiligung — ohne Ihr geistiges Mitwirken und ohne Beachtung der ewigen Wahrheiten des Lebens.

Es bedarf hier zuerst eines Abfalls, wie Paulus sagt. Und das bedeutet ein Abfallen von jeglichem Falschglauben und allen fehlerhaften Konzepten, bevor die Gegenwart Gottes im Herzen spürbar werden kann. Solange Sie an Mächte glauben, die Sie außerhalb Ihrer Selbst wähnen, die Ihr Leben bestimmen, dann sind Sie angefüllt mit dem Glauben und Wissen der Welt. Wenn es Ihnen um das Wissen und die Weisheit zu tun ist, die in der Bibel Christus genannt wird, dann müssen Sie sowohl falsche religiöse Glaubensvorstellungen als auch die Propaganda der Welt fallen lassen und das Geschenk der Wahrheit akzeptieren.

Paulus sagt: ... *denn wenn nicht zuerst der Abfall gekommen ist.* .. (2. Thess. 2:3). Das heißt: Wenn die geläufigen Theorien und dogmatischen Glaubensinhalte des Weltwissens sich Ihrem Gemüt enthüllen als das, was sie sind — nämlich Diebe und Räuber Ihres Glücks — dann ist für Sie der Tag des Herrn oder das Erwachen zur Wahrheit gekommen.

Es ist sinnlos und recht töricht, zu behaupten, an Gott zu glauben, wenn man zugleich an eine andere Macht glaubt, die imstande sein soll, das Wirken Gottes zu vereiteln. Hier kann es keinen Kompromiß geben, keine Doppeldeutigkeit, keine Ausflüchte und keinen Wankelmut. Äußerlichkeiten sind keine Verursacher. Die Meinung, daß andere Sie Ihres Glücks berauben können oder sich abfinden mit einem vermeintlich unheilbaren Zustand, heißt, einem Glauben anzuhängen, der ein Dieb und Räuber ist. Er beraubt Sie Ihrer Gesundheit und Ihres Glücks.

Die Überzeugungen der Allgemeinheit

Dem Durchschnittsmenschen erscheint es als verstandesmäßiges Denken, alle krankheitsverursachenden Faktoren als äußere Einflüsse anzusehen und alle heilungsbewirkenden Gegebenheiten als ebenso von außen kommend. Auf diese Weise hat sich bei ihm die Auffassung gebildet, eine Krankheit ›erwischen‹ zu können.

Er ist sich nicht der Tatsache bewußt, daß jede Krankheit, jedes Leiden eine emotionelle Störung ist, die sich ›am Fleisch‹ manifestiert.

Ich habe häufig auf Ihr Unterbewußtsein hingewiesen, das alle Ihre Emotionen getreu aufzeichnet und verwahrt. Ihr Körper ist gewissermaßen die Schallplatte mit der Aufnahme des Resultats. Der Körper verfügt über keine Macht in sich selbst, er reproduziert lediglich das ihm aufgegebene. Alle Ihre Überzeugungen sind unauslöschlich in Ihr Unterbewußtsein geschrieben und kommen zum Vorschein in Ihrem Körper und Ihren Angelegenheiten.

Alles das ist ein Teil der Weisheit, Christus genannt. Es gibt eine Wissenschaft des Geistes, die zwischen Wahrheit und Irrtum unterscheidet. Wenn Sie daher zu einer definitiven Überzeugung gelangt sind — der eindeutigen Überzeugung, daß es nur eine einzige Macht im Universum gibt, dann werden in Ihrem Leben Wunder geschehen.

Die Schlange

Die Schlange in der Bibel steht für die fünf Sinne des Menschen und sein Urteilen nach den äußeren Erscheinungen. Die Saat der Schlange ist Furcht und falsches Wissen. Die Schlange erscheint flink und lautlos; bevor man sich ihrer Gegenwart im Dschungel bewußt geworden ist, hat sie blitzschnell zugeschlagen. Die Suggestionen und falschen Überzeugungen des Welt-Bewußtseins — des Massengemüts — hinterlassen einen Stachel im undisziplinierten Gemüt und bewirken allen möglichen Verdruß.

Die Antwort auf alle Probleme

Die Antwort auf alle Probleme der Welt liegt in der Weisung der Bibel: *Vertraue auf den Herrn von ganzem Herzen, auf deine Klugheit aber verlaß dich nicht. Denke an ihn auf all deinen Wegen, so wird er deine Pfade ebnen* (Spr. 3:5 – 6).

16

Antworten auf viele Fragen

Geist und Materie sind eins. Die heutige moderne Wissenschaft spricht von der Interkonvertibilität von Energie und Materie. Energie ist ein Terminus, der von der Wissenschaft für Geist oder Gott gesetzt wird. Viele Leute bestreiten heutzutage die Existenz Gottes oder des lebendigen allmächtigen Geistes. Es gibt hier, an der Westküste der Vereinigten Staaten, Gruppierungen, die sogar die Existenz der Materie leugnen.

Wir leben in einer subjektiven und einer objektiven Welt. Jeder Stock hat zwei Enden. Das Formlose nimmt Form an, das Unsichtbare wird sichtbar. Wir alle sind Manifestationen des unendlichen Geistes. Wir sind hier, um unsere Göttlichkeit zu entdecken.

Paulus sagt: ... *so verherrlicht nun Gott mit eurem Leibe* (1. Kor. 6:20). Geist bedarf der Form, um sich auszudrücken. Ihr Körper ist ein Vehikel, das Sie befähigt, die Wunder und Herrlichkeit Ihres Innern zum Ausdruck zu bringen.

Soll ich einen Ashram aufsuchen?

Eine junge, zutiefst spirituelle College-Studentin fragte mich, ob ich es für ratsam halten würde, daß sie nach Indien fährt und einen Ashram aufsucht, um sich dem Druck der Leistungsgesellschaft — der ›Rat Race‹ (Ratten-Menschheit, amerik. Slangausdruck, d. Übers.) — zu entziehen. Sie machte geltend, daß im College so viele Konflikte zu bewältigen seien. Rauschgiftdelikte und sexuelle Verirrungen seien an der Tagesordnung, und einige Philosophieprofessoren behaupteten zudem, es gäbe keinen Gott.

Ich erklärte ihr, daß ich auf meinen Indienreisen schon viele Ashrams besucht und auch dort gesprochen habe. Um Gott zu finden, bedarf es jedoch keiner Reise nach Indien, denn Gott ist in ihrem Innern — wo immer sie geht und steht. Die Gegenwart Gottes — so sagte ich ihr — kann sie notfalls mitten auf dem Brodway in New York City, oder auf dem Hollywood Boulevard in Los Angeles praktizieren, ebenso, wie bei sich zuhause, im College oder an sonst einem beliebigen Ort.

Ich erklärte ihr, daß Weisheit und wirkliches Wachstum nicht erreicht werden durch Weglaufen — durch eine Flucht zu anderen Ufern. Sie begriff, daß es ihre gegenwärtige Aufgabe war, ihr Studium abzuschließen und dann mit ihren Talenten und Fähigkeiten zum Wohlergehen der Welt beizutragen. Die ›Welt‹, in der sie lebte, war das Massengemüt. Was sie also lernen mußte, war ... *ziehet aus ihrer Mitte und sondert euch ab* (2. Kor. 6:17).

Sie lernte wissenschaftliche Bejahung, indem sie ihre Gedanken disziplinierte und Liebe und Wohlwollen auf ihre Umwelt — Studenten und Professoren — ausstrahlte. Ich gab ihr meine Meditationsbroschüre *Stille Momente mit Gott** und empfahl ihr, des morgens und abends ihr Gemüt mit einer der sechzig darin enthaltenen Meditationen zu durchtränken, in dem Bewußtsein, daß sie durch eine solche Gemütsinstandsetzung ihre gesamte Lebensperspektive verändert. Genau das geschah. Sie dachte, sprach und handelte vom göttlichen Zentrum in ihrem Innern heraus, und nicht

---

* Dr. Joseph Murphy: *Murphy Meditationen I, Stille Momente mit Gott,* Verlag Peter Erd

mehr aus der aufgepfropften Massengemütsstruktur der Furcht, der Unwissenheit und des Aberglaubens.

Törichte Meinungen

Einige Menschen haben recht seltsame, ja geradezu groteske Meinungen, Geld, Besitz und irdische Vergnügungen betreffend. Es ist Ihr gutes Recht, das Leben zu genießen, für Vergnügen und Erholung zu sorgen und Ihren Talenten vollen Ausdruck zu geben. Es ist nicht einzusehen, weshalb Sie nicht ein schönes Haus haben sollten, elegante Kleidung, einen schicken Wagen und überhaupt das Beste von allem. *... Gott, der uns alles reichlich darbietet zum Genuß* (1. Tim. 6:17).

Sie werden von äußeren Reichtümern weder beherrscht, noch messen Sie ihnen eine übertriebene Wichtigkeit bei. Gott besitzt alles, Sie sind nur der Verwalter. Aber gerade deshalb sollten Sie sich alle Annehmlichkeiten des Lebens zunutze machen, auf dieser Daseinsebene. Sie wissen, daß Gott die Quelle aller Dinge ist, und deshalb blicken Sie auf die Quelle, um Ihr Gutes hervor zu bringen. Sie wissen, daß Glück, Wohlergehen und Sicherheit nicht durch äußeres Anhäufen von Besitztümern gewährleistet sind, sondern allein von Ihrer inneren Einstellung abhängen.

Trennen Sie niemals den Geist von der Materie. Sie leben in beiden Welten, haben dabei jedoch die Aufgabe, ein ausgeglichenes und harmonisches Leben zu führen. Es gibt gedankenlose Menschen, religiöse Eiferer, die materielle Dinge wie Geld, Grund und Boden, Automobile, Gold und Juwelen verdammen. Sie halten diese Dinge für sündhaft. Selbstverständlich können diese Dinge Ursachen von Verbrechen, Elend, Leid und Ungerechtigkeit sein, aber doch nur aufgrund destruktiven menschlichen Denkens und Verhaltens.

Gott hat diese Welt und den gesamten Kosmos erschaffen und alles für gut befunden. Es ist geradezu albern, Gott das ›All-Gute‹ zu nennen, und die Welt häßlich. Das verursacht einen Konflikt im Denken und resultiert in Verwirrung und geistigen Störungen. Die Welt ist manifestierter Geist — offenbart in mannigfachen Formen.

Ich wurde einmal gefragt, was Ghandi gemeint habe, als er sagte: »Entsagt der Welt und nehmt sie wieder zu anderen Bedingungen.« Meine Antwort darauf: Als Ghandi von der ›Welt‹ sprach, hatte er damit nicht etwa Stock und Stein, Bäume, Seen etc. gemeint. Er hatte sich damit vielmehr auf das Massengemüt bezogen — das dumpfe, halsstarrige, konfuse, irrationale Denken von vier Milliarden Menschen auf dieser Welt.

Sie entsagen dem Falschglauben der Welt und weisen ihn entschieden zurück. Sie entsagen den falschen Überzeugungen, den Ängsten, der Unwissenheit und dem Aberglauben des Massengemüts — des großen psychischen Meeres, in das wir alle eingetaucht sind. Sie entsagen der Welt, wenn Sie richtig denken, richtig fühlen, richtig handeln und richtig bejahen. Wenn Sie die Wahrheiten Gottes vom höchsten Standpunkt aus kontemplieren.

Sie werden zu dem, was Sie kontemplieren. Wenn Sie daher die Attribute, Qualitäten und Befähigungen des Unendlichen in Ihrem Innern kontemplieren, dann sind Sie nicht länger ›von dieser Welt‹, d. h. Sie unterliegen nicht länger den Einflüssen des Massengemüts. Sie sind dann auf das Unendliche eingestimmt und leben auf höheren Ebenen des Bewußtseins und finden Frieden in dieser Welt.

Rebellion gegen Steuern

Ich erhielt einmal ein Schreiben mit der Aufforderung, eine Geldspende an eine Gruppe zu überweisen, die für die Abschaffung jeglicher Steuern eintrat. Sie behauptete, es sei ungesetzlich, Steuern zu zahlen. Dabei beriefen sie sich auf die Verfassung der Vereinigten Staaten. Alles das ist natürlich ein haarsträubender Unsinn. Sie wissen sicherlich, daß diese Frage auch vor zweitausend Jahren schon einmal gestellt worden ist ... *Ist es erlaubt, dem Kaiser Steuer zu geben, oder nicht?* (Mat. 22:17). Jesus war sich, wie wir wissen, im klaren über das Motiv dieser Frage, denn er konnte die Gedanken des Fragestellers lesen.

Die Menschen dieser Ära befanden sich unter römischer Besatzungsherrschaft. Sie entrüsteten sich über die Steuern, die ihnen von den Römern auferlegt wurden und haßten die Steuereinnehmer. Nichtsdestoweniger waren sie gezwungen, dem römischen Kaiser ihren Tribut zu zollen. Hätte Jesus auf die Frage negativ geantwortet, dann hätte man ihm Aufforderung zur Rebellion gegen die römische Besatzungsmacht vorwerfen und ihn festnehmen können. Das hatte der Fragesteller bekanntlich auch im Sinn. Jesus antwortete daher: ... *So gebt dem Kaiser, was des Kaisers ist, und Gott, was Gottes ist* (Mat. 22:21).

Der Kaiser repräsentiert die Welt, in der wir leben. Wir müssen dem ›Kaiser‹ Tribut zollen und seine Forderungen erfüllen. Wir sind hier, um uns auszudrücken, uns zu kleiden, zu ernähren, und mit unseren Talenten zum Wohlergehen der Welt beizutragen. Wir alle sind voneinander abhängig. Der Tischler, der Klempner, der Arzt, der Apotheker, der Anwalt, der Farmer, der Lehrer und der Ingenieur — sie alle werden gebraucht. Daneben sind wir für unser Gemeinwesen verantwortlich. Um die Kommunen, die Bundesstaaten und die Regierung in Washington zu erhalten, sind nun einmal Steuern erforderlich.

Die Regierung kann nur über diejenigen Geldmittel verfügen, die ihr aus den Steuereinnahmen zufließen. Einzelne Regierungsvertreter mögen nicht immer gerade übertriebene Weisheit walten lassen bei der Verwendung, nichtdestoweniger ist es das Erfordernis eines geordneten Gesellschaftswesens, daß wir alle dem ›Kaiser‹ geben. Die Welt beansprucht Ihr Können, Ihre Talente, Ihre Fähigkeiten und Ihre Arbeit. Ihre Familie beansprucht Schutz, liebevolle Betreuung und alle Notwendigkeiten des Lebens. Sie müssen ›dem Kaiser‹ Ihren Beitrag leisten und sich ins Zeug legen. Machen Sie diese Welt lebenswerter, für sich und Ihre Nachkommen.

Das Wichtigste in diesem Leben ist es jedoch, Gott immer an die erste Stelle zu setzen. Gott ist die höchste Ursache, der Schöpfer der Welt und der Ahnherr der Menschheit und des gesamten Kosmos. Nehmen Sie sich regelmäßig Zeit für einen Besuch bei Ihrem höheren Selbst – dem Superbewußtsein.

Wenden Sie sich dieser Gegenwart zu, pflegen Sie Kontakt mit ihr und machen Sie sich bewußt, daß Ihr Denken und Fühlen Ihr Schicksal bestimmt. Bejahen Sie göttliches Gesetz und göttliche Ordnung in Ihrem Leben. Werden Sie gewahr, daß göttliche Liebe und göttlicher Friede in alle Ihre Handlungen und Erfahrungen einfließt. Bejahen Sie kühn und mutig: »Göttliches Gesetz und göttliche Harmonie herrschen in meinem Gemüt, meinem Körper und all meinen Belangen. Wunder geschehen in meinem Leben.«

Wie man mit der Bürde umgeht

Wenn Sie sich frustriert fühlen oder mögliche Behinderungen Ihres Guten zutage treten, dann ›geben Sie Gott, was Gottes ist‹. Das heißt: Den universellen Prinzipien gemäß zu bejahen. Gehen Sie folgendermaßen vor: Denken Sie an die unendliche Intelligenz, grenzenlose Weisheit, absolute Harmonie und höchste Macht in Ihrem Innern. Dann bejahen Sie: »Göttliche Freiheit ist mein, göttlicher Friede ist mein, und eine göttliche harmonische Lösung wird jetzt wirk-

sam.« Seien Sie sich dabei ständig der Tatsache bewußt, daß
der unendliche Geist den Ausweg kennt und Ihnen die Lösung enthüllt. Dann werden Sie bald die richtige Antwort im
äußeren Bereich vorfinden.

Wenn Sie auf das Unendliche eingestimmt sind, dann
wird Ihr spirituelles Denken und Fühlen Ihre psychische
und materielle Welt verändern, sie von Kummer, Mangel
und Begrenzung erlösen, und sie mit Schönheit und Ordnung erfüllen.

Erteilen Sie Kommunion?

Seit November 1976 habe ich meine Sonntagmorgen-Vor-
träge in das Saddleback Cinema Theatre an der El Toro
Road in El Toro, Kalifornien verlegt. Kürzlich erhielt ich
einen Anruf von einer Dame, die wissen wollte, ob wir auch
die heilige Kommunion erteilen. Für viele Menschen besteht ihre heilige Kommunion aus geweihten Oblaten und
Wein. Aber das hat selbstverständlich rein symbolischen
Charakter. Oblaten und Wein repräsentieren Ihr Denken
und Fühlen, den Gedanken und die Emotion, den Geist und
die Form.

Brot repräsentiert das Brot des Lebens, wie Gedanken des
Friedens, der Freude, der Liebe, des Wohlwollens, des
Mutes, des Glaubens und des Vertrauens. Ohne dieses Brot
können Sie nicht angemessen leben in dieser konfusen
Welt. Wein repräsentiert das Frohlocken des heiligen Geistes in Ihrem Innern, d. h. der Geist des Guten, der Wahrheit und der Schönheit, der sich auf den Wassern Ihres Gemüts bewegt, und die Emanation des guten Willens für alle.

Brot ist die göttliche Idee in Ihrem Gemüt, und Wein
steht für die Belebung, Vitalisierung und Emotionalisierung
dieser göttliche Idee, damit sie sich Ihrem Unterbewußtsein
aufprägt und in Ihrem Leben manifestiert. Der Gedanke

und die Sache sind ein und dasselbe. Der Geist bedarf eines Körpers, um sich ausdrücken zu können. Göttliches Leben und göttliche Substanz sind eins. Man kann den Geist von der Form nicht trennen. Die ganze Welt ist Gott, manifestiert in unzähligen Formen. Alles, was Sie wahrnehmen, ist aus dem Geist des Menschen oder dem Geist Gottes entstanden, was im Grunde dasselbe ist, denn es gibt nur einen Geist.

Wir sollten materielle Dinge nicht verachten oder kritisieren. Schließlich sind auch sie aus Geist und Materie zusammengesetzt, und Sie müssen das demonstrieren, was Ihren Überzeugungen entspricht. Sie müssen daher Ihre Resultate herbeiführen, durch Ihre tägliche Kommunion mit der göttlichen Gegenwart in Ihrem Innern. Durch Meditation über die Qualitäten, Attribute und Macht des Unendlichen bewirken Sie, daß der Geist Gottes für Sie tätig wird und Sie belebt, erhält und stärkt.

Wenn Sie spüren, daß sich diese göttliche Transfusion in Ihrem Innern vollzieht, dann können Sie sicher sein, an der heiligen Kommunion teilzuhaben, denn Sie kommunizieren dann mit Vollkommenheit, Schönheit, Liebe und Frieden, in der Stille Ihrer Seele. Sie müssen demonstrieren, was Sie glauben. Bedenken Sie: Sie sind, was sie kontemplieren. Kontemplieren Sie alles Wahre, Schöne, Edle und Gottgleiche. Das ist heilige Kommunion.

Die Würde der Arbeit

Nach einem Gastvortrag an der Unity Church in New Orleans, die von Dr. Ruth Murphy und ihrer charmanten Tochter geleitet wird, hatte ich eine Konsultation mit einer prominenten Geschäftsfrau, die sich bei mir beklagte, daß es heutzutage ungeheuer schwierig sei, Leute für Arbeiten wie Rasenmähen, Rennstallreinigen etc. zu finden. Und nicht nur das, die Stubenmädchen, die sie für ihren ausgedehnten Haushalt benötigt, weigerten sich, bestimmte Arbeiten zu verrichten, die sie als erniedrigend betrachteten. Ein Mädchen weigerte sich zum Beispiel, sich der Wäsche anzunehmen, so daß sie einen Chinesen kommen lassen mußte, der diese Arbeit gern übernahm, mit einem Lied in seinem Herzen. Er hatte soviel Freude an seiner Arbeit, daß ihm alles leicht vonstatten ging, und er brachte eine makellose Wäsche zum Vorschein.

Keine Arbeit ist erniedrigend. Wir sind hier, um alle Dinge zur Ehre Gottes zu tun, ob es sich nun um Fensterputzen handelt, um Fußbodenpflege oder Stallausmisten. So etwas wie eine niedrige Arbeit gibt es nicht. Schließlich ist es der Geist Gottes, der in den Körpern und durch die Körper aller Menschen wirkt. Gott wirkt immer durch Sie, ganz gleich, was Sie tun.

Sie können die göttliche Energie in Ihrem Innern fehlleiten oder Sie können konstruktiv mit ihr arbeiten. Gleichgültig, worin Ihre Aufgabe im Leben besteht, sie ist Gott in Aktion.

Machen Sie sich bewußt, daß es Gott ist, der durch sie denkt, spricht und handelt, und Wunder werden geschehen in Ihrem Leben.

Religion ist das Praktizieren der Gegenwart

Kürzlich beriet ich einen Mann, der eine eiternde Wunde in seinem Bein hatte, die einen sehr unangenehmen Geruch ausströmte. Ich schickte ihn zu einem Arzt, der dafür bekannt war, gleichzeitig geistig für seine Patienten zu arbeiten.

Ich erklärte diesem Mann, daß Gott der heilige Geist in seinem Innern ist, der imstande ist, sein Bein vollkommen wiederherzustellen. Deshalb sollte er bejahen, daß der Arzt göttlich geführt und angeleitet wird, das Richtige zu tun. Seine einfache Bejahung war: »Der heilige Geist bringt das Gewebe meines Beines wieder in Ordnung und stellt sein gutes Aussehen, seine Ordnung und seine Symmetrie wieder her, damit ich Gottes Vollkommenheit in meinem Fleisch manifestiert sehe.«

Der Arzt verband seine Wunde und wies ihn an, weiterhin zu bejahen: »Gott heilt mich jetzt.« Innerhalb kürzester Zeit erfuhr dieser Mann daraufhin eine bemerkenswerte Heilung. Der Arzt wiederum wußte, daß die unendlich heilende Gegenwart die Atome des kranken Beines zu Gesundheit und Vollkommenheit rearrangieren kann. Er war nicht der Meinung, sich zu erniedrigen, als er den Gemüts-Stall des Mannes reinigte oder den Eiter aus seiner Wunde entfernte.

Die Bibel sagt: ... *Wenn ich dich nicht wasche, hast du keine Gemeinschaft mit mir* (Joh. 13:8). Das bezieht sich auf das Waschen der Füße seiner Jünger durch Jesus. Die Füße repräsentieren Verständnis und die Jünger sind die Veranlagungen Ihres Gemüts.

Es ist daher unerläßlich für Jedermann, Gemüt und Herz zu öffnen, und die reinigende Heilkraft des heiligen Geistes einzulassen.

Wann immer Leiden, Begrenzung und Elend gegenwärtig sind, ganz gleich, wie ekelhaft die Krankheit auch sein mag, der heilige Geist ist imstande, den Zustand zu heilen, die Atome des Körpers nach dem Muster göttlicher Vollkommenheit zu reintegrieren und völlige Gesundheit wiederherzustellen. Das ist das Praktizieren der Gegenwart Gottes und damit wahre Religionsausübung. Wenn Sie sich eine Transfusion von Gottes Gnade und Liebe verabfolgen, dann nehmen Sie wahrhaft an der heiligen Kommunion teil, auf die gleiche Weise, wie ein Stück Brot sich nach dem Verzehr in Gewebe, Muskeln, Knochen und Blut Ihres Körpers verwandelt.

Die Huren in der Bibel

Wir alle sind Huren, wenn wir uns mit Negativitäten einlassen — wenn wir, wie die Bibel sagt, den Beischlaf pflegen mit Übel wie Groll, Haß, Eifersucht und Feindseligkeit. Der Umgang mit derart negativen Emotionen im Gemüt hat eine üble Nachkommenschaft zur Folge — Leiden und mentale Konflikte aller Art.

Vor einiger Zeit erwähnte ich in einem Vortrag, daß ich schon für so manches ›leichte Mädchen‹ die Eheschließung vollzogen habe. Sie alle hatten es geschafft, ihr Leben völlig zu verändern. Sie hatten großartige Ehepartner geheiratet und führen ein normales, glückliches Leben. Einige von ihnen zeigten sich jedoch besorgt, daß einmal ein früherer Kunde auftauchen könnte, der ihren Mann über ihre Vergangenheit ins Bild setzt.

Ich erklärte ihnen jeweils, daß sie jetzt ein normales Leben führen und sofern sie aufgehört haben, sich selbst anzuklagen, kann auch kein anderer Mensch sie beschuldigen oder ihnen Schwierigkeiten machen ... *Weib, wo sind deine Ankläger? Hat dich niemand verurteilt? Sie aber sagte: Niemand, Herr! Darauf sprach Jesus: Auch ich verurteile dich nicht; geh, sündige von jetzt an nicht mehr!* (Joh. 8:10 – 11).

Sie hatten die Bedeutung dieser Bibelstelle begriffen und wußten, daß die Vergangenheit tot ist, und nichts anderes zählt, als der jetzige Moment. Ein neuer Anfang ist ein neues Ende.

In der Bibel heißt es, daß Jesus mit Huren und Zöllnern Umgang pflegte. *Der Sohn des Menschen ist gekommen, der ißt und trinkt; da sagt ihr: Siehe, ein Schlemmer und Zecher, Freund mit Zöllnern und Sündern!* (Luk. 7:34). Der Grund für sein Verhalten ist offenkundig. Die Hure ist auf die niederste Stufe der Gesellschaft gesunken. Sie wird erniedrigt und von der Gesellschaft verachtet. Aber gerade solche Menschen sind oft genug sehr empfänglich für die

Lehren der Wahrheit. Sie hungern und dürsten nach den ewigen Wahrheiten des Lebens. Sie sind beglückt, wenn sie hören, daß Gott niemals verurteilt und sie lediglich ihr Denken ändern und geändert halten müssen, damit das Unterbewußtsein reagieren kann. Die Vergangenheit ist vergessen, ihrer wird nicht mehr gedacht.

Mechanisches, oberflächliches Beten ist da nicht ausreichend; eine wirkliche Transformation des Gemüts jedoch, getragen von dem intensiven Wunsch, ihr Erbteil als Tochter des Unendlichen und Kind des Ewigen beanspruchen zu können, wirkt unmittelbar auf das Unterbewußtsein ein, und sie fühlt sich veranlaßt, ein neues Leben zu führen — ein Leben der Loyalität, der Liebe und der Integrität ... *Denn ich werde ihrer Ungerechtigkeiten und Ihrer Sünden nicht mehr gedenken* (Heb. 8:12).

Die Pharisäer der Welt

Der Pharisäer ist überall. Er ist der selbstgerechte Typ, der die Rituale, Zeremonien, Liturgien und Lehrsätze seiner Kirche auf das Genaueste befolgt. Er nimmt eine Waffel und einen Schluck Wein zu sich und glaubt allen Ernstes, dadurch mit Gott zu kommunizieren. Das Brot ist nach wie vor aus Mehl gebacken und der Wein ist ein destillierter Saft aus Trauben. Er aber meint, ihr Verzehr sei heilige Kommunion. Er befolgt alle Regeln und Vorschriften seiner Kirche und ist fest überzeugt, der einzig richtigen Religion anzugehören.

So mag er stolz und konventionell gut sein — jedoch ist das Einzige, was wirklich zählt, der wirkliche Glaube in seinem Herzen. Bloßer Lippendienst für eine verschriebene Doktrin, für ein Dogma, für ein Lehrgebäude, ist völlig bedeutungslos. Die ewigen Wahrheiten müssen in aller Aufrichtigkeit als wahr empfunden werden. Die angewandten

Gebete müssen mit Geist und mit Leben erfüllt sein, und auf keinen Fall eine mehr oder weniger mechanische Rezitation, ohne Gefühl, Verständnis und Liebe.

Wehe euch, ihr Schriftgelehrten und Pharisäer, ihr Heuchler! Daß ihr geweißten Gräbern gleich seid, die auswendig schön erscheinen, inwendig aber voll von Totengebeinen und allem Unrat sind (Mat. 23:27).

Nichts ist gut oder schlecht

Shakespeare sagte: »Nichts ist gut oder schlecht, erst das Denken macht es dazu.« In unserem Denken treffen wir die Entscheidung darüber, ob eine Sache gut oder schlecht ist. Eine Sache, ein Vorgang, ein Zustand, eine Pflanze oder eine Blume sind weder gut noch schlecht, weder schön noch häßlich — erst unser Denken ist es, das ihnen die entsprechenden Attribute verleiht. Viele Menschen können zum Beispiel eine Brennessel anfassen, ohne jegliche Reaktion. Sie haben ein gutes Verhältnis zu allen Pflanzen. Andere halten eine Brennessel für gefährlich und giftig, und zeigen die entsprechenden Reaktionen, obgleich sie sich gut einen Meter davon entfernt halten und die Pflanzen nicht einmal berührt haben.

Ihr Unterbewußtsein kennt ihre Furcht vor Brennesseln, und was sie fürchten, das erfahren sie. *Was ich gefürchtet habe, ist über mich gekommen ...* (Hiob. 3:25).

Ihre Mutter sagte, sie sei eine Sünderin

Vor einigen Wochen hielt ich ein Seminar an der Unity Church in Phoenix, Arizona, das von Dr. Blaine Mays geleitet wird, einer der hervorragendsten Persönlichkeiten der Neugeistbewegung in unserem Land.

Bei dieser Gelegenheit bat mich eine junge Frau um eine Unterredung. Sie wurde von ihrer Mutter scharf verurteilt, weil sie mit ihren Freunden Karten spielte, tanzen ging, Kinobesuche unternahm, hin und wieder einen Cocktail trank und Fleisch aß. Ihre Mutter urteilte aus der Sicht der Unwissenheit, der Furcht und des Aberglaubens. Ihre Glaubensgemeinschaft hatte sie erfolgreich einer totalen Gehirnwäsche unterzogen, und nun projektierte sie ihre Tabus und Verbote auf ihre Tochter. Diese junge Frau war dreißig Jahre alt, unverheiratet, hatte Angst vor Sex, vor Männern und war voller Konflikte.

Ich empfahl ihr dringend, auszugehen und alles das zu tun, was von ihrer Mutter mit Verboten belegt worden war. Wie Emerson sagte: »Tue das Gefürchtete, und der Tod der Furcht ist gewiß.« Ich legte ihr nahe, ihrer Mutter in definitiver Weise und nachdrücklich klar zu machen, daß sie nicht gewillt sei, länger irgendwelche Instruktionen von ihr entgegen zu nehmen. Schließlich war sie ein erwachsener Mensch, durchaus imstande, zu wählen, zu befinden, und eigene Entscheidungen zu treffen, was ihre Kleidung, ihre Nahrung, ihren Umgang und alle anderen Lebensbereiche betraf.

Das leitende Prinzip in unserem Innern reagiert auf unser Denken. Das Böse war eine Annahme im Gemüt der Mutter, denn selbstverständlich liegt kein Übel im Kartenspiel, im Wein, im Tanzen oder im Ausgehen mit einem jungen Mann. Sie kam also zu einem Entschluß und reinigte ihr Gemüt von all diesen törichten Sündenverdammungen ihrer Mutter. Sie nahm sich vor, jetzt ihr eigenes Leben zu führen, mit Gott als Partner, Führer und Berater.

Vor ein paar Tagen bekam ich einen Brief von ihr, in dem sie mir begeistert berichtete, wie sehr sie das Gefühl der neugewonnenen Freiheit genießt. Sie ist jetzt mit einem jungen Zahnarzt verlobt und ihren Worten nach sind sie ›schrecklich verliebt‹. Sie blickt auf die Welt mit den Augen der Liebe. Die ganze Natur hat sich mit einem neuen Gewand bekleidet. Sie widmet ihre Gedanken, Wünsche und Handlungen der Wahrheit, in dem Bewußtsein, daß ihr Leben von göttlichem Gesetz und göttlicher Ordnung beherrscht wird.

Durch weiteres Praktizieren des Gesetzes der Liebe und Harmonie wird sie erfolgreich weiterschreiten, zu Sieg, Erfüllung und Vollbringen ... *Freuen sollen sich die Wüste und das dürre Land, frohlocken die Steppe und blühen wie die Rose* (Jes. 35:1).

Besuch aus Las Vegas

Eine alte Freundin von mir kam aus Las Vegas zu Besuch. Sie erzählte mir von all den medizinischen Tests, die man mit ihr angestellt hatte, weil sie allergisch gegen Hundehaare, Katzenhaare, Eier, Staub, Blüten und alle möglichen Pflanzenarten war.

Ich erzählte ihr von einem befreundeten Arzt, der eine Patientin von ihrer Allergie gegen rote Rosen geheilt hatte. Er hatte sich einen Strauß künstlicher Rosen besorgt und ihn kurz vor ihrem Erscheinen auf den Tisch seines Wartezimmers gestellt. Sie bekam sofort einen akuten Anfall und war sehr ärgerlich, weil er Rosen auf dem Tisch hatte. Nachdem er ihr bewiesen hatte, daß es sich um synthetische Rosen handelte, löste das Ganze sich in fröhlichem Gelächter auf. Plötzlich war ihr klar, daß sich das ganze Problem ausschließlich in ihrem Gemüt befand. Seither hatte sie nie wieder Schwierigkeiten mit roten Rosen oder irgendwelchen anderen Blumen.

Viele Leute sind allergisch gegen ihre Ehepartner oder ihren Sitznachbar. Angenommen, Sie hypnotisieren einen Menschen, der behauptet, gegen Heu allergisch zu sein, und halten ihm ein Glas mit destilliertem Wasser unter die Nase, wobei Sie ihm einreden, es handele sich um Heu, dann wird er sofort alle Symptome eines Heuschnupfens aufweisen. Der Glaube an diese Allergie ist irgendwo versteckt in den Tiefen seines Unterbewußtseins.

Ich erzählte meiner Bekannten von meinen Erlebnissen in Indien und Nepal. Vor den Kassenschaltern der Banken trifft man in diesen Ländern auf Menschen, die mit allen möglichen Leiden behaftet sind, deren Hände von eiternden Wunden überzogen sind. Sie händigen ihren Landsleuten und den Touristen das Wechselgeld aus, und diese Geldscheine waren gelinde gesagt ziemlich unansehnlich. Dennoch wurden sie von allen berührt — Touristen wie Einheimischen — und niemand zeigte irgendeine Reaktion. Und dabei waren diese Banknoten überladen mit Bazillen und Viren. Es ist offensichtlich, daß kaum jemand gegen Geld allergisch ist. Man scheint seinen Frieden mit dem Geld gemacht zu haben — sei es nun besudelt oder nicht.

Ein indischer Arzt erzählte mir, daß zur Zeit der Beulenpest, als viele wie die Fliegen starben, den Leichen das Geld aus den Taschen gestohlen wurde, ohne daß sich jemand dabei angesteckt hätte. Durch spirituelles Eingestimmtsein auf Geld wurden alle toxischen Bazillenträger und virulenten Organismen neutralisiert.

Befreunde dich nun mit ihm und halte Frieden (Hiob 22:21).

17

Was Sie wissen sollten

Kürzlich wurde ich von einer Dame gefragt, ob es als ein Anzeichen geistiger Verwirrung zu werten sei, wenn man Selbstgespräche führt. Sie hatte entsprechende Neigungen in letzter Zeit bei ihrem Ehemann beobachten können. Ich erklärte ihr, daß es durchaus nichts ungewöhnliches ist, wenn man sich gelegentlich mit sich selbst unterhält. Es ist nicht unbedingt ein Anzeichen von Gestörtheit. Im Fall ihres Mannes war es lediglich eine Reaktion auf seelischen Druck — auf den Streß im Konkurrenzkampf.

Im Grunde wird eine solche Reaktion ausgelöst durch Wahrnehmen der beiden Selbst in uns; das spirituelle und das menschliche des Fünf-Sinnes-Menschen. Kinder unterhalten sich oftmals mit unsichtbaren Spielgefährten. Psychologen erblicken darin ein feineres Empfinden für das subjektive Selbst, eine Erklärung, die heute von weitesten Kreisen akzeptiert wird.

Weshalb er mit sich selbst sprach

Das Gespräch mit dem Ehemann erbrachte, daß dieser ziemlich vernünftig und rationell dachte. Der Grund für seine Selbstgespräche war ein folgenschwerer Rechtsstreit, mit dem er sich innerlich sehr intensiv auseinandersetzte. Seine innere, spirituelle Seite kritisierte seine äußeren Worte und Handlungen. Dieses Ungleichgewicht konnte er auflösen, indem er bejahte: »Die Weisheit des Unendlichen in mir bewirkt eine göttliche, harmonische Lösung.« In kürzester Zeit konnte er erleben, daß diese Bejahung Dividenden erbrachte. Es gab einen außergerichtlichen Vergleich.

Die Schlagzeilen ärgerten ihn

Ein Mann, dem sein gefährlich hoher Blutdruck zu schaffen machte, sagte mir bei einer Konsultation, daß er nichts lieber hätte als inneren Frieden, aber die Artikel in der Tagespresse seien für ihn eine Quelle ständigen Ärgers. Sogar die Schlagzeilen konnten ihn in Weißglut bringen.

Es ist zweifellos richtig, daß die Welt von einer Krise in die andere stolpert, das — so sagte ich ihm — sollte ihn aber nicht persönlich berühren. Er begann einzusehen, daß er als Individuum wohl kaum imstande sein würde, Verbrechen, Massenmord, sozialen Aufruhr, Kriege oder Epidemien zu verhindern. Was er jedoch durchaus unter Kontrolle halten konnte, waren seine persönlichen Reaktionen auf diese Ereignisse. Es gibt nirgendwo ein Gesetz, das einen Menschen zwingt, sich schwarz zu ärgern, nur weil ein Journalist einen gemeinen und morbiden Artikel schreibt.

Die Bibel sagt: *Niemand nimmt es von mir* ... (Joh. 10:18). Das heißt klar und deutlich, daß kein Mensch, kein Zeitungsartikel, kein Umstand und keine Begebenheit die Macht besitzt, unseren Seelenfrieden zu stören. Wir können jedoch unseres Friedens verlustig gehen, wenn wir die Kontrolle über unsere Gedanken und Emotionen aufgeben.

Dieser Mann begriff die Zusammenhänge und entschloß sich spontan, keinem Presseartikel, keiner Rundfunkmeldung und keinem Fernsehbericht zu gestatten, ihn seines inneren Friedens zu berauben. Wenn ihm Gedanken der Furcht oder des Zorns in den Sinn kamen, ersetzte er sie auf der

Stelle durch die Bejahung: »Gottes Frieden erfüllt meine Seele.« Er machte sich das zur Gewohnheit (und ein derartiges Gebet ist eine gute Gewohnheit), und konnte schließlich zu seiner großen Freude feststellen, daß sein Blutdruck wieder normale Werte aufwies. Er war nicht mehr länger auf starke Medikamente angewiesen, die seine Beschwerden nur lindern, doch nicht beseitigen konnten. Innerhalb von nur zwei Wochen hatte er einen Zustand inneren Friedens und vollkommener Heilung erreicht.

Getreu sein bis zum Ende

Vor einiger Zeit hielt ich einen Gastvortrag an der von Dr. Robert Bitzer geleiteten Church of Religious Science in Hollywood. Das Thema hieß: ›Die Weisheit des I Ging.‹ Nach meinen Ausführungen erzählte mir eine anwesende Bekannte, daß ihr Mann kürzlich mit einem akuten Finanzproblem konfrontiert war, das er mit Hilfe seines Bruders zu lösen gedachte. Als die avisierte Geldsumme zum vereinbarten Zeitpunkt nicht eingetroffen war, erlitt er eine Herzattacke. Er hatte sich von Depressionen und Verzweiflungen überwältigen lassen. Am darauffolgenden Tag jedoch erhielt er die Geldsendung per Eilboten.

Er hatte Gefühlen der Anspannung erlaubt, in seinem Gemüt die Kontrolle zu übernehmen. Wäre er ruhig geblieben, still und entspannt und hätte der göttlichen Gegenwart in seinem Innern vertraut, dann wäre er sich bewußt geworden, daß die Sendung auf dem Weg zu ihm war. Als seine Frau ihm die Postanweisung auf den Tisch legte, erholte er sich mit bemerkenswerter Geschwindigkeit. Wie sein Arzt bemerkte, sei diese Geldanweisung die beste Medizin gewesen. Seien Sie ›getreu bis zum Ende‹, d. h. halten Sie Ihre positive Gemütsverfassung aufrecht — auf jedem Schritt, jeder Stufe des Weges. Es gibt immer eine Antwort.

Reichtum ist in Ihrem Innern

Auf dem Rückflug von einer Vortragsreihe, die ich in der Unity Church von Phoenix, Arizona gehalten hatte, unterhielt ich mich mit einem Erdölfachmann aus Texas. Er war genau das, was man als einen Oldtimer bezeichnet. Sein Vater hatte jahrelang nach Erdöl gebohrt und schließlich enttäuscht aufgegeben. Seiner Ansicht nach wäre es sinnlos gewesen, in dieser Gegend weiter zu suchen. Als sein Sohn Einwände machte, sagte er nur: »Dann versuch du es doch selbst mal!«

Daraufhin nahm der Sohn die Bohrungen auf den verlassenen Feldern wieder auf und stieß sehr bald auf Erdöl, das ihm im Lauf der Jahre ein Vermögen einbrachte. Sein Vater hatte zu früh aufgegeben.

Die Einstellung des Sohnes war eine ganz andere als die des Vaters. Er hatte nicht den geringsten Zweifel, daß Gott − das Superbewußtsein − ihn an die richtige Stelle führen würde, deshalb stieß er genau dort auf eine äußerst profitable Quelle, wo sein Vater vorher vergeblich gebohrt hatte. Wohlstand war ein vorherrschendes Element im Gemüt des Sohnes.

Reichtum war in seinem Denken und in seinem Fühlen. Er war auch im Boden, jedoch bedurfte es einiger Intelligenz und mentalen Scharfsinns, ihn zu entdecken und zutage zu fördern.

Wie sich im Verlauf des Gesprächs herausstellte, lag der wirksame Mangel bei seinem Vater in dem Umstand, daß er seine Neidgefühle den Nachbarn gegenüber nicht überwinden konnte.

Diese waren bei ihren Bohrungen erfolgreicher gewesen und allesamt schwerreich geworden. Die Brille des Neides und der Eifersucht hatte die Sicht des Vaters getrübt. So war er außerstande, das Erdöl direkt zu seinen Füßen wahrzunehmen.

Das Königreich ist ein inneres

Das Königreich der Intelligenz, Weisheit und Macht ist in Ihrem Innern. In anderen Worten: Gott — das Superbewußtsein — befindet sich in Ihnen, und somit ist alle Weisheit, Führung, Macht und Stärke jederzeit verfügbar. Ihr Königreich ist eine Gemütshaltung, eine Denkweise, ein emotionaler Akzent — das Wissen, daß Sie jede Herausforderung siegreich überwinden können, durch die Kraft des Allmächtigen in Ihrem Innern. Machen Sie es sich zur Gewohnheit, täglich mehrmals zu bejahen: »Göttlicher Frieden erfüllt meine Seele. Göttliche Liebe beherrscht alle meine Aktivitäten. Göttliches rechtes Handeln herrscht vor. Ich werde göttlich geführt.«

Wenn Sie sich eine solche Bejahung zur Gewohnheit machen, dann werden Sie Frieden und Ruhe finden — eine Seelenruhe, die aus den Tiefen Ihres Selbst aufsteigt. Es sind weder Zustände, Begebenheiten oder Menschen, noch die Berge, Seen oder das Meer, die Ihnen diesen Frieden vermitteln. Die Welt ist in einem beständigen Aufruhr, deshalb müssen Sie sich nach innen wenden und den Frieden beanspruchen, der jede Vernunft übersteigt. Stimmen Sie sich ein auf das Unendliche, das in lächelnder Gelassenheit ausgestreckt liegt, und Wunder werden geschehen in Ihrem Leben.

Überwinden der Welt

Die Bibel sagt: ... *In der Welt habt ihr Anfechtungen; aber seid getrost, ich habe die Welt überwunden* (Joh. 16:33). Der Begriff ›Welt‹ bezieht sich hier selbstverständlich nicht auf materielle Objekte wie Stock und Stein, Bäume und Seen. Die ›Welt‹ in der Bibel ist das Massengemüt mit seiner Konfusion, seinem Haß, seinen Neidgefühlen, seinen Konflikten, seinen Träumen und Aspirationen, dem Guten und dem Bösen, seinem Zank und Streit, und seinen Kriegen und Verwicklungen. In anderen Worten: Das Denken und Reagieren von vier Milliarden Menschen.

Wir alle sind eingetaucht in das Massengemüt oder Gesetz des Durchschnitts. Es ist völlig sinnlos, sich über die Konflikte in der Welt aufzuregen oder daran Anteil zu nehmen. Andererseits kann man auch nicht vor ihnen davonlaufen. Man kann sich nur spirituell über sie erheben, durch konstruktives und harmonisches Denken. Machen Sie sich eine Haltung des Sieges und Triumphes zu eigen und bejahen Sie kühn: »Gott in meiner Mitte führt mich, fördert mich, und gibt mir die Kraft und Macht zur Überwindung.« Strahlen Sie Liebe auf alle Menschen aus. Bejahen Sie Haltung, Ausgeglichenheit und Gleichmut. Wenn Sie diese Wahrheiten regelmäßig bejahen, dann werden Sie die gefährlichen Strudel des Weltdenkens durchdringen und Zufriedenheit, Überfluß und Erfüllung Ihr eigen nennen.

Sie sagte: »Ich kann es nicht ertragen«

Nach einem Vortrag im Saddleback Theatre in Laguna Hills kam eine junge Krankenschwester zu mir und beklagte sich über die Zustände in der Klinik, in der sie zur Zeit ihre ersten beruflichen Erfahrungen sammelt. Dort gäbe es ständig Beschwerden, Unterbrechungen, Zank und Streit. Sie war nervös und verärgert und meinte: »Es ist eine unmögliche Situation. Ich kann das nicht länger ertragen.«

Ich machte ihr klar, daß es überhaupt keinen Sinn hat, von dort wegzulaufen; sie war an diesem Ort, um sich den Herausforderungen und Schwierigkeiten zu stellen und sie zu überwinden. Beschwerden, Unterbrechungen, Meinungsverschiedenheiten und zänkische Menschen waren Bestandteil ihres Jobs. Sie hörte auf mich und entschloß sich, von nun an ruhig und beherrscht zu bleiben. Sie bejahte regelmäßig: »*Nichts von alldem berührt mich* (Apg. 20:24). Ich bin hier, um zu überwinden, um zu dienen, und um Liebe und Wohlwollen auszustrahlen. Ich habe für alles Verständnis und ich sammle Erfahrungen.«

Sie entdeckte, daß ihre veränderte Einstellung auch alles Äußere veränderte. Sie hat sich eine ruhige Gemütshaltung angeeignet und erfüllt ihre Aufgaben jetzt mit Freude. *In Umkehr und Ruhe liegt eure Stärke* ... (Jes. 30:15). Sie konnte feststellen, daß sich die Macht, Streit und Aufruhr zu überwinden, in ihrem Innern befand. Sie entdeckte, daß es in ihr eine Kraft gab, die größer ist als jede Situation ... *der in euch ist größer als der in der Welt* (1. Joh. 4:4).

Jeder Mensch findet sich in seinem Leben mit Schwierigkeiten, Herausforderungen, Problemen und Streitfällen konfrontiert — sie sind ein unvermeidlicher Bestandteil unserer Erfahrungen hier auf dieser Erde. Der Mensch jedoch, der begriffen hat, daß jedes Problem von der Macht des Superbewußtseins übertroffen wird, ist immer siegreich, weil er weiß, daß seine Verbindung mit der unendlichen Gegenwart und Macht die Freude der Erfüllung bringt. Ihr Wissen um die göttliche Gegenwart in Ihrem Innern bildet die Grundlage von Glauben und Gemütsfrieden.

Seien Sie ein guter Gärtner

Ihr Gemüt ist der Garten, in dessen Boden Sie Ihre Gedankensaat senken — Ihre Gedanken, Ihre Eindrücke, Ihre Überzeugungen. Ihr Gemüt wird in der Bibel ›Weinberg‹ genannt. Die Bibel ist mit mentalen und spirituellen Gesetzen befaßt, symbolhaft in der Gestalt physisch gegenständlicher, ›irdischer‹ Dinge. Alles, was wir unserem Unterbewußtsein aufprägen — sei es gut oder böse — kommt in unserem Erfahrungsbereich zum Vorschein.

Der Mensch neigt dazu, den Umständen die Schuld zu geben, statt nach innen zu blicken und sich bewußt zu machen, daß er zu dem wird, was er den ganzen Tag lang kontempliert. Ihre Gesundheit, Ihr Glück und Ihr Wohlergehen sind keinesfalls von äußeren Gegebenheiten oder dem Tun anderer abhängig. Sie sind einzig und allein das Resultat dessen, was Sie denken und fühlen. Ihr Denken und Fühlen bestimmt Ihr Schicksal. Sie haben es immer mit Ihren eigenen Gedanken und Ihrem eigenen Konzept von sich zu tun. Allein das bestimmt Ihre Zukunft.

Was projektieren Sie?

Vor kurzem sprach ich mit einem Mann, der offensichtlich nicht anders konnte, als Zorn, Groll und Feindseligkeit auf seine Mitarbeiter zu projizieren. Selbstverständlich wurde dieses Verhalten von ihnen mit einer ähnlichen Haltung erwidert. Er war sich nicht bewußt, daß der Fehler bei ihm lag, und gab ihnen die alleinige Schuld.

Ich erklärte ihm, daß sein Gemüt mit einem Filmprojektor vergleichbar sei, der das jeweilige Filmbild auf die Leinwand wirft, das ihn gerade durchläuft. Wer das äußere Geschehen (das Bild auf der Leinwand) ändern will, der muß seinen Gemütsinhalt (die Filmrolle im Projektor) auswechseln. Es hätte überhaupt keinen Sinn, die Leinwand mit Tomaten und faulen Eiern zu bewerfen. Der Mann begriff, was ich ihm damit klarmachen wollte. Er entschloß sich zu einer völlig veränderten Gemütshaltung und begann, Wohlwollen, Liebe und Frieden auf alle seine Mitarbeiter auszustrahlen, und er konnte einen unmittelbaren Widerhall feststellen. Er hatte die Ursache in sich selbst entdeckt.

Die Bibel sagt es auf eine wunderbare Weise: *Richtet nicht, damit ihr nicht gerichtet werdet! Denn mit welchem Gericht ihr richtet, mit dem werdet ihr gerichtet werden ...*

(Mat. 7:1−2). *Denn mit welchem Maß ihr meßt, mit dem wird euch wieder gemessen werden* (Luk. 6:38). Es heißt zu Recht: »Schönheit ist im Auge des Betrachters.« Wenn Ihre Augen sich mit dem Lieblichen identifizieren, dann werden Sie nur Liebliches zu sehen bekommen. *Den Reinen ist alles rein* ... (Tit. 1:15).

Denken Sie daran: Sie haben die volle Autorität − Sie besitzen die volle Herrschaft über Ihr Gemüt. Sie sind der Winzer im Weinberg Ihres Gemüts. Lernen Sie es, Ihr Bewußtsein voll in Besitz zu nehmen und rufen Sie sich je nach Bedarf ins Gedächtnis, daß die Schatzkammer des Unendlichen sich in Ihrem Innern befindet. Machen Sie sich die unbegrenzten Fähigkeiten des Unendlichen in Ihrem Innern zunutze und schreiten Sie vorwärts in ein Leben strahlender Gesundheit und unvorstellbaren Glücks und Seelenfriedens.

Er fand die Schatzkammer

Ein neunzigjähriger Jüngling − wie man ihn mit Recht nennen kann − erzählte mir einmal, daß er verborgene Talente entdeckt hatte, die er nie bei sich vermutet hätte. Er hatte bejaht, daß die unendliche Intelligenz ihm neue schöpferische Ideen offenbaren würde, die für ihn und seine Umwelt ein Segen und Inspiration sind. Er zeigte mir einige seiner zauberhaften Gedichte, die jetzt frei aus seiner Feder strömten. Er überläßt diese Dichtung verschiedenen spirituellen Publikationen. Sie sind in der Tat Perlen der Weisheit.

Als junger Mann war er durch die ganzen Vereinigten Staaten gestreift − zweifelnd, fragend, fürchtend, hassend und kämpfend, bis er im Alter von dreißig Jahren feststellte, daß die größten Gaben des Lebens sich im Innern des Menschen befinden, und nicht irgendwo in den fünfzig Staaten der Union. Er lebt jetzt in Laguna Hills und trägt das Seine zur Schönheit und Harmonie des Gemeinwesens bei.

Blicken Sie immer nach innen

Kontemplieren Sie die lebendige Gegenwart Gottes in Ihrem Innern. Erkennen Sie, daß Sie in dieser unendlichen Gegenwart und Macht Ihr Sein haben. Wenn Sie das regelmäßig tun, dann finden Sie sich gestärkt, erhalten und beschützt, auf allen Ihren Wegen. Nehmen Sie sich jeden Tag Zeit zur Kontemplation des Superbewußtseins. Bedenken Sie: Nicht die Geschäftigkeit ist es, die zählt, sondern allein das Erreichte.

Jeden Morgen beim Erwachen ist es gut, für die vielen Segnungen zu danken und in der Erwartung des Besten zu verharren. Bejahen Sie, daß dies der großartigste Tag Ihres Lebens sein wird, weil Ihr höheres Selbst Ihnen bessere Möglichkeiten der Selbstverwirklichung und des spirituellen Wachstums offenbart.

Am Abend, vor dem Einschlafen, hüllen Sie sich in den Mantel der Liebe Gottes, vergeben sich für die Fehler und Irrtümer des vergangenen Tages, und überlassen sich dem Schlaf mit Loben und Danken, und dem Gedanken an die Güte Gottes.

Sind Sie bereit?

In einem Vortrag bezog ich mich auf das Dichterwort »Alle Dinge sind bereit, wenn das Gemüt es auch ist«. Shakespeare unterstreicht damit eine große Wahrheit mentaler und spiritueller Gesetze. Eine junge Dame schrieb mir daraufhin und erklärte, sie hätte diesen Ausspruch noch niemals vorher derart sinnvoll erklärt bekommen und sie fühle sich davon sehr angetan. Sie hatte bislang ihre geplante Heirat ständig verschoben, weil sie geglaubt hatte, sich vorläufig noch um ihre Eltern kümmern zu müssen. Sie hatte gemeint, für die Ehe noch nicht bereit zu sein. Plötzlich jedoch kam sie zu der Entscheidung ›Ich bin jetzt bereit‹. Sie verständigte ihren Verlobten, und ich hatte die Ehre, die Trauung zu vollziehen.

Sie können alles tun und sein, was Sie tun und sein wollen, wenn Sie geistig bereit sind. Ihre große Gelegenheit im Leben ist in Wirklichkeit Ihre Bereitschaft und geistige Annahme des Begehrten. Die Eltern dieser jungen Dame waren keineswegs das wirksame Hindernis ihrer Heirat. Das war vielmehr eine Überzeugung in ihrem eigenen Gemüt. Ihre Eltern waren im Gegenteil ganz entzückt, daß ihre Tochter endlich den Schritt in die Ehe tat, und sie engagierten eine Hausgehilfin, die ihnen zur Hand gehen konnte. Im Endeffekt erwies sich das Ganze als eine weitaus bessere Lösung für alle Beteiligten. Wenn Liebe in Ihr Leben tritt, dann trägt sie für gewöhnlich zum Wohlergehen aller Menschen Ihrer Umgebung bei und zum Glück der Menschheit ganz allgemein.

Prägen Sie sich eine alte Wahrheit ein: Wenn Sie geistig bereit sind, dann werden Sie auch alles andere bereit finden. In den Pioniertagen der USA hätten die Menschen selbstverständlich auch schon Verwendung für das Telefon, das Radio, das Automobil, das Kino, das Flugzeug etc. gehabt, aber sie waren geistig noch nicht bereit. Sie hielten Pferde und Wagen für die einzige Transportmöglichkeit. Auch Moses, Buddha und die anderen Lehrer der Antike hätten selbstverständlich Radio und Fernsehen zur Verbreitung der Wahrheit benutzt, wenn sie geistig dafür bereit gewesen wären.

Die Gesetze der Natur verändern sich jedoch niemals. Sie sind jetzt die gleichen wie damals, nur waren die Gemüter der alten Seher und Propheten noch nicht bereit für diese Erfindungen.

Versorgung und Bedarf sind eins, Sie müssen jedoch zuerst für die geistige Bereitschaft sorgen, dann wird Ihnen die Antwort zuteil, in göttlicher Ordnung.

Gott an erster Stelle

Kürzlich hielt ich die Gedenkrede am Grab eines Mannes, der das hohe Alter von 104 Jahren erreicht hatte. Seine Witwe sagte mir, soweit sie sich erinnern konnte, sei er niemals krank gewesen. Am Abend vor seinem Übergang jedoch hatte er ihr gesagt, daß er im Begriff sei, seine Lieben wiederzusehen. Dann war er im Schlaf hinübergegangen. Es hatte zu seinen Gepflogenheiten gehört, täglich den 91. Psalm zu lesen, mit besonderer Betonung der Stelle ... *Ich sättige ihn mit langem Leben* ... (Ps. 91:16). Auch die folgende Feststellung betonte er: *Du weisest mir den Pfad des Lebens...* (Ps. 16:11). *Behüte dein Herz mit allem Fleiß, denn daraus geht das Leben* (Spr. 4:23).

Leben bedeutete für diesen Mann ein Dasein angefüllt mit Glück, Erfüllung und Nützlichkeit. Er genoß das Leben in vollen Zügen und gab von seinen Talenten auf großzügigste Weise. Das lange Leben, von dem die Bibel spricht, ist eine lange Periode der Freude, der Freiheit, des Friedens und der Erfüllung. Das Leben der Fülle wird allen zuteil, die sich der goldenen Regel gemäß verhalten und Gott an die erste Stelle setzen.

Sie befragte das Ouija-Brett

In meiner Korrespondenz befinden sich viele Schreiben von Leuten, die behaupten, des Nachts Stimmen zu hören, die ihnen Obszönitäten zurufen und zu allen möglichen Handlungen verleiten. Eine Frau schrieb mir beispielsweise, daß eine körperlose Wesenheit sie unentwegt zum Selbstmord auffordere, um dann mit ihr in der anderen Dimension zusammen zu sein.

Sie hatte sich weitgehend von ihrem Ouija-Brett abhängig gemacht und lebte jetzt in konstanter Furcht, von einer üblen Wesenheit beherrscht zu werden. Was sie beständig gefürchtet hatte, war schließlich über sie gekommen. Sie hatte keine Ahnung, daß ihr Unterbewußtsein jede Suggestion kritiklos akzeptiert, gleich ob gut oder böse, und daß somit ihre ständige Furcht vor einem bösen Wesen ein andauernder Befehl für ihr Unterbewußtsein war, das dann entsprechend reagierte und die Rolle der üblen Wesenheit spielte.

Es war demnach lediglich das Unterbewußtsein, das zu der Frau gesprochen hatte. Ich gab ihr die folgende, sehr wirksame Bejahung, mit der Maßgabe, sie so oft wie möglich anzuwenden, Tag und Nacht. Dann würde ihr die Gegenwart Gottes sehr bewußt werden. Dieses Gewahrsein entfernt alle lästigen negativen Einflüsse aus dem Gemüt. Sie bejahte kühn:

»Ich erkläre jetzt ganz ernsthaft: Gott lebt in mir. Wo immer ich gehe und stehe ist Gott. Mein Leben ist Gottes Leben und sein Frieden erfüllt mein Herz und meine Seele. Gottes Liebe durchdringt mein ganzes Wesen. Ich wachse an Weisheit, Wahrheit und Schönheit. Ich bin gesund, ich bin stark, ich bin glücklich, froh und frei. Ich vermag alles durch die Gottesmacht, die mich stärkt. Ich weiß, daß ich zu dem werde, was ich dem ICH BIN hinzufüge. Gott sorgt für mich. Ich bin umgeben vom heiligen Kreis der Liebe Gottes. Die ganze Rüstung Gottes umgibt mich. Gott führt und leitet mich. Sein Licht leuchtet in mir.«

Im Anschluß an diese Meditation sollte sie dann jeweils ihrem Unterbewußtsein den deutlichen und unmißverständlichen Befehl erteilen: »Ich befehle dir, zu verschwinden. Mach daß du wegkommst! Mir ist es ernst damit. Gott ist hier. Wo Gott ist, kann kein Übel bestehen. Geh weg! Ich bin befreit.«

Mit dieser Bejahungstechnik konnte sie sich innerhalb von zwei Wochen befreien, und für das Ouija-Brett hat sie auch keine Verwendung mehr.

Nehmen Sie diesen Schlüssel in Besitz

Die Bibel sagt: ... *ICH BIN DER ICH BIN* ... (2. Mos. 3:14), was bedeutet ICH BIN unbedingtes Sein — der lebendige allmächtige Geist. Es ist ein namenloser Name. Es bezeichnet die einzige Gegenwart und Macht — Gott. Es ist der Versuch Mose, die unendliche Natur Gottes darzustellen — ohne Antlitz, Form oder Gestalt. Sie ist zeitlos, alterslos und formlos.

Mit dem ›ICH BIN‹ bezeichnen Sie die Gegenwart Gottes in Ihrem Innern. Sie sind eine Individualisation des Unendlichen. Was immer Sie dem ›ICH BIN‹ hinzufügen, zu dem werden Sie.

Wenden Sie diese Bejahung an und fühlen Sie die Wahrheit des Bejahten: »ICH BIN gesund, stark, mächtig, liebevoll, wohlhabend, erfolgreich, erleuchtet und inspiriert.« Wenn Sie sich die Bejahung dieser Wahrheiten zur Gewohnheit machen, dann haben Sie den Schlüssel, der die Schatzkammer in Ihrem Innern aufschließt.

Der Erste und der Letzte

In einer Bibel-Lektion über die innere Bedeutung des Buches der Offenbarungen fragte ein Mann mich nach der Bedeutung von ... *Ich bin das A und das O, der Erste und der Letzte* ... (Offb. 1:8).

Ich erklärte es ihm folgendermaßen: ICH BIN ist die Gegenwart Gottes in uns allen. Es ist die einzige Gegenwart und Macht und die Ursache jeglicher Manifestation. Es ist allgegenwärtig und das eigentliche Leben von uns allen. Das individuelle ICH BIN ist das universelle ICH BIN, geprägt vom Denken und Fühlen des Menschen. Es ist unser persönliches Bewußtsein, die Art unseres Denkens und Glaubens — alles, das unsere mentale Zustimmung enthält.

Er begann zu begreifen, was die Bibelaussage beinhaltet: ICH BIN *der Erste und der Letzte*, der Anfang und das Ende, denn es ist unser eigenes Gewahrsein, das der Beginn einer jeden Unternehmung ist. Unsere Handlungen, Wahrnehmungen und Resultate sind sekundär.

Wir können anfangen, ein Buch zu schreiben, das erfordert eine gewisse Zeit; es kommt zu einem Ende, wenn es fertiggestellt ist. Dasselbe gilt für eine Erfindung, Entdeckung, oder ein Geschäft. Der Anfang ging im Gemüt des Betreffenden vonstatten. Wenn er sein Vorhaben mit Glauben und Vertrauen anpackte, dann war das Ende oder Resultat erfolgreich. Das Ende stimmte mit dem Anfang überein.

Dieser Mann stellte Postkarten mit religiösen Motiven her; er hatte so viel Liebe für seine Arbeit, daß er bei seinen Abnehmern ein begeistertes Echo fand. Zu den Empfängern gehörte auch eine junge Dame — heute ist sie seine Frau. So kam auch persönliche Liebe in sein Leben.

Beginnen Sie jedes Vorhaben mit Glauben und Vertrauen, und Sie werden Erfolg haben. Anfang und Ende sind gleich. Ihr Denken und Fühlen ist der Anfang, das Resultat das Ende.

Sie hatte dreimal versagt

Eine Grundstücksmaklerin erzählte mir, daß sie dreimal zuvor eine Agentur eröffnet und jedesmal restlos versagt hatte. Sie hatte zwar in ihrer Kirche regelmäßig die Sakramente empfangen und danach für Erfolg und Wohlstand gebetet, jedoch ohne jegliches Resultat. Die Erklärung war auch für diese Geschäftsfrau das Heilmittel. Sie hatte Fehlschläge gefürchtet und erwartet. Sie hatte sich ein regelrechtes Mentalbild des Versagens geschaffen. Ihre konstante Negativität machte alle ihre Bemühungen zunichte. Sie zog zwar immer wieder Kunden und Gelegenheiten an, aber das

Denkmuster des Versagens hielt sie ebenso aufrecht. Da sie mit Gedanken an Fehlschlag begonnen hatte, mußte auch das Resultat ein entsprechendes sein.

Sie lernte, ihre Gemütshaltung zu verändern, und errichtete in ihrem Bewußtsein von da an das Denkmuster von Erfolg und Glück. Sie bejahte morgens und abends: »Unendlicher Geist zieht kapitalkräftige Kunden zu mir heran, die sich für die Häuser interessieren, die ich zu verkaufen habe. Sie werden durch mich gefördert und ich durch sie. ICH BIN ein gewaltiger Erfolg in allen meinen Unternehmungen. ICH BIN geboren, zu siegen und Erfolg zu haben. Ich weiß: Wenn ich mit dem Gedanken an Erfolg beginne, dann wird auch das Ende erfolgreich sein.«

Wenn sich Furcht in ihr Gemüt schleichen wollte, bejahte sie sofort: »Erfolg ist mein. Es ist wunderbar.« Dieses Vorgehen machte sie sich zur Gewohnheit, und da das Unterbewußtsein der Sitz der Gewohnheit ist, ist sie jetzt zum Erfolg gezwungen und schreitet vorwärts und aufwärts.

Ihre Stimmung ist ansteckend

Jeder kennt Menschen, die ständig nörgeln und kritisieren. Eine solche negative Gemütshaltung wird unterbewußt von anderen aufgefangen, die entsprechend reagieren. Deshalb befinden sich solche Menschen ständig in einem Alltagstrott, der sie nie aus den ausgefahrenen Gleisen nach oben führt. Viele sind verbittert und auf alle neidisch, die auf der Leiter des Lebens höhergestiegen sind. Diese Stimmung des Neides beraubt sie ihrer Lebensenergie, deshalb sind sie immer müde, erschöpft und lethargisch.

Freundliche, offene und verständnisvolle Menschen setzen die Heilkraft des Lebens frei, sie strahlen den Sonnenschein der göttlichen Liebe aus — auf ihre Umwelt und hinein in ihre Arbeit.

Seien Sie ein guter Chef

Sie werden ein guter Chef, wenn Sie aufhören, Ihre Umwelt, Ihre frühe Kindheit, Ihre Eltern oder Vererbung verantwortlich zu machen. Niemand sonst hat irgendwelche Schuld. Die Ursache liegt immer in Ihrem eigenen Bewußtsein. Sie liegt immer in Ihrem eigenen Denken und Fühlen. Niemand muß sich ändern – nur Sie selbst.

Lernen Sie es, die Kontrolle zu übernehmen, und seien Sie der Chef Ihrer Gedanken, Gefühle, Handlungen und Reaktionen. Erkennen Sie, daß Sie der Herrscher über Ihren inneren Haushalt sind. Bejahen Sie, daß göttliches Gesetz und göttliche Ordnung Sie zu jeder Zeit beherrschen. Denken, sprechen, handeln und reagieren Sie aus Ihrem göttlichen Zentrum heraus. Sie können Ihren Gedanken klare Befehle erteilen. Tragen Sie Sorge, daß alle Ihre Gedanken Ihnen die höchsten Dividenden zahlen, in Gesundheit, Erfolg, guten zwischenmenschlichen Beziehungen und in allen anderen Bereichen Ihres Lebens.

Der Mensch, der es ablehnt, über sein Denken zu herrschen, der wird von den Umständen und von anderen Menschen beherrscht werden. Er wird herumgestoßen, ist untergeordnet und unterliegt der Kontrolle durch das Massengemüt. Wählen Sie Ihre Gedanken selbst, gegründet auf göttlichen Prinzipien und ewigen Wahrheiten. Dann werden alle Ihre Wege vergnüglich und Ihre Pfade friedvoll sein.

Glück

Vor kurzem sprach ich mit einem Achtzigjährigen, der mir erzählte, daß er sein Leben lang nach dem Wahlspruch gehandelt habe: ›Ich erwarte Glück.‹ Und er hatte sein Leben lang Glück gehabt. Seine Mutter, eine Quäkerin, hatte ihm in frühester Kindheit gesagt: »John, erwarte immer Glück, dann wirst du es auch immer haben.« Das ist ein weiser Rat, denn wir alle bekommen im Leben das, was wir erwarten und nicht das, was wir wollen.

Glauben Sie an Ihr Glück und Sie werden immer Gutes erfahren, in allen Bereichen Ihres Lebens, denn das Gesetz des Lebens ist das Gesetz des Glaubens.

Sie müssen wissen, wer Sie sind

Die Bibel sagt: *Es darf auch hier kein Bastard in die Gemeinde des Herrn eintreten; selbst im zehnten Geschlecht dürfen seine Nachkommen noch nicht in die Gemeinde des Herrn eintreten* (5. Mos. 23:2). ›Unser Vater‹ steht in der Bibel für das Lebensprinzip, dem Ahnherrn und Vater von uns allen. Wir alle sind Brüder und Schwestern und sind alle miteinander verbunden.

Jeder Mensch sollte die Quelle kennen, der er entstammt. Die Bibel ist mit Psychologie und Metaphysik befaßt und spricht in Metaphern, Symbolen und Gleichnissen. Wir müssen die verborgenen Bedeutungen erkennen. Ein Mensch, der nicht weiß, daß Gott oder die unendliche Intelligenz in seinem Innern ist, wird nicht imstande sein, den Herausforderungen des Lebens in richtiger Weise zu begegnen. Er vermag nicht zu erkennen, daß sich in ihm eine Macht und Weisheit befindet, die ihn befähigt, alle seine Probleme zu lösen und sich triumphierend über sie zu erheben.

Der Mensch, der auf seine Vorfahren als Quelle seines Seins blickt, begrenzt sich wahrhaftig auf jede nur denkbare Weise. Er wird immer von seiner Umwelt abhängig sein — von seiner Erziehung und den begrenzten Glaubensmeinungen seiner Väter. Wenn er sich jedoch der Tatsache bewußt ist, daß Gott sein Vater ist, und alle Macht, alle Qualitäten und alle Attribute des Unendlichen sein göttliches Erbteil sind, dann weiß er, daß er zu großen Dingen fähig ist und er wird jedes Hindernis siegreich überwinden. Er wird von Sieg zu Sieg schreiten.

Eine wörtliche Auslegung dieser Passage aus dem 5. Buch Mose (Deuteronomium) wäre völlig absurd. Wenn der Mensch sich jedoch seiner wahren Quelle bewußt wird und sich auf das Unendliche einstimmt, dann weist er die Illusionen, falschen Meinungen und abergläubischen Vorstellungen der Masse entschieden zurück und wird zum Meister seiner Umstände. Der Mensch entstammt einer königlichen Ahnenreihe, denn sein Vater ist Gott und Gott ist Geist; und wie Emerson sagt: »Jeder Geist errichtet sich selbst ein Haus.« Dann ist der Mensch ein absoluter Herrscher und formt sein Schicksal selbst.

... Dir geschehe, wie du geglaubt hast! ... (Mat. 8:13).

Worterläuterungen*

Avatar (buddhistisch ›Boddisattwa‹, christlich ›Heiland‹ = Heilsbringer, Erlöser) ist ein Vollendeter, in Gott Eingegangener, der sich freiwillig verkörpert, um als ›Übermittler reinen Bewußtseins‹ den Menschen beizustehen.

Bewußtsein   Alles ist Bewußtsein, d. h. bewußtes Sein in den verschiedensten Bewußtseinsgraden – vom absoluten, für uns unfaßbaren höchsten Bewußtsein und dem universellen, allumfassenden göttlichen Bewußtsein über das kosmische, astrale, planetarische und humane Menschheitsbewußtsein bis hin zum individuellen Persönlichkeitsbewußtsein des einzelnen Menschen und weiter zum tierischen, pflanzlichen und mineralischen Bewußtsein bis hinab zum molekularen und elementaren Bewußtsein (von Leibniz ›Monade‹ genannt).

Demnach ist alles, was in Erscheinung tritt, Bewußtsein in fortschreitender Offenbarung, so daß es sich bei geistiger Entwicklung eigentlich nicht um Bewußtseinserweiterung oder Bewußtseinssteigerung handelt, sondern um immer klareres Gewahrwerden der Tatsache, daß ›Höchstes Bewußtsein mein Wesen ist‹. Und je ungetrübter das gesamte Wollen, Denken, Fühlen und Wirken dieses Wesens widerspiegelt, desto vollkommener ist dessen irdische Erscheinungsform.

Brainstorming wörtliche Bedeutung ›Gehirnsturm erzeugen‹. Man versucht dadurch der Trägheit oder gar Stagnation des gewöhnlichen Denkprozesses entgegenzuwirken, indem die Beteiligten zu irgendeinem Problem oder ›Reizwort‹ einfach alles spontan herausprudeln, was ihnen dazu einfällt, ohne sich durch kritische Überlegung hemmen zu lassen. Sicherlich ist diese Methode in manchen Fällen ganz brauchbar, doch ist sie eben nur ein Ersatz, bestenfalls ein Vorläufer schöpferischer Imagination, denn wer gelernt hat, sich ständig für den Strom geistigen Bewußtseins offen zu halten, der braucht nicht mehr gewaltsam intellektuelle Barrieren zu durchbrechen.

Ego das persönliche ›Schein-Ich‹, das unser wahres Selbst verdeckt und so die Täuschung des Getrenntseins, des ›Sonderscheins‹ (Ekkehard) verursacht.

Einweihung »wird immer dann erfahren, wenn wir zu einem größeren Verständnis des Lebens erwachen« (so sagt man ja auch im gewöhnlichen Sprachgebrauch: man wird in eine Kunst oder in ein Geheimnis eingeweiht). Es gibt infolgedessen fortschreitende Stufen der Einweihung, bis das letzte Geheimnis offenbart wurde: »Ich bin ein individualisierter Teil Gottes – ein verkörperter Gottesfunke.«

emotional gleichbedeutend mit affektiv oder irrational, d. h. gefühlsmäßig bzw. erlebnishaft.

Erweckung gleichbedeutend mit Erleuchtung oder Befreiung (weil wir aus dem bewußtseinsverdunkelnden ›Lebensraum‹ zum ›Licht der Erkenntnis‹ erwacht sind und dadurch vor Irrtümern und Bindungen befreit wurden) ist das Ziel der menschlichen Entwicklung, gewissermaßen die ›geistige Geburt‹, durch welche die mit der körperlichen Geburt eingeleitete Menschwerdung im Bewußtsein vollendet wird.

Evolution wörtliche Bedeutung ›Auswicklung‹. Der als fortschreitende Entwicklung in Erscheinung tretende Schöpfungsablauf.

Frustration, frustriert seelische Verkümmerung auf Grund von Enttäuschung und Zurücksetzung, Freudlosigkeit und Unbefriedigtheit, Einengung und fehlender Entfaltungsmöglichkeit, also insgesamt durch eine menschenunwürdige Existenz.

Eine solche kann gerade auch ein Leben in äußerem Luxus und Überfluß ohne inneren Sinn bedeuten, so daß heute mehr denn je das Paulus-Wort gilt: »Was nützte es dem Menschen, wenn er die ganze Welt gewönne und doch Schaden nähme an seine Seele.«

Geist, geistig ist keinesfalls in dem bei uns üblichen Sinne von intellektuell, verstandesmäßig, gedanklich (Geisteswissenschaften, geistige Anstrengung usw.) zu verstehen, sondern bedeutet »Die *eine* Gegenwart, *eine* Macht und *eine* Substanz in diesem und als dieses manifestierte Universum« ebenso wie das wahre Selbst, denn »Ich bin ein Lebengebender Geist«.

Gemüt (englisch ›mind‹ — also *nicht* mit ›Geist‹ zu übersetzen) ist im Seelen-Organismus jener zentrale Zwischenbereich zwischen dem Unterbewußtsein und dem Unbewußten, in dem sich die gesamte mental-emotionale Bewußtseinstätigkeit abspielt, d. h. sowohl die bewußten Gedankenformen als auch die unterbewußten Vorstellungsbilder entstehen.

Zwar muß man Denken und Fühlen theoretisch unterscheiden, doch vollzieht sich im praktischen Leben bzw. Erleben beides immer gleichzeitig, so daß es sich eigentlich um ›Denkendes Fühlen‹ oder ›Fühlendes Denken‹ mit jeweils verlagertem Schwerpunkt handelt.

Gewahrsein (englisch ›awareness‹) ist der durch die Erwekkung erlangte Dauerzustand eines Menschen, für den die geistige Wirklichkeit nicht mehr nur einen durch andere vermittelten theoretischen Glaubensinhalt bedeutet, sondern zur eigenen praktischen Erfahrung und selbst erlebten Gewißheit geworden ist.

Imagination, imaginativ die bildhafte Vorstellungskraft, durch die Gedachtes erst mit seelischer Energie erfüllt und so in allen Bewußtseinsbereichen wirksam werden kann (das ›innere Bild‹).

Initiative innerer Beweggrund oder auslösende Kraft, die sofortiges Handeln bewirkt (›Willens-Zündung‹).

Inkarnation Verkörperung (Reinkarnation = Wiederverkörperung) der Seele in einem lebendigen Organismus.

Inspiration, inspirativ einer geistigen Offenbarung entspringende und das Denken mit höherem Bewußtsein erfüllende Eingebung (das ›innere Wort‹)

Intuition, intuitiv höchste Erkenntnis durch ›liebende Vereinigung‹ von Erkennendem und Erkanntem, unmittelbare Erfahrung der Wahrheit (die ›innere Führung‹).

Involution wörtliche Bedeutung ›Einwicklung‹. Der ursächliche Schöpfungsimpuls, aus dem die ganze Evolution hervorgeht.

Karma gleichbedeutend mit Schicksal im Sinne der Gesetzmäßigkeit von Ursache und Wirkung, Saat und Ernte. Der zwingende Ablauf von Kausalreihen in der Naturgesetzlichkeit hat sich jedoch im menschlichen Bewußtsein in das geistige Gesetz der Wechselwirkung von Notwendigkeit und Freiheit gewandelt: so wie wir die Notwendigkeit vergangenen Karmas erkennen und erfüllen, gewinnen wir dadurch zugleich die Freiheit zum Schaffen künftigen Karmas. Vom Karma selbst können wir befreit werden, wenn unser Eigenwille aufgeht in Gottes Wille, weil wir auf dem Wege des Gehorsams (›nicht mein, sondern Dein Wille geschehe‹) zur erlösenden Erkenntnis gelangt sind: Der *eine* Wille geschieht in allem.

Kontemplation wörtliche Bedeutung ›innere Betrachtung‹. Sich immer intensiver mit etwas verbinden, sich immer tiefer hineinversenken und schließlich ganz darin aufgehen (›Identifikation‹).

Konzentration wörtliche Bedeutung ›auf einen Punkt gerichtetes Bewußtsein‹. Die Kraft der gesammelten Aufmerksamkeit des Geistes wirkt psychisch ebenso stark wie physikalisch die Kraft der in einem Brennpunkt gebündelten Lichtstrahlen.

Manifestation wörtliche Bedeutung ›faßbare Offenbarung, endgültige Festlegung‹. Die Welt erscheint hier als greifbarer und sichtbarer Ausdruck des schöpferischen Bewußtseins.

materiell gleichbedeutend mit mechanisch oder anorganisch, d. h. körperlich bzw. stofflich.

Meditation wörtliche Bedeutung ›von der Wesens-Mitte aus den Umkreis (des Bewußtseins) ermessen‹. Die gezielte Lenkung unserer Aufmerksamkeit auf den reinen Aspekt (Spiegelung) unseres Seins (›Grals-Schale‹).

mental gleichbedeutend mit intellektuell oder rational, d. h. gedanklich bzw. begrifflich.

Metaphysik, metaphysisch wörtliche Bedeutung ›hinter bzw. über dem Körperlichen‹, also die Lehre von den wirklichen Ursachen und bewirkenden Energien in allen materiellen Vorgängen und Erscheinungen.

Modelle prägende Prinzipien oder Vorbilder, die den Ablauf von Geschehnissen oder Entwicklungen bestimmen. Es gibt *Denkmodelle*, auch ›Ideen‹ genannt, die Grundlage aller bewußten Denkprozesse sind, und *Erfahrungsmodelle*, auch ›Engramme‹ genannt, die sich in allen unterbewußten Reaktionen auswirken.

okkult wörtliche Bedeutung ›verborgen, geheim‹, so daß also auch Atomphysik oder Medizin für jeden Nichtakademiker, aber ebenso technische oder handwerkliche Praktiken für jeden Laien ›okkult‹ sind. Die übliche eingeengte Wortbedeutung in bezug auf unerklärliche Vorgänge und ungewöhnliches Verhalten resultiert daher nur aus einem einseitig materialistisch eingestellten Bildungssystem, weshalb dem solchermaßen eingeengten Bewußtsein vieles als ›okkult‹ erscheint, was z. B. für Ostasien völlig klar und selbstverständlich ist.

psychosomatisch hauptsächlich im medizinischen und psychologischen Bereich gebrauchter Ausdruck für die körperlichen Erscheinungsformen seelischer Vorgänge für Entstehung und Verlauf körperlicher Krankheiten aufgrund der *psycho-physischen Identität*, d. h. einfach ausgedrückt ›der Körper ist die Haut der Seele‹.

Samadhi (im Zen ›Satori‹, im Christlichen ›Glückseligkeit‹) ist die höchstmögliche Steigerung des menschlichen Bewußtseins zum reinen Gott-Bewußtsein, indem ich erkenne, daß ›Gott durch mich und als ich wirkt‹, und diese Erkenntnis mein ganzes Wesen restlos erfüllt.

Seele, seelisch Die Schöpfungs-Ideen des ›väterlichen‹ Geistes werden von der ›mütterlichen‹ Weltseele empfangen und als konkrete Schöpfung ›geboren‹ (in der göttlichen Gesamtschöpfung ebenso wie in jedem menschlichen Schöpfungsprozeß). Alles in Erscheinung Tretende existiert also zuerst als Seele bzw. ist ein Teil der Weltseele in verschiedenartigsten Formen der Verkörperung. Ein lebender Mensch *hat* demnach nicht eine Seele, sondern er *ist* eine verkörperte Seele, die beim ›Sterben‹ ihre körperliche Hülle wieder ablegt.

Und wie ein körperlicher Organismus aus den verschiedensten Organen besteht, so besteht auch der seelische Organismus aus den verschiedensten unterbewußten, oberbewußten und überbewußten Bereichen.

spirituell gleichbedeutend mit geistig (hat also nichts mit ›Spiritismus‹ zu tun, der sich mit ›Geistern‹ beschäftigt und der sich nicht mit ›Geist‹ befaßt).

Substanz Das eigentliche Wesen, der beständige Urgrund, das in allem Wandel der Erscheinungsformen stets sich selbst gleich Bleibende.

Transformation, transformieren analog zur Umwandlung elektrischer Energie im Transformator von Starkstrom zu Schwachstrom kann und soll auch geistig-seelische Energie umgewandelt werden. Es ist daher die doppelte Aufgabe des Menschen, durch den ›Transformator‹ seines Bewußtseins einerseits den ›Starkstrom‹ des reinen Geistes in den ›Schwachstrom‹ allgemeinverständlicher Denkformen und Vorstellungsbilder umzuwandeln, andererseits aber auch umgekehrt ständig Materie niederer Schwingung in höherschwingende Materie zu transformieren, bis schließlich im verklärten Leib des Vollendeten die totale Vergeistigung der Materie erreicht ist.

Visualisierung, visualisieren wörtliche Bedeutung ›sichtbar machen‹, ist das Vermögen, reine Gedankenformen in möglichst plastische Vorstellungsbilder zu übertragen, also innerlich zu schauen (Goethe nannte dies ›Anschauung‹). Je besser dies gelingt, desto wirksamer ist die Praxis schöpferischer Imagination.

vital gleichbedeutend mit aktiv oder organisch, d. h. leiblich bzw. triebhaft.

Wahrheit das höchste Bewußtsein, das in seiner Absolutheit dem begrenzten Denkvermögen unfaßbar bleibt, wohl aber für die unbegrenzte Seele unmittelbar erfahrbar ist (siehe Samadhi).

Wahrheitslehre(r) erhebt, richtig verstanden, nicht den Anspruch, die absolute Wahrheit lehren zu können, sondern zeigt jedem Menschen die Mittel und Wege, wie er zu seinem ureigensten ›Gewahrsein‹ der Wahrheit gelangen kann (siehe Erweckung oder Erleuchtung).